2025
年度版

公務員試験を

あてる！

時事

の

まとめ

TAC公務員講座 編著

JN007925

TAC
TAC PUBLISHING

2023年度試験で的中!!

　本書の前身である『2024年度採用版 公務員試験 時事問題総まとめ＆総チェック』（以下、「TAC時事」）が扱った内容のうち、2023年度の試験で見事的中したものの一部を紹介します！

●TAC時事 p.28「イギリスとフランス」

…なお、トラス氏は同国史上3人目の女性首相で、就任期間は同国史上最短です。

○2023年度特別区Ⅰ類（事務）教養試験No.37
　トラス氏は、マーガレット・サッチャー氏に続くイギリス史上2人目の女性首相となった。（×）

●TAC時事 p.55「為替相場の動向」

…米国を中心に長期金利を引上げる動きがあるにもかかわらず日本では低金利政策を維持していることから、円を売って、利回りを見込めるドルを買う動きが強まり、10月には約32年ぶりに1ドル150円台まで円が値下がりしました。

○2023年度国家一般職 基礎能力試験No.30
　2022年10月、円相場は、およそ32年ぶりの円安・ドル高水準となる1ドル＝150円台に下落した。円安・ドル高が急速に進んだ主な要因の一つとして、インフレを抑制するために大幅な利上げを続ける米国と、大規模な金融緩和を続ける日本の金利差の拡大により、円が売られ、ドルを買う動きが加速したことが指摘されている。（○）

●TAC時事 p.90「日本の人口」

…2015年から人口が増加しているのは8都県で、増加率は東京都（3.9％）が最も高くなっています。一方、39道府県では人口が減少しており、減少率が最も高いのは秋田県（6.2％）となっています。

○2023年度東京消防庁（消防官Ⅰ類・1回目）教養試験No.32
　都道府県別の人口増加率が最も高いのは東京都で、最も低いのは沖縄県であった。（×）

2024年試験ではここが出る！最重要テーマベスト10

<table>
<tr><td>👑1</td><td>**イスラエル・パレスチナ**   参照ページ ▶ P.26
「ガザ地区」の場所、この紛争の歴史、背景にある世界三大宗教も要確認です。</td></tr>
<tr><td>👑2</td><td>**最低賃金制度**   参照ページ ▶ P.56
最低賃金制度の概要と過去最高の引上げ率になった背景を把握しておきましょう。</td></tr>
<tr><td>👑3</td><td>**LGBT 新法**   参照ページ ▶ P.187
2023年にできた注目の法律です。関連するキーワードも確認しておきましょう。</td></tr>
<tr><td>👑4</td><td>**世界的な物価上昇と政策金利の引上げ**   参照ページ ▶ P.68
物価上昇、政策金利の上昇、為替相場の変動をリンクさせて理解しましょう。</td></tr>
<tr><td>👑5</td><td>**グリーン・トランスフォーメーション（GX）**   参照ページ ▶ P.175
日本の温暖化対策は頻出事項です。自然科学の知識が問われることもあります。</td></tr>
<tr><td>👑6</td><td>**子育て支援策**   参照ページ ▶ P.114
頻出事項である待機児童の現状と、こども未来戦略の内容を確認しましょう。</td></tr>
<tr><td>👑7</td><td>**性犯罪に関する法改正**   参照ページ ▶ P.186
2023年の刑法改正で変更点を把握。「キーワード」で検討中の制度も要確認です。</td></tr>
<tr><td>👑8</td><td>**育児・介護休業**   参照ページ ▶ P.135
男性の育児休業取得率向上のための取り組みに注目しましょう。</td></tr>
<tr><td>👑9</td><td>**日本の貿易収支**   参照ページ ▶ P.78
これまでの貿易収支の推移と過去最大の貿易赤字となった背景を理解しましょう。</td></tr>
<tr><td>👑10</td><td>**マイナンバー**   参照ページ ▶ P.10
2023年の共通番号法改正の内容は、多様な分野で問われる可能性があります。</td></tr>
</table>

【もう一押しのテーマ】

「日本の防衛政策」▶ P.35、「インボイス制度」▶ P.92
「骨太の方針2023」▶ P.96、「女性の労働」▶ P.126
「著作権」▶ P.161、「入国・在留外国人」▶ P.194
「観光の動向」▶ P.204

「公務員試験をあてる！時事のまとめ」の利用法

■ テーマ別に知識をインプット！

まずは基礎知識をインプット！　赤文字は付属のチェックシートで隠せますので、知識の定着に役立てましょう。

テーマごとに3段階の重要度ランクを設定しています。

このテーマを押さえるべき理由、把握すべきポイントを示しています。

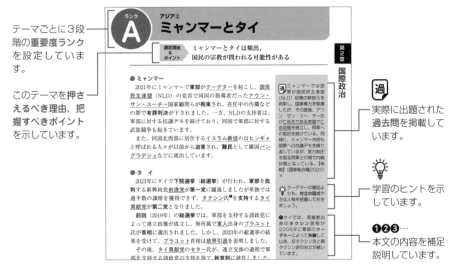

実際に出題された過去問を掲載しています。

学習のヒントを示しています。

❶❷❸…
本文の内容を補足説明しています。

■ 一問一答形式で基礎知識をチェック！

各テーマの最後には「Quick Check 想定問題文！」を掲載しています。本文の知識が問題でどのように問われるかをチェックしましょう。

キーワードリストで知識をもう一押し！

頻出テーマではないけれど、「狙われるかもしれない」、「できればこれも押さえておきたい」、そんなキーワードを「ダメ押し！ キーワードリスト」としてまとめています。最後にもうひとがんばり！

ダメ押し！ キーワードリスト 第1章 国内政治

O═ 参議院議員の除名

2023年に**参議院**はガーシー議員を**除名**しました。ガーシー氏は2022年に行われた参議院選挙に比例代表で立候補して当選しましたが、海外在住で当選後も登院したことはなく**欠席**が続いていたため、懲罰として議場で陳謝することが求められましたが応じず、除名されました。

国会議員には不逮捕特権や免責特権がありますが、各〔…〕の2以上が賛成すれば議員の除名ができます。国会議員の〔…〕ですが、**欠席**を理由にした**除名**は今回が**初めて**です。

O═ 国民投票法

憲法改正の可否を決める**国民投票**のルールは、2007年に〔…〕定されています。同法に基づいて衆参両院に設置された選〔…〕

ダメ押し！ キーワードリスト 第2章 国際政治

O═ 東南アジア諸国連合（ASEAN）の新規加盟国

東南アジア諸国連合（ASEAN）に東ティモールが加盟することが2022年に認められました。今後オブザーバーとして参加した後に正式に加盟する予定です。

O═ インドの人口

国連の補助機関国連人口基金（UNFPA）が2023年に公表した推計によると、**世界の人口**は増加し続けており、2022年末に80億人を超えました。また、今まで人口が世界1位だった**中国**の人口は2022年以降に**減少**し、2023年中に**インド**の人口が中国を抜〔…〕

予想問題にチャレンジ！

各章の最後には、これまで学習した内容を題材にした予想問題があります。
実際の試験問題と同じ五肢択一式なので、より実践的な内容です。

予想問題にチャレンジ！

最近の政や選挙に関する記述として、妥当なのはどれか。

❶ 緊急事態宣言などの新型コロナウイルス感染症（COVID-19）の対策を定めた新型インフルエンザ等対策特別措置法は、2023年に廃止された。

❷ 2023年に統一地方選挙が行われ、自民党の議〔…〕最大野党の立憲民主党は議席を減らし、日本維新〔…〕府以外の自治体の首長選挙で当選者を出すことに〔…〕

❸ 参議院の選挙区を都道府県に配分する数を決め〔…〕方式が導入され、2022年に実施された参議院選〔…〕

❹ 最高裁判所の違憲判決を踏まえて、2023年に〔…〕て、海外に居住する有権者が地方選挙でも在外投〔…〕た。

❺ 政治分野の男女共同参画推進法では、国政選挙〔…〕半数を女性とすることが政党の努力目標になっ〔…〕

解説
正解 ❺

❶ ✕ この法律は廃止されていません。COVID-19の感染症法上の位置づけが2023年に五類に移行したことにともなって、COVID-19は法律の対象から外れました。

❷ ✕ 2023年の統一地方選挙で、自民党の議席数は横ばいでした。一方、日本維新の会は躍進し、同党の候補者は奈良県知事選挙でも当選しました。

❸ ✕ アダムズ方式は衆議院の選挙区で各都道府県の定数を算出するために導入され、2022年に都道府県ごとの新しい定数や選挙区の区割りが決まりました。

❹ ✕ 最高裁の違憲判決を踏まえて在外投票が認められるための法改正が2022年に行われたのは、最高裁判事の国民審査です。なお、地方選挙には住所要件があって、住民でなければ投票できませんので、在外投票はできません。

❺ ○ 前回の統一地方選挙と比べると女性の候補者数・当選数とも増加しましたが、女性の候補者の比率は最も高い特別区議会選挙で3割台でした。

時事の学習法

民間就職試験とはここが違う！

　公務員試験の時事問題は、民間企業の就職試験で問われるものと出題傾向が違います。

公務員試験でよく出るもの （≒民間ではあまり出ないもの）	・白書等に掲載された統計の数値 ・近年制定、改正された法律
民間でよく出るもの （≒公務員試験ではあまり出ないもの）	・各種文学賞の受賞者 ・スポーツに関する出来事、ニュース

　白書や法律の範囲はとても広いので、全部を把握するのではなく、受験先で出題されやすい事項を要領よく押さえることが重要です。
　また、多肢選択式という試験の特性上、選択肢の中から「正しいものを選ぶ」ことが要求されます。反対から見れば、正解以外の選択肢について、誤りの箇所を発見するためのポイントをつかむことが重要です。

「時事」がどこで問われるのか確認しよう！

　公務員試験の時事問題は、教養試験（基礎能力試験）だけでなく、専門試験で出題されることもあります。どの部分に時事的な出題があるかは受験先によって異なるので、この点をまず確認しておきましょう。

❶教養試験（基礎能力試験）で出題されるもの
　教養試験（基礎能力試験）では、時事、社会事情のほか、社会科学の領域で時事的な出題があります（社会科学には時事性のない出題もあります）。

❷専門試験で出題されるもの
　専門試験で課される科目のうち政治学、行政学、国際関係、財政学、社会政策、経済事情などでは、それぞれの科目の内容に関連する時事問題が出題されます。

◆試験ごとの出題数の目安と頻出テーマ

○教養試験（基礎能力試験）

国家総合職（大卒程度） 国家一般職（大卒程度） 国家専門職（大卒程度） 裁判所事務官（大卒程度）	**5**問程度 自然・人文・社会に関する時事、情報	一般知識と絡めた出題
東京都Ⅰ類B （行政／一般方式）	**5**+1問 社会事情 社会科学	第②章 国際政治、⑪ 法律 白書に掲載されたデータや新しい法律が頻出 国際会議など、東京都固有の出題形式あり
特別区Ⅰ類 （事務）	**4**+1問 社会事情 社会科学	第②章 国際政治、⑤ 財政 形式は東京都Ⅰ類Bに近く、 ニュースの内容が出題されることもあり
道府県庁上級	**5**問程度 社会科学	第②章 国際政治、第③章 日本経済、第⑥章 厚生
市役所 警視庁・東京消防庁以外の 警察官・消防官 国立大学法人	**3**問程度 社会科学	第⑦章 労働、第⑩章 環境
警視庁（警察官Ⅰ類） 東京消防庁（消防官Ⅰ類）	**4**問程度 社会科学	多様な範囲から出題

2024年度から国家総合職、国家一般職、国家専門職の基礎能力試験が変更され、「自然・人文・社会に関する時事、情報」という出題になることが発表されています。一般知識科目と絡めた時事の出題となり、時事を含む出題がやや増える見込みであると考えられています。裁判所事務官についても、一般知識の出題が時事を中心としたものになることが発表されています。

○専門試験

国家総合職 （大卒程度）	政治・国際	政治学、行政学、国際関係、国際事情、財政学	① 国内政治、② 国際政治、⑤ 財政
	法律	財政学	⑤ 財政
	経済	財政学、経済事情	③ 日本経済、④ 国際経済、⑤ 財政
国家一般職 （大卒程度／行政）		政治学、行政学、財政学、経済事情、国際関係	① 国内政治、② 国際政治、③ 日本経済、④ 国際経済、⑤ 財政
国家専門職 （大卒程度）		経済学、経済事情、財政学、政治学、行政学、社会事情	① 国内政治、③ 日本経済、④ 国際経済、⑤ 財政、⑥ 厚生、⑦ 労働
特別区Ⅰ類（事務）		財政学、政治学、行政学	① 国内政治、⑤ 財政
道府県庁上級		経済事情、財政学、政治学、行政学、国際関係、社会政策	① 国内政治、② 国際政治、③ 日本経済、④ 国際経済、⑤ 財政、⑥ 厚生、⑦ 労働

Web フォローのご案内

　本書の読者特典として、Web フォローが利用できます。

　本書執筆担当の TAC 公務員講座講師陣により、2024 年 4 月と 8 月の 2 回にわたり、試験直前の最新時事情報をお届けします。

　章ごとの重要な項目、本書刊行後の新展開などなど、TAC 講師陣の「現場感覚」で絞り込んだ試験対策情報が満載です。本書と併せてご活用いただき、直前対策に役立ててください。

　なお、本書は 2023 年 12 月時点での情報をもとに執筆しています。

　Web フォローは TAC 出版書籍販売サイト「サイバーブックストア」にてご提供いたします。

①まずは「サイバーブックストア」へアクセス！

TAC出版書籍販売サイト

TAC 出版　で　検索

https://bookstore.tac-school.co.jp/

②右側にある「書籍連動ダウンロードサービス」をクリック！

書籍連動ダウンロードサービス

③本書『公務員試験をあてる！時事のまとめ』をクリック！

　本書のダウンロードページへのアクセスには、下記のパスワードが必要となります。

202510909

も　く　じ

第1章　国内政治

第2章　国際政治

第3章　日本経済

第4章　国際経済

第5章　財政

第6章　厚生

第7章　労働

第8章　文化・教育

第9章　科学技術

第10章　環境

第11章　法律

第12章　社会

第1章
国内政治

〔試験ごとの出題状況〕

国家 総合職	国家 一般職	国家 専門職	裁判所 職員	東京都 Ⅰ類	特別区 Ⅰ類
地方上級	市役所	国立大学 法人	警察官	警視庁 Ⅰ類	東京 消防庁

色が濃い：優先して押さえておこう　色が薄い：最低でもＡランクは見ておこう

〔攻略ポイント〕新しい選挙制度は細かいところもチェック！

　選挙制度については、直近で定められたルールが出題されることがあります。専門科目の政治学でも出題されることがあるので注意しましょう。
　また、行政改革、デジタル政府、地方自治については、近年制定された新しい法律の内容が出題されています。これらは専門科目の行政学で出題されることもあります。

ランク **B**

COVID-19
新型コロナウイルス感染症(COVID-19)

選定理由 & ポイント ▶ 感染症対策の概要と時期を確認しよう

● 緊急事態宣言と「まん延防止等重点措置」

　COVID-19❶の感染が日本国内で拡大すると、2020年に新型インフルエンザ等対策特別措置法❷が改正され、COVID-19が同法の対象に追加されました。同法が対象とする感染症がまん延して国民生活や国民経済に甚大な影響を及ぼすおそれがあれば、政府対策本部の長(首相)は、区域と期間を限定して緊急事態宣言を発出できます。発出されると、対象区域の都道府県知事は、外出自粛、施設の使用やイベントの開催の制限などの要請❸などが可能になります。

　2021年に同法が改正され、緊急事態宣言に至る前段階でまん延防止等重点措置❹が追加されました。緊急事態宣言とまん延防止等重点措置は、全国一斉ではなく、一部の地域を対象に発出されたことはありますが、2022年中に全て解除されました。

● COVID-19の「五類」移行

　COVID-19の感染症法における位置づけが2023年に「五類」に移行し、COVID-19は新型インフルエンザ等対策特別措置法の適用の対象外となり、緊急事態宣言などの発出ができないようになりました❺。

　またCOVID-19の経験を踏まえ、同法は2023年に改正され、感染拡大の初期段階の対策が強化されました。緊急事態宣言やまん延防止等重点措置の発出前でも首相は都道府県知事などに対して必要な指示が可能になりました。

❶新型コロナウイルス感染症は、中国の武漢市で最初に発生し、2020年に世界保健機関(WHO)によってCOVID-19と命名されました。

❷同法は、2009年に流行した新型インフルエンザの経験に基づいて2012年に制定されたものです。

❸2021年に同法が改正され、緊急事態宣言に基づく要請などに応じないときには、行政罰(過料)を科すことが可能になりました。

❹この措置も首相が区域と期間を限定して発出し、対象区域の都道府県知事は、飲食店などに対する営業時間の短縮などの要請ができます。要請などに応じないときには、行政罰(過料)を科すことが可能です。

❺ただし、COVID-19のワクチンは、予防接種法に基づき、接種が必要な人は引き続き自己負担なしで受けられます。

Quick Check 想定問題文！

● 2021年に新型コロナウイルス感染症対策等特別措置法が制定され、都道府県知事が「緊急事態宣言」や「まん延防止等重点措置」を発出する制度が導入された。

× 「緊急事態宣言」や「まん延防止等重点措置」を発出するのは、首相です。これらは新たに制定された法律ではなく、新型インフルエンザ等対策特別措置法に規定されています。

ランク
B

選挙結果
統一地方選挙

選定理由
&
ポイント ▶ 選挙結果は、地方公務員の試験で
出題されることがある

● 統一地方選挙とは

地方議会の議員と自治体の首長の任期は4年間と定められており、地方選挙は4年に一度の同じ年に集中する傾向があります。これが統一地方選挙です。

ただし、任期途中に議会解散、首長の不信任や辞任による選挙が行われることもあり、統一地方選挙のとき選挙を行わない自治体もあります❶。

● 2023年の統一地方選挙

2023年❷に実施された統一地方選挙では、与党自民党・公明党の当選者数は前回並みでした。一方、日本維新の会は、母体である地域政党大阪維新の会の地盤である大阪府・大阪市に加えて、奈良県の首長選挙でも勝利し、当選者数は選挙前と比べて増加しました。

地方選挙における立候補者と当選者に占める女性の比率は増加傾向にありますが、諸外国と比べると低水準です。男女共同参画白書によると、この選挙の候補者と当選者に占める女性の比率は、特別区議会が町村議会を上回っています。候補者に占める女性の比率は、特別区議会が32.0%、町村議会は14.7%でした。また当選者に占める女性の比率は、特別区議会が36.8%、町村議会が15.4%でした。

また、この選挙の平均投票率は前回を下回り過去最低の水準でした。

❶ 総務省によると、2023年の統一地方選挙のときに選挙を行った自治体の比率（統一率）は、地方議会議員選挙が41.7%、首長選挙が13.4%でした。この区分のなかで最も高い特別区議会議員選挙は、91.3%でした。

❷ 4月9日に前半戦、4月23日に後半戦と、2回に分けて行われました。

💡 各政党の当選者数などの選挙結果だけでなく、投票率や女性議員比率が問われます。都市部の地方議会は女性の比率が高い傾向があります。

📖 地方議会議員に占める女性の割合は、政令指定都市の市議会よりも町村議会のほうが高く、都市部で低く郡部で高い傾向にある。（東京消防庁Ⅰ類2010）×

Quick Check 想定問題文！

● 2023年に行われた統一地方選挙の投票率は全体として過去最高の水準となった。また、当選者と候補者に占める女性の割合は、特別区議会が最も低い。

× この選挙の平均投票率は過去最低の水準です。また、当選者と候補者に占める女性の比率は特別区議会が町村議会を上回っています。

選挙制度①
衆議院の選挙制度改革

選定理由 ＆ ポイント ▶ アダムズ方式が衆議院の選挙区で導入

● 一票の格差とアダムズ方式

衆議院の選挙区の**議員1人当たりの有権者数**で比べた**一票の格差❶**を縮小するため、2016年に**公職選挙法**などが改正され、有権者数が少ない**選挙区**と比例代表の**定数を削減**する**0増10減**が2017年に実施されました。また、**都道府県**に配分される**衆議院の選挙区の数**の算定に**アダムズ方式❷**を導入することが定められました。

2020年に実施された**国勢調査**の結果を踏まえて、2022年に**公職選挙法が改正**され、**アダムズ方式**に基づいて**選挙区**の境界（**区割**）が**変更**され、**10増10減❸**が行われました。同時に、**比例代表**でも定数の合計は変わりませんが、一部のブロックの定数の**増減**が行われました。

● 一票の格差に関する最高裁判決

衆議院の選挙区の**一票の格差**は、**2017年**に行われた**選挙**では**2倍弱**（1.98倍）でしたが、**2021年**に行われた**衆議院選挙**では**2倍超**（2.08倍）となり、格差は**拡大**しています。

2021年の衆議院選挙の「**一票の格差**」について、最高裁の大法廷は**合憲❹**とする判決を2023年に下しました。

❶衆議院の一票の格差が大きすぎるのは憲法で保障される「法の下の平等」に反するとして、最高裁は1976年と1985年に**違憲判決**を下しました。なお、最高裁の判決文は、「**格差**」を「**較差**」と表記しています。

❷各都道府県の人口を同一の数で割った商を、その都道府県に配分します。ただし、人口が少ない県にも定数は最低でも1つ分配されます。

❸東京都と神奈川県など5つの都県で定数が合計10増加し、宮城県など10県で定数が合計10減少しました。

❹格差は拡大したものの、**アダムズ方式**の導入や**選挙区の区割**の変更が予定されており、そのための取り組みが行われていたことを**最高裁**は評価しました。

Quick Check 想定問題文！

● 2016年の公職選挙法改正によって、衆議院の比例代表の定数を設定する方式として、アダムズ方式を導入することが決まった。

　× アダムズ方式は、都道府県に配分する選挙区の数を設定するために導入されます。

● アダムズ方式に基づく区割が決定される前に実施された2021年の衆議院選挙の「一票の格差」について、最高裁は違憲判決を下した。

　× 2021年の衆議院議員選挙の「一票の格差」について、最高裁は合憲とする判決を2023年に下しました。

| 選定理由 & ポイント | 参議院の比例代表の特定枠の制度を確認しておこう |

● 合区制

衆議院よりも参議院のほうが、一票の格差は大きくなる[1]傾向があります。

参議院の一票の格差を縮小させるため、2015年に公職選挙法が改正され、**有権者数が少ない県同士**（鳥取県と島根県、徳島県と高知県）を**同じ選挙区**にする**合区制**が導入され、選挙区全体で**10増10減**が実施されました。

● 特定枠

2018年に公職選挙法が改正され、定数が**選挙区**と**比例代表の両方で増加**するとともに、**比例代表**で**特定枠[2]**の制度が導入されました。これは、**政党が候補者**ごとに**順位を設定**し、各政党の当選者数が決まった後に、**特定枠の候補者**が順位に従って**優先的に当選する**仕組みです。

● 一票の格差に関する最高裁判決

参議院の選挙区の一票の格差は、**特定枠の導入後**に行われた**2019年の選挙**では3.00倍で前回と比べて**縮小しました[3]**。その後、**2022年**に実施された**参議院選挙**では**一票の格差**は3.03に**拡大**しましたが、最高裁の大法廷は格差が拡大傾向にあるとは言えず**合憲**とする判決を2023年に下しました。

[1] 参議院選挙の選挙区は都道府県単位で設定され、有権者数に応じて定数は異なります。また、参議院では3年ごとに議員の半数が改選されます。そのため、衆議院よりも参議院のほうが、選挙区間の一票の格差は大きくなる傾向があります。

[2] 特定枠の候補者の数は政党が任意に選択でき、特定枠の候補者を立てないことも可能です。

[3] この格差を最高裁は合憲とする判決を2020年に下しました。

Quick Check 想定問題文！

● 2015年の公職選挙法改正によって、参議院の一部の選挙区で、有権者の数が少ない二つの県を合わせて一つの選挙区とする合区制が導入された。

○ 2015年の公職選挙法改正によって、参議院の一部の選挙区で合区制が導入されました。

● 2018年の公職選挙法改正によって、参議院の定数が削減されるとともに、参議院の選挙区で特定枠の制度が導入された。

× 2018年の公職選挙法改正によって、参議院の定数は増加しました。また、特定枠は、比例代表で導入されました。

投票制度の改革

選定理由
&
ポイント

改正点よりも制度の概要が問われやすい

● 地方議会議員選挙

2020年に**公職選挙法**が改正・施行され、<u>町村議会議員選挙</u>にも<u>供託金制度</u>が<u>導入</u>されました。

供託金制度とは、当選の可能性が低い**泡沫候補**の乱立を阻止するため、選挙のときに**政党や立候補者**が**所定額の金銭など❶**を法務局などに預ける制度です。**得票数**が**所定の値を下回った**ときなどに、**供託金**は**没収**されます。

公職選挙法では、選挙運動のために<u>**頒布❷**</u>できる**ビラの大きさや枚数**の上限などが規定されています。2020年の**公職選挙法の改正**によって、<u>町村議会議員選挙</u>でも<u>選挙運動用ビラの頒布</u>が<u>解禁</u>されました。

<u>地方議会議員選挙</u>では、その自治体の**住民**でなければ**選挙権と被選挙権が認められない**という<u>住所要件❸</u>があります。2020年に**公職選挙法**が改正・施行され、投票日の時点で<u>住所要件を満たす</u>ことが、立候補の届出書に添付する**宣誓書の記載事項**に**追加**されました❹。

● 最高裁判事の国民審査の在外投票

最高裁の裁判官（判事）の**国民審査❺**に海外に居住する**日本人**が投票する<u>在外投票</u>を認めるために、<u>国民審査法</u>が2022年に**改正**（2023年に施行）されました。**国民審査**の<u>在外投票ができない</u>のは、公務員の地位や選挙権を定めた憲法第15条などに違反するとして、**最高裁**は2022年に<u>違憲判決❻</u>を下したためです。

❶**供託金の金額**は、選挙の種類によって**異なります**。改正前は町村議会議員選挙は供託金制度の対象外でした。

❷選挙の種類によって、頒布できるビラの枚数の**上限**は**異なります**。
また頒布方法は、1）新聞折込み、2）候補者の選挙事務所内、3）個人演説会の会場内、4）街頭演説の場所で配ることに限定されています。不特定多数にビラを配る「散布」は**認められていません**。

❸連続して3か月以上その自治体の区域内に住所を有していることが、要件になっています。**国政選挙と首長選挙**には、**住所要件はありません**。

❹住所要件を満たしていないのに立候補するケースがあったためです。

❺**最高裁の判事**には、国民が**罷免の可否**を判断して**投票できる国民審査**の制度があります。

❻**国政選挙**については**在外投票**の規定があります。

Quick Check 想定問題文！

● 2022年に国民審査法が改正され、最高裁判所の裁判官の国民審査の在外投票が認められた。

○ 2022年の最高裁の違憲判決をふまえた法改正です。

ランク B

男女共同参画

政治分野の男女共同参画

選定理由 & ポイント　**法律の概要と、改正点を確認しよう**

● 政治分野の男女共同参画

　2018年に制定・施行された政治分野における男女共同参画推進法は、政党などに対して、国政選挙や地方選挙のときに男女の候補者の数をできる限り均等にすることを努力義務としています。ただし、**罰則や強制はありません**。

　2021年に同法が改正され、**政党等や国・自治体❶**に対して、政治家や候補者についての**性的な言動（セクシャル・ハラスメント）**や妊娠・出産に関する言動（**マタニティ・ハラスメント**）に起因する問題の発生防止や適切な解決などに取り組むことが追加されました。

❶地方議会で議員などに対するセクハラやマタハラが起きています。そのため、自治体も対象になっています。

● 女性議員

　世界経済フォーラムが公表した2022年のジェンダーギャップ指数の日本の総合順位は欧米諸国や中国・韓国などよりも低く、特に女性の政治参画は進んでいません❷。

　その要因として、女性議員が少ないことが指摘されます。男女共同参画白書によると、直近の選挙の候補者と当選者に占める女性の比率は、いずれも5割未満です❸。

❷この指数は、男性を1として女性の値を算出しています。経済参画については、第7章を参照。

❸衆議院よりも参議院のほうが、候補者・当選者とも女性の比率が高いという結果です。

各国の総合順位	ドイツ10位、フランス15位、イギリス22位、米国27位、韓国99位、中国102位、**日本**116位（全146か国）
日本の分野別の値	教育1.000、健康0.973、**政治参画**0.061、経済参画0.564
女性の候補者・当選者の比率	衆議院選挙（2021年）：候補者17.7%、当選者9.7% 参議院選挙（2022年）：候補者33.2%、当選者27.4%

Quick Check 想定問題文！

● 2021年に政治分野における男女共同参画推進法が改正され、選挙時に女性の候補者の比率を3割以上にすることが政党等に義務付けられた。

× 2021年の同法改正は、女性の候補者の比率についての義務付けは規定されていません。セクシャル・ハラスメントやマタニティ・ハラスメントの防止などが規定されています。

行政改革①
国家戦略特区

選定理由
＆
ポイント 国家戦略特区の概要と、
スーパーシティ実現のための制度を確認しよう

● 国家戦略特区

2013年に制定された国家戦略特区法に基づいて、**先駆的な取り組みを行う地域**に**規制緩和**を特別に認める国家戦略特区❶の制度が**創設**されました❷。

規制緩和の内容は、特区ごとに設立される**区域会議**で首長と担当閣僚らが協議し、決定事項は**区域計画**に盛り込まれます。また、決定事項の実現のために、**保育・教育、農業、交通**など**幅広い分野**で法改正などが行われました。

● スーパーシティ構想

スーパーシティとは、さまざまな**データ**を企業などの**事業者**が**収集・解析**し、人工知能（AI）などの技術を活用して**先端的なサービスを先行的に提供**することを、国家戦略特区の枠組みを使って実現するという構想です。収集・整理された**データ**を**先端的なサービスを提供する事業者**が**活用**するデータ連携基盤❸が整備されます。

2020年に国家戦略特区法が**改正**され、スーパーシティ構想の実現のための取り組みが行われています。2022年に**つくば市**（茨城県）と**大阪市**（大阪府）が**スーパーシティ型**の国家戦略特区に**指定**されました。

❶国家戦略特区の正式名称は「国家戦略特別区域」です。

❷2014年以降、数次にわたって**国家戦略特区**の認定が行われました。**大都市**だけでなく**地方都市**のなかからも認定されたケースがあります。また、**複数の自治体で一つの特区を構成する**ケースもあります。

❸データ連携基盤は「**都市OS**」とも呼ばれています。

Quick Check 想定問題文！

● スーパーシティ構想の実現のために、2022年に国家戦略特区の制度が創設された。

✕ 国家戦略特区は、2013年に制定された国家戦略特区法に基づいて創設されました。

ランク B

行政改革②
新しい官庁

選定理由 & ポイント ▶ 新設された官庁は頻出事項

● 内閣感染症危機管理統括庁

COVID-19の経験を踏まえて、2023年に内閣法などが改正され[1]、**感染症対策**の司令塔の機能を果たす<u>内閣感染症危機管理統括庁</u>が**新設**されました。

同庁は<u>内閣官房</u>に設置されます。同庁には、**内閣官房長官を補佐して庁務を掌理する職**として<u>内閣感染症危機管理監</u>が置かれ、この職には<u>内閣官房副長官</u>を**充てる**[2]と規定されています。さらに、それを補佐する職として、<u>内閣感染症危機管理対策官</u>が置かれます。この職には**厚生労働省**の**医務技監**を**充てる**と規定されています。

また、**米国の疾病対策センター（CDC）をモデル**にして<u>国立健康危機管理研究機構</u>[3]を**厚生労働省**所管の法人（**特殊法人**）として設置する法律が同年に制定されました。

● 厚生労働省の業務見直し

COVID-19に対処するなかで**業務量**が**増加**した**厚生労働省**の業務の一部を他の省庁に移管するための法律[4]が2023年に制定されました。これによって、**食品衛生**は首相（**消費者庁**の長）、水道事業は**国土交通大臣**（**国土交通省**の長）・**環境大臣**（**環境省**の長）に業務の一部が移管されます。

[1] この改正は、**2023年の新型インフルエンザ等対策特別措置法の改正**にあわせて行われました。

💡 **新しい官庁**については、**どの府省に設置**されるかが頻出事項です。同庁は**内閣府**や**厚生労働省**の外局ではありません。

[2] 「…**を充てる**」とは、その官職に就いている人が就任するという意味です。内閣官房副長官は合計3人いますが、そのなかから選ばれた人が就任します。

[3] 同機構は、**2025年度**に発足する予定です。第6章も参照。

[4] この法律は「**生活衛生等関係行政の機能強化のための関係法律の整備に関する法律案**」という名称で国会に提出され、**食品衛生法**や**水道法**などの改正などが定められています。

Quick Check 想定問題文！

● 2023年に内閣感染症危機管理統括庁を内閣府の外局として設置するための法律が制定された。

× 内閣感染症危機管理統括庁は、内閣官房に設置されます。

ランク **A**

デジタル政府①
マイナンバー

| 選定理由 & ポイント | 2023年の共通番号法の改正点は要注意
東京都・特別区は単体で出題する可能性がある |

● マイナンバー制度

マイナンバー（個人番号）制度とは、**個人を識別できる共通番号（マイナンバー）❶を行政事務**に利用する制度です。この制度は、2015年に施行された**共通番号法**に基づいて、2016年から運用が開始されました。

同法は2023年に**改正**され、<u>マイナンバーの利用範囲が拡大</u>されました❷。**改正前は社会保障、納税、災害対策**（災害時の本人確認など）の**3分野に限定**されていましたが、改正後は利用範囲が拡大されます。理容師・美容師などの**国家資格、自動車登録、在留資格**に係る事務などで利用されます。

● マイナンバー・カード

マイナンバー・カード（**個人番号カード**）とは、<u>申請者に対して発行</u>されるプラスチック製カードです❸。この**カード自体に本人に関する行政情報は記録されていません**が、**個人を認証できる電子証明書**の機能があります。

政府は**マイナンバー・カードの普及**を進めており、2022年11月末時点の<u>保有枚数率</u>❹は**72.8%**で、**7割強**です。

2022年に**道路交通法**が**改正**され、このカードを<u>運転免許証</u>として使えるようになったほか、2021年からは<u>健康保険証</u>のかわりにも使えます。2023年の**改正法**の施行後に既存の**健康保険証**は**廃止**されますが、このカードを**使用しない**ことも**可能**です。この場合は「**資格確認書**」を使って**保険診療**を受けられます。

❶マイナンバーは、**住民票を基に作成**され、日本国籍を有していないものの住民票がある**外国人住民**にも設定されます。

❷同時に**戸籍法**が改正され、行政手続のデジタル化推進のため、**戸籍・住民票の氏名にフリガナ**の記載が定められました。ただし、通常の用法と大きく異なる読み方は認められません。

❸表面には住民票に記載されている**氏名**などが記載され、**本人の写真**も印刷されているので**身分証明書**としても使えます。裏面には**マイナンバー**が記載され、行政手続に使用できます。

❹希望者に交付した枚数を住民総数で割った値はもっと高いのですが（2023年12月時点で**77.4%**）、**情報漏えい**や**誤登録**を危惧してカードを**自主返納**した人がいます。保有枚数率は自主返納した人を考慮した値です。

Quick Check 想定問題文！

● 社会保障・納税・防犯に関する行政情報を記録したマイナンバー・カードは、健康保険証や運転免許証のかわりに使用することもできる。

× 行政機関がマイナンバーを利用できるのは、社会保障・納税と災害対策に関する行政事務と規定されていました。また、マイナンバー・カードに本人に関する行政情報は記録されていません。

デジタル政府②
デジタルトランスフォーメーション(DX)

選定理由 & ポイント ▶ デジタル庁の長は首相
デジタル臨調の活動期間は2021〜23年

● デジタル庁

COVID-19の感染拡大に対処するなかで**政府のデジタル化が不十分**だった反省を踏まえて、2021年に**デジタル社会形成基本法❶**が制定・施行され、**基本理念**とともに**デジタル庁**の設置などが定められました。同庁は府省の外局ではなく、**首相を長**とする**内閣直属機関**で、**国務大臣**を充てる**デジタル大臣**や、それを補佐する**デジタル監**が置かれました。

現在、**行政手続**の際の**押印を不要**とする「**脱ハンコ**」の促進や、**マイナンバー**を使った**公的給付**の受給を円滑化するための**法整備**が行われています。2023年に**共通番号法**が改正され、**公的受給口座**で**公的給付金を受給**するための制度が拡充されました❷。

● デジタル臨調とデジタル行財政改革会議

デジタル技術を活用した**社会変革**は、**デジタルトランスフォーメーション**(**DX**)と呼ばれています。DXの推進のため、**首相を会長**とする**デジタル臨時行政調査会(デジタル臨調)❸**という会議が2021年に設立されました。この会議の**提言**に基づいて、2023年に**デジタル社会形成基本法**が改正され、**デジタル技術**の**活用**のための**規制緩和**が行われました。その後、**デジタル臨調**は**廃止**され、**デジタル行財政改革会議**が**設置**されました。

❶同法は、2000年に制定(2001年施行)された**IT基本法**(正式名称「高度情報通信ネットワーク社会形成基本法」)を**廃止**する形で制定されました。

💡 法律が改称されたとき、旧称を新しい法律の名称とする誤りの選択肢が出題されることがあります。新旧の名称(略称・通称)を覚えておくと、効率的に問題が解けます。

❷2023年の**共通番号法**の改正によって、**公的年金受給者**は、本人が不同意の意思表示をしない限り、**年金受給口座**で**公的給付を受給**するという制度が導入されました。

❸これは、**行政改革**や**規制緩和**の提言のために**1960年代**に設立された**臨時行政調査会(臨調)**や**1980年代**に設立された**第二次臨時行政調査会(第二次臨調)**をモデルにした組織です。

Quick Check 想定問題文!

● デジタル臨時行政調査会(デジタル臨調)を改組する形でデジタル庁が2021年に設立され、その提言に基づいて、デジタル社会形成推進基本法が改正された。

✕ デジタル臨調は、デジタル庁とは別個に2021年に設立されました。デジタル臨調は2023年に廃止され、デジタル行財政改革会議が設置されました。

デジタル政府③
個人情報の保護

選定理由
&
ポイント

個人情報保護のための法制が
2021年に一本化された

● 個人情報保護法と個人情報保護委員会

2003年に制定された<u>個人情報保護法</u>は、<u>企業</u>などが収集した個人情報の管理などに関するルール❶を定めた法律です。

2015年に個人情報保護法が改正され、個人情報の取扱いの監視監督権限を有する<u>個人情報保護委員会</u>❷が、<u>内閣府</u>の<u>外局</u>として、2016年に発足しました。

● 個人情報保護の法律の統合

2021年に制定された<u>デジタル社会形成基本法</u>の理念に基づく法整備の一環として、個人情報保護法などが改正され、<u>個人情報保護のルールを統合する</u>❸とともに、全体の所管が<u>個人情報保護委員会に一元化</u>されました。

2021年の法改正によって、企業・国の行政機関・独立行政法人についてのルールが<u>1つの法律</u>に<u>統合</u>されるとともに、<u>自治体</u>の個人情報保護制度についても<u>全国的な統一ルール</u>が定められました❹。これによって用語の定義などは統一されましたが、同法の範囲内で自治体が条例を制定してルールを定めることは可能です。この法改正は2023年に完全実施されました。

❶個人情報の取得の際に本人の同意を得ることなどが規定されています。

❷マイナンバー制度の導入にあわせて2014年に設置された特定個人情報保護委員会が改組されてできました。

💡個人情報保護法は過去に何度か改正されましたが、主な改正点はその都度、時事問題として出題されました。

❸改正前は、個人情報保護法は企業を主な対象とした基本法という位置付けで、国の行政機関と独立行政法人については、各々に特別な法律がありました。また、自治体は独自に条例でルールを定めていました。

❹2021年の法改正と同時期に、自治体の情報システムの仕様をデジタル庁の主導で統一することも定められました。

Quick Check 想定問題文！

● デジタル社会形成基本法の制定に合わせて、個人情報保護に関する法律の統合が定められたが、自治体の個人情報保護制度は統合の対象外である。

× 2021年のデジタル社会形成基本法の制定に合わせた法整備によって、自治体の個人情報保護制度についても、統一的なルールが定められました。

地方自治

デジタル田園都市

選定理由
&
ポイント
地方創生の取り組みと、
デジタル田園都市国家構想を確認しておこう

● 地方創生

地方振興・人材確保・雇用創出を一体的に推進する地方創生を目的にして、2014年にまち・ひと・しごと創生法が制定・施行されました❶。

● デジタル田園都市国家構想

岸田首相は、「新しい資本主義」❷の柱の一つとしてデジタル田園都市国家構想を推進しています。これは、デジタル技術を活用した社会変革であるデジタルトランスフォーメーション（DX）を地方でも実現して、地方振興によって都市部との格差をなくすという構想です。

2022年にデジタル田園都市国家構想❸の基本方針❹が閣議決定され、テレワークなどによる「転職なき移住」を推進することや、高度なデジタル技術を活用できる「デジタル推進人材」を育成することなどが掲げられました。

● 文化庁の京都移転

東京一極集中の是正のため、「地方創生」の一環として、文化庁が京都市に移転することが2016年に定められ、2023年に業務を本格的に開始しました❺。

❶同法に基づいて、若い世代の就労・結婚・子育ての希望を実現して合計特殊出生率を1.8に引き上げる「希望出生率1.8」を目指す取り組みが行われています。

❷「新しい資本主義」は、岸田首相が2021年に就任したときに掲げた経済政策で、成長と分配の好循環を目指しています。

❸この構想は、1970年代末に大平首相が推進した田園都市構想に着想を得たものです。

❹この構想のための新たな法律は制定されていません。2022年末に地方創生のために策定された「まち・ひと・しごと創生総合戦略」を改定する形で、田園都市国家構想の総合戦略が策定されました。

❺文化庁の一部の部署は東京に残されましたが、文化財保護に関わる部署は京都市に移転しました。

Quick Check 想定問題文！

● 2022年に閣議決定されたデジタル田園都市国家構想の基本方針には、「転職なき移住」の推進や「デジタル推進人材」の育成などが盛り込まれている。

○ デジタル技術を活用して地方の抱える課題を解決しようとするもので、そのためにはデジタル技術を活用できる人材を増やす必要があると考えられています。

ダメ押し！ キーワードリスト 第1章 国内政治

⛔ 参議院議員の除名

　2023年に**参議院**は**ガーシー議員**を**除名**しました。ガーシー氏は2022年に行われた参議院選挙に比例代表で立候補して当選しましたが、海外在住で当選後も登院したことはなく**欠席**が続いていたため、懲罰として議場で陳謝することが求められましたが応じず、除名されました。

　国会議員には不逮捕特権や免責特権がありますが、各々の議院は、出席議員の3分の2以上が賛成すれば議員の除名ができます。国会議員の**除名**は、今回が戦後<u>3人目</u>ですが、<u>欠席</u>を理由にした**除名**は今回が<u>初めて</u>です。

⛔ 国民投票法

　<u>憲法改正</u>の可否を決める**国民投票**のルールは、2007年に制定された**国民投票法**で規定されています。同法に基づいて衆参両院に設置された**憲法審査会**で、改憲案の**審議**や憲法改正の**発議**などが行われます。**国民投票**は**憲法改正**のときのみ実施され、条約の承認などの**国政の重大事項**は、**国民投票の**<u>対象外</u>です。また、投票できる年齢は、満18歳以上と規定されています。

⛔ 共通投票所

　共通投票所は、通常の投票所とは別に、交通の便が良い場所などに設置されるものです。2016年の公職選挙法改正によって**国政選挙**などに導入されました。2021年に**国民投票法**が**改正**され、<u>国民投票</u>のときに、**共通投票所**を<u>市町村</u>の選挙管理委員会の判断で設置できるようになりました。

⛔ こども家庭庁

　こども家庭庁設置法と関連法が2022年に制定され、**こども家庭庁**が<u>内閣府</u>の**外局**として2023年に設置されました。

　同庁には、**長**である**長官**とは別に、<u>内閣府特命担当大臣</u>が置かれ、総合調整を行うことができます。

　こども家庭庁には、**保育所**に関する事務が**厚生労働省**から、**認定こども園**に関する事務が**内閣府**から移管されましたが、<u>幼稚園</u>に関する基準の決定などは従来通り<u>文部科学省</u>が行います。そのため、幼稚園と保育所の制度や所管を統一する「<u>幼保一元化</u>」は**実現していません**。

🔓 公務員の定年延長

2021年に**国家公務員法**が**改正**され、<u>国家公務員</u>の**定年**を現行の60歳から**65歳**に改めることが定められました。**定年の引き上げ**は2023年から2031年までの期間に**段階的**に行われます。同時に、60歳（事務次官等は62歳）以上の役職者（「**管理監督職**」）に<u>役職定年</u>を導入し、所定の年齢に達すれば「**管理監督職**」以外の官職に**降任・転任**させることなどが定められました。また、2021年に**地方公務員法**も**改正**され、<u>地方公務員</u>の**定年**も**65歳**に**引き上げる**とともに、<u>役職定年</u>制度が**導入**されることが規定されました。

🔓 匿名加工情報と仮名加工情報

2015年に**個人情報保護法**が**改正**され（2017年完全施行）、<u>個人</u>を<u>特定できないよう</u>に個人情報を加工した**匿名加工情報**については、所定の条件を満たせば、<u>本人の同意なし</u>に利用や**第三者への提供**が**可能**になりました。**匿名加工情報**には通常の個人情報よりも**緩やかなルール**が適用され、利活用しやすくなっています。

その後、2020年に**個人情報保護法**が**改正**され（2022年完全施行）、**仮名加工情報**の制度が導入されました。**仮名加工情報**は、個人情報から氏名などの一部の情報を削除するなどの加工を行って個人を識別できないようにものです。匿名加工情報に比べて加工の度合いが低く、他の情報と照合すれば<u>個人の特定</u>が**可能**です。そのため、**仮名加工情報**は、事業者の内部で利用できるものの原則的には<u>第三者</u>に<u>提供できない</u>など、個人情報と匿名加工情報の**中間的な位置づけ**です。

🔓 医療機関匿名加工情報

<u>医療機関</u>が保有する患者の<u>病歴</u>などに関する個人情報については、2017年に制定（2018年に施行）された**次世代医療基盤法**（正式名称「医療分野の研究開発に資するための匿名加工医療情報に関する法律」）に基づいて、**匿名加工した情報を外部に提供する**ための特別なルールが定められています。患者などに事前に外部に提供することを伝えて、患者などから反対の意思表明がなければ、その情報を研究機関や製薬会社などに提供できます。

次世代医療基盤法は2023年に**改正**され（2024年5月施行予定）、医療機関が保有する患者などに関する個人情報を<u>仮名加工</u>して**外部に提供する**ためのルールが定められました。

最近の政治や選挙に関する記述として、妥当なのはどれか。

❶　緊急事態宣言などの新型コロナウイルス感染症（COVID-19）の対策を定めた新型インフルエンザ等対策特別措置法は、2023年に廃止された。

❷　2023年に統一地方選挙が行われ、自民党の議席数は大幅に増加した。最大野党の立憲民主党は議席を減らし、日本維新の会は地盤である大阪府以外の自治体の首長選挙で当選者を出すことは出来なかった。

❸　参議院の選挙区を都道府県に配分する数を決める方法としてアダムズ方式が導入され、2022年に実施された参議院選挙から適用されている。

❹　最高裁判所の違憲判決を踏まえて、2023年に公職選挙法が改正されて、海外に居住する有権者が地方選挙でも在外投票ができるようになった。

❺　政治分野の男女共同参画推進法では、国政選挙と地方選挙の候補者の半数を女性とすることが政党の努力目標になっているが、2023年に行われた統一地方選挙では、この目標は達成されていない。

解説　　　　　　　　　　　　　　　　　　　　　　　正解 ❺

❶　✕　この法律は廃止されていません。COVID-19の感染症法上の位置づけが2023年に五類に移行したことにともなって、COVID-19は法律の対象から外れました。

❷　✕　2023年の統一地方選挙で、自民党の議席数は横ばいでした。一方、日本維新の会は躍進し、同党の候補者は奈良県知事選挙でも当選しました。

❸　✕　アダムズ方式は衆議院の選挙区で各都道府県の定数を算出するために導入され、2022年に都道府県毎の新しい定数や選挙区の区割りが決まりました。

❹　✕　最高裁の違憲判決を踏まえて在外投票が認めるための法改正が2022年に行われたのは、最高裁判事の国民審査です。なお、地方選挙には住所要件があって、住民でなければ投票できませんので、在外投票はできません。

❺　○　前回の統一地方選挙と比べると女性の候補者数・当選者数とも増加しましたが、女性の候補者の比率は最も高い特別区議会選挙で3割台でした。

予想問題にチャレンジ！

最近の行政をめぐる状況に関する記述として、妥当なのはどれか。

❶ スーパーシティ構想の実現のために2023年に国家戦略特区法が制定され、つくば市と大阪市が国家戦略特区に指定された。

❷ 新型コロナウイルス感染症の経験を踏まえて、内閣感染症危機管理統括庁を内閣官房に設置することや、米国のCDCをモデルにした機関を置くことを定めた法律が、2022年に制定された。

❸ 利用者の個人番号を記載したマイナンバー・カードは、健康保険証として利用するために所持を義務付けるための法律が2023年に制定された。

❹ デジタルトランスフォーメーション（DX）の推進のためにデジタル行財政改革会議が設立されたが、2023年に廃止され、同年にデジタル臨時行政調査会が設置された。

❺ 以前から東京一極集中を是正するために「地方創生」が行われており、その一環として観光庁が京都市に本格移転した。近年では、デジタル技術を活用したデジタル田園都市構想が推進されている。

解説
正解 ❷

❶ ✕ 国家戦略特区法が制定されたのは2013年です。以前から同法に基づいて規制緩和が行われていましたが、近年ではスーパーシティ構想が推進されています。

❷ ◯ 日本版CDCは国立健康危機管理研究機構という名称で、厚生労働省所管の特殊法人として設立されます。

❸ ✕ このカードは、希望者にのみ公布されます。健康保険証として利用することは使用できますが、所持を義務付けるための法律は制定されていません。

❹ ✕ 2023年にデジタル臨時行政調査会が廃止され、デジタル行財政改革会議が設置されました。

❺ ✕ 地方創生の一環として京都市に移転したのは、文化庁です。

第2章
国際政治

〔試験ごとの重要度〕

国家 総合職	国家 一般職	国家 専門職	裁判所 職員	東京都 Ⅰ類	特別区 Ⅰ類
地方上級	市役所	国立大学 法人	警察官	警視庁 Ⅰ類	東京 消防庁

色が濃い：優先して押さえておこう　　色が薄い：最低でもAランクは見ておこう

〔攻略ポイント〕選挙と紛争をチェックしよう！

　公務員試験においては、国際情勢について幅広い範囲から出題されています。しかも、ほとんどの試験種では定番ジャンルですので、注意が必要です。

　基本的には各国の選挙結果や、紛争状態にある国についてはその状況を押さえておきましょう。

　選挙結果については、専門科目の政治学や国際関係で出題されることもあります。また、国際紛争や国際機関の動向については、国際関係で出題されることもあります。

B

アジア①
中　国

選定理由
＆
ポイント
東京都・特別区は主要国を一つ取り上げて
詳しく出題することがある

● 中　国

　中国は、自国から**ヨーロッパ**に至る<u>一帯一路</u>と呼ぶ地域
の**インフラ整備**や**貿易・投資**を促進する政策を推進してい
ます。<u>中国</u>の**主導**で、アジア諸国にインフラ整備の資金を
融資する<u>アジア・インフラ投資銀行（AIIB）</u>が2014年に設
立されました。AIIBには西欧諸国も出資していますが、
<u>日米</u>は、<u>AIIB</u>に<u>不参加</u>を表明して出資していません（2023
年12月現在）。

　中国は<u>南シナ海</u>の<u>南沙諸島</u>などの**領有権**や周辺海域の管
轄権を主張し、それを認めていない**周辺国**や**米国**などと**対
立**しています。また、同国西部にある<u>新疆ウイグル自治区</u>
は**イスラム教徒**の住民が多く<u>独立運動</u>が見られますが、中
国が取り締まりを強化する過程で<u>人権侵害</u>が生じているこ
とが批判されています。

　中国の**元首**である<u>国家主席</u>は、2013年に就任した<u>習近
平</u>氏が2023年から**3期目❶**を務めています。<u>国務院総理（首
相）</u>については、2013年に就任した**李克強**氏が2023年に
退任し、**後任**に<u>李強</u>氏が就任しました。

● 香　港

　<u>香港</u>は1997年にイギリスから中国に返還された後、**特別
行政区**が設置されて<u>一国二制度</u>と呼ばれる**自治**が認められ
ています。ですが、近年は中国の関与強化によって自治権
が侵害されているという不満が香港で高まっています。

　香港特別行政区の**トップ**である<u>行政長官</u>は**間接選挙**で選
ばれます。**警察**出身で**親中国派**の<u>李家超</u>氏が2022年に<u>行
政長官</u>に就任しました。

🔅 **独立運動**などの**紛争**
については、細かい
経緯を覚えていなくて
も、その地域の人々の多
くが信仰する**宗教**などの
属性情報を知っている
と、問題文のなかの誤り
を発見することができる
問題が多く見られます。

🔅 **人文科学**の**世界史・
地理**などの教材に登
場する知識で選択肢の正
誤を判断できることがあ
ります。

❶中国の憲法は2018
年に改正され、それまで
2期10年までと定めら
れていた**国家主席**の**再選
回数**の上限が撤廃されま
した。

● 台 湾

2020年に行われた**総統❷**選挙で**民進党**に所属する**蔡英文**<ruby>蔡英文<rt>さい・えいぶん</rt></ruby>総統が**再選**されました。**蔡英文**総統は、2016年の選挙で初当選し、台湾に一定の自治を認めたうえで中国の主権下に置くという形で**中台統一**を目指すという**中国**の政策を**批判**しています。そのため、中国と台湾の対立が深まっており、**中国**が**台湾**に対して**武力行使**を行う事態が今後生じることが懸念されています。

米国と**台湾**の間に**国交**は**ありません**が、2022年に**米国**の**ペロシ下院議長**が**台湾**を**訪問**して台湾の**蔡英文**総統と**会談**しました。これに**中国**は**反発**し、台湾周辺で大規模な**軍事演習**を行いました。なお、**日本**と**台湾**の間にも**国交**は**ありません**。

また、中米**ホンジュラス**は、2023年に台湾と**国交**を**断絶**し、中国と国交を樹立しました。**蔡英文**総統の就任後、**台湾**と**国交がある国**は13か国に**減少**しました。

台湾では2024年1月に**総統選挙**が予定されています。台湾の総統の３選は認められず、現職の**蔡英文**総統は**立候補できません**。与党**民進党**の候補者が当選できるか、選挙結果が注目されています。

❷「**総統**」とは台湾（中華民国）の**国家元首**で、**大統領**に相当する役職です。台湾の**総統**は、国民の**直接選挙**によって選出されます。

💡 選挙結果は頻出事項ですが、大部分の問題は、細かい経緯を知らなくても、**選挙の勝者**の**氏名**や**政党名**が分かっていれば解けます。

過 台湾では、民主進歩党の馬英九総統が台湾独立構想を打ち出し、中台関係が悪化したため、実業家を中心に「雨傘運動」と呼ばれる抗議活動が活発化した。これを受けて、2016年の総統選挙では国民党の蔡英文氏が勝利し、初の女性総統に就任した。（裁判所2017）×

Quick Check 想定問題文！

● 中国の元首である国家主席の再選回数の上限を撤廃する憲法改正が2023年に行われ、習近平国家主席の３選が実現した。

× 中国の国家主席の再選回数の上限を撤廃する憲法改正は、2018年にすでに行われています。その後、2023年に習近平氏が国家主席の３期目に選出されました。

● 台湾の元首である総統の選挙が2024年に行われ、国民党の蔡英文氏が再選を果たした。

× 蔡英文氏は国民党ではなく、民進党に所属しています。また、蔡英文氏は2016年に初当選して総統をすでに２期務めており、2024年の選挙に立候補できません。

アジア② 朝鮮半島

選定理由 & ポイント 尹錫悦（ユン・ソンニョル）大統領によって日韓関係が改善、今までの対立の経緯も出題の可能性が高い

● 日韓首脳会談

韓国の尹錫悦（ユン・ソンニョル）大統領は**2023年**に訪日し、**岸田首相**と**日韓首脳会談**を行って、<u>シャトル外交</u>❶の**再開**や**日韓関係の改善**について合意しました。

日本と韓国は、**2018年**に韓国の大法院（最高裁に相当）が、<u>徴用工問題</u>❷について、**日本企業**に**賠償金の支払い**を命じる**判決**を下して、**対立していました**❸。

2019年に**日本**は、韓国の輸出管理に安全保障上の懸念があることなどを理由に、**半導体の製造に必要な素材**などの<u>輸出審査</u>を**厳格化**しました。これに反発した**韓国**は、安全保障の分野で**軍事情報包括保護協定**（**GSOMIA**（ジーソミア））❹の**破棄**❺を2019年に**表明**しました。

2023年に**韓国**は徴用工問題について、日本企業のかわりに<u>韓国の財団</u>が原告に**賠償金**を**支払う**方針を表明して、<u>関係改善</u>が進みました。この措置を**日本**は評価し、1998年の**日韓共同宣言**❻を含めた**歴史認識の継承**や、韓国に対する**輸出審査の運用見直し**（審査の緩和）を表明しました。

● 日米韓首脳会合

この関係改善を受けて、2023年に**米国**で**日米韓**首脳会合が開催され、**情報共有**や**半導体**の**供給網**の確保などを含めた**安全保障分野の協力**などを合意しました。

3か国の首脳会合は**1990年代**に**初めて開催**されましたが、近年は途絶えていました。従来この会議は他国も参加する国際会議に合わせて開催されました。3か国だけが集まって開催したのは、**2023年**が**初めて**です。

❶両国の首脳が形式にとらわれず**頻繁に訪問する**ことを指します。

❷第二次世界大戦中に日本で労働を強制された旧朝鮮半島出身の元労働者（元徴用工）が、賠償金の支払いを求めた訴訟です。

❸日本政府は、賠償問題は日韓国交正常化のときに解決済みとしています。

❹GSOMIAは、安全保障分野の情報共有のために、2016年に日韓が締結しました。

❺韓国政府は、後に通告を中止し、GSOMIAの失効は回避されました。

（過）韓国は昨年8月、日本が輸入管理の優遇対象国から韓国を除外したこと受け、日本とのGSOMIAの破棄を日本に通告した。（特別区Ⅰ類2020）×

❻日韓共同宣言には、過去に日本が植民地支配により韓国に多大の損害と苦痛を与えたことに対し**反省**と**謝罪**を述べたことが盛り込まれています。

Quick Check 想定問題文！

● 2023年の日韓首脳会談で、徴用工問題をふまえて日本は韓国に対して半導体製造に必要な素材などの輸出審査を厳格化することを通告した。

× 2023年の会談で日韓関係は改善し、日本は輸出審査の運用見直しを表明しました。

ミャンマーとタイ

アジア③

選定理由
&
ポイント

ミャンマーとタイは頻出、
国民の宗教が問われる可能性がある

● ミャンマー

2021年にミャンマーで**軍部**が**クーデター**を起こし、<u>国民民主連盟</u>（NLD）の党首で同国の指導者だった<u>アウン・サン・スーチー</u>国家顧問らが**拘束**され、在任中の汚職などの罪で**有罪判決**が下されました。一方、NLDの支持者は、軍部に対する抗議デモを続けており、同国で軍部に対する武装闘争も起きています。

また、同国北西部に居住する<u>イスラム教徒</u>の<u>ロヒンギャ</u>と呼ばれる人々が以前から**迫害**され、**難民**として隣国<u>バングラデシュ</u>などに流出しています。

● タ イ

2023年にタイで**下院選挙**（総選挙）が行われ、**軍部を批判**する新興政党<u>前進党</u>が**第一党**に躍進しましたが単独では過半数の議席を獲得できず、**タクシン氏❶**を**支持**する<u>タイ貢献党</u>が**第二党**となりました。

前回（2019年）の**総選挙**では、軍部を支持する諸政党によって連立政権が成立し、無所属で<u>軍人</u>出身の<u>プラユット</u>氏が**首相**に選出されました。しかし、2023年の総選挙の結果を受けて、<u>プラユット</u>首相は**政界引退**を表明しました。

その後、<u>タイ貢献党</u>の<u>セター</u>氏が、連立交渉の過程で軍部を支持する諸政党の支持を得て、**新首相**に就任しました。

過 ミャンマーでは国軍が国民民主連盟（NLD）政権の幹部らを拘束し、国家権力を掌握したが、その直後、アウン・サン・スー・チー氏が亡命先である英国で亡命政権を樹立し、同軍への抵抗を続けている。同様に、ミャンマー市民も国軍への抗議デモを繰り返しているが、武力制圧を図る同軍との間で内戦状態となっている。【後略】（国家総合職2022）×

💡 クーデターの要因よりも、**対立の図式**や主な人物を把握しておきましょう。

❶タイでは、実業家出身の**タクシン**首相が2006年に軍部の**クーデター**によって**失脚**して以来、反タクシン派と親タクシン派の対立が続いています。

💡 公務員試験では、国民が信仰する宗教が問われることがあります。ロヒンギャの多くはイスラム教徒、ミャンマーとタイの国民の多くは仏教徒です。

Quick Check 想定問題文！

● 2023年にタイで下院選挙が実施され、軍人出身のプラユット氏が首相に選出された。

× この選挙の結果、タイ貢献党のセター氏が新首相に選出されました。

アジア④
フィリピンとマレーシア

選定理由 & ポイント ▶ 両国の首脳の名前をおぼえておこう

● フィリピン

フィリピンで2022年に**大統領選挙**が行われ、<u>**マルコス・ジュニア**</u>氏が**当選**しました。彼の**父**である**マルコス大統領**は、1965年に就任し、**独裁者**として批判されたため1986年に海外に脱出して失職しました。

2022年の大統領選挙と同時に行われた**副大統領選挙**では、現職だった**ドゥテルテ**大統領❶の娘である**サラ・ドゥテルテ**氏が**当選**しました。

● マレーシア

2022年にマレーシアで**下院選挙**（総選挙）が行われ、野党連合「**希望連盟**」（PH）が**第一党**となり、PHの<u>**アンワル**</u>氏が**新首相**に就任して新政権が発足しました。

同国では独立以来、政党連合**国民戦線**（BN）の政権が続いていましたが、**前回**（2018年）の総選挙でPHが**勝利**して、**独立後初の政権交代**となりました。

その後、**PH政権の内紛**によって首相交代が続き、2021年には実質的な政権交代❷が起きましたが、2022年の総選挙でPHが<u>政権</u>を<u>奪還</u>しました。

❶フィリピンの**大統領**の任期は**6年間で再選**は**認められません**。ドゥテルテ大統領は、大統領選挙と同時に行われる副大統領選挙に立候補する意思を当初は示していましたが断念し、彼の娘が立候補して当選しました。

💡選挙があった**国名**、**当選者の人名**や**政党名**を把握しておきましょう。

❷国民戦線の一員だった政党**統一マレー国民組織**（UMNO）の**イスマイル・サブリ**氏が2021年に**首相**に就任して、実質的な政権交代となりました。

Quick Check 想定問題文！

● フィリピンで2022年に大統領選挙が行われ、現職のドゥテルテ大統領の娘が新大統領に当選した。

× 2022年の大統領選挙で当選したのは、マルコス大統領の息子のマルコス・ジュニア氏です。ドゥテルテ大統領の娘は、2022年の選挙で副大統領に当選しました。

● マレーシアで2022年に下院選挙が行われ、独立以来、政権を維持している国民戦線を主導する「統一マレー国民組織」のマハティール氏が首相に就任した。

× 現在の首相はアンワル氏で、国民戦線（統一マレー国民組織）ではなく、希望連盟（PH）に所属しています。

オーストラリアとニュージーランド

選定理由
&
ポイント → 両国の新首相の名前だけでなく、
クアッドとオーカスの加盟国も要注意

● オーストラリア

オーストラリアで2022年に**下院選挙**（**総選挙**）が行われ、野党**労働党**が勝利して9年ぶりの**政権交代**となり❶、同党の**アルバニージ氏**が**新首相**に就任しました。

オーストラリアは、**米国・イギリス**とともに3か国で**オーカス**（**AUKUS**）と呼ばれる**安全保障**の枠組みを構築し、また**日本・米国・インド**とともに4か国で**クアッド**（**QUAD**）❷と呼ばれる**枠組み**を構築しています。**政権交代後**に**アルバニージ**首相は**2つの枠組み**の**参加**を**維持**しています。

■ ニュージーランド

ニュージーランドの**アーダーン**首相（**労働党**）は、「力が底をついた」という理由❸で2023年に**辞任**し、同党の**ヒプキンス氏**が**新首相**に就任しました。

その後、同国で**下院選挙**（**総選挙**）が行われ、野党**国民党**が勝利して**政権交代**となりました。**国民党**はACT党と**連立政権**を形成し、**国民党**の**ラクソン氏**が**新首相**に就任しました。

❶この選挙で**自由党**に所属する**モリソン**首相が率いる**保守連合**は**敗北**し、政権交代となりました。

❷**クアッド**という名称の由来は、4を指す語です。**中国の勢力拡大に対抗する**という目的があります が、**インド太平洋地域**の**安全保障**だけでなく、**COVID-19対策**や環境問題なども議題となっています。

❸**アーダーン**氏は、2017年に同国史上**最年少**で3人目の**女性**首相に就任して注目されました。

過 昨年（注：2017年）9月に行われたニュージーランドの総選挙では、外国人による中古住宅の購入の制限などを政策に掲げる「労働党」が議席を大幅に増やし、その後の連立政権協議を経て、昨年10月に同党を率いるアーダーン党首が首相に就任した。（東京都Ⅰ類2018）○

Quick Check 想定問題文！

● 　オーストラリアは、日本・米国・中国とともに、インド太平洋地域の安全保障分野の協力を深めるため、「クアッド」と呼ばれる協議を行っている。

　× 　クアッドには、中国ではなくインドが参加しています。

● 　2023年にニュージーランドで下院選挙が行われ、労働党が勝利してアーダーン氏が新首相に就任した。

　× 　2023年の下院選挙では国民党が勝利しました。また選挙前にアーダーン首相は辞任し、ヒプキンス氏に交代しました。

ランク A 中東①

イスラエル・パレスチナ

選定理由 & ポイント ▶ 公務員試験の定番なので、
最近の出来事を確認しておこう

● パレスチナの地位

ユダヤ教を信仰する**ユダヤ人**が**イスラエル**建国を1948年
に宣言すると、**イスラム教徒**が多数を占める周囲の国々と
対立し、4次にわたる**中東戦争**が起きました。

1993年に締結された**オスロ合意**に基づいて、第3次中東
戦争のときに**イスラエル**の占領地となった**ヨルダン川西岸
地区**と**ガザ地区**で、**パレスチナ人**❶の自治が認められてい
ます。日本や主な欧米諸国はパレスチナを国家承認してい
ません❷。

● パレスチナ紛争

ガザ地区は**イスラム原理主義**を掲げる**パレスチナ人組織
ハマス**❸が実効統治しています。2023年に**イスラエル**と**ハ
マス**の間で**軍事衝突**が起きました❹。隣国**レバノン**を拠点
とする**イスラム原理主義勢力ヒズボラ**と**イスラエル**との間
でも**軍事衝突**が続いています。

● イスラエルの政権交代

イスラエルで2021年に極右政党**ヤミナ**の**ベネット**氏が**首
相**に選出され、幅広い政党が参加する**連立政権**❺が発足し
ました。右派政党**リクード**の**ネタニヤフ**首相が率いる連立
政権から、12年ぶりの政権交代でした。

その後、連立政権で内部対立が生じたため**ベネット**首相
は2022年に辞任して議会選挙が行われ、**リクード**が第一党
となり、同党の**ネタニヤフ**氏が首相に復帰しました。

❶パレスチナ人の多くは
イスラム教徒です。ま
た、パレスチナ人組織
ファタハを率いる**アッバ
ス**氏が自治政府の**大統領**
を2004年から務めて
います。

❷発展途上国の多くは、
パレスチナを国家承認し
ています。また、**国連**は、
2012年からパレスチ
ナを加盟国に準じる**オブ
ザーバー国家**としていま
す。

❸ハマスはファタハと対
立関係にあり、ガザ地区
をパレスチナ自治政府は
実効統治できていませ
ん。

❹同国に住む**日本人**救出
のため、自衛隊法に基づ
いて**航空自衛隊**の輸送機
が派遣されました。

💡自衛隊が派遣された
国際紛争は、出題さ
れやすいです。

❺イスラエルの議会選挙
は**比例代表制**で行われ、
連立政権が一般的です。

Quick Check 想定問題文！

● レバノン領内にあるガザ地区に拠点を置くヒズボラに対して、イスラエルは
2023年に大規模な軍事攻撃を行った。

× ガザ地区はレバノン領内ではなくパレスチナにあります。またガザ地区に拠点をおくハマスを
イスラエルは攻撃しました。ヒズボラの拠点はレバノンにあります。

B ランク

中東②
シリアとトルコ

> 選定理由 & ポイント
>
> 国名と大統領の名前を押さえておこう
> 災害時に自衛隊が派遣された国は要注意

● シリア

2011年に中東諸国で**アラブの春**と呼ばれる民主化運動が起きました。その影響で、<u>シリア</u>では、<u>アサド</u>大統領の独裁を批判する反体制派が武装蜂起して、**内戦状態**が続いています。なお、**ロシア**は**アサド**大統領を**支持**しています。

また、**イスラム原理主義**を掲げる武装組織**イラク・レバントのイスラム国**（ISIL）は、**シリア**北部や**イラク**北部を占拠して、2014年に<u>イスラム国</u>（<u>IS</u>）の建国を宣言しましたが、どの国もこれを国家承認していません。**米国**などはISの拠点を空爆し、2019年にISの最高指導者**バグダディ**容疑者が米軍との戦闘で**死亡**するなど、<u>IS</u>は<u>弱体化</u>しています。

● トルコ

2023年にトルコ南部で大規模な<u>活断層型地震</u>❶が発生し、同国と隣国**シリア**で合計５万人以上の死者が生じました。**国際緊急援助隊法**の規定に基づいて、日本から**医療チーム**などが**トルコ**に派遣され、機材や援助物資などを<u>自衛隊</u>の<u>輸送機</u>が運びました。

その後、トルコで同年に**大統領選挙**が行われ、与党**公正発展党**（AKP）に属する現職の**エルドアン**大統領が**当選**しました。彼は2014年から大統領を務め、強権的な政治手法を批判する意見もあります。

❶地震は、プレートの境界面で生じる**海溝型地震**と、プレート内部の断層の活動によって生じる**活断層型地震**に分類されます。

💡 **国際緊急援助隊法**に基づいて自衛隊が**派遣**された**災害**が出題されることがあります。

💡 災害については、**自然科学の地学**や**人文科学の地理**の知識で選択肢の正誤を判断できることがあります。

Quick Check 想定問題文！

● 2023年にトルコで民主化要求運動が起きてアサド大統領が失脚し、大統領選挙が行われて公正発展党のエルドアン氏が当選して政権交代となった。

× アサド氏はシリアの大統領です。また、2023年の大統領選挙で現職のエルドアン大統領が当選しましたが、この選挙で政権交代は起きていません。

南北アメリカ①

米　国

選定理由 & ポイント　バイデン大統領の就任後の外交政策と、中間選挙の結果に注目

● バイデン大統領の核軍縮条約

　バイデン大統領の**就任後**、米国とロシアは、2021年に期限切れを迎える予定だった新戦略兵器削減条約（新START）[1]の延長について合意し、この条約の**失効**は**回避**されました。

● 米国の中間選挙

　米国で中間選挙が2022年に実施され、バイデン大統領が所属する与党民主党は上院で過半数[2]の議席を確保しましたが、下院では共和党が過半数の議席を獲得しました。

● 下院議長の交代

　共和党に所属するマッカーシー下院議長が2023年に解任され、共和党のジョンソン議員が後任となりました。**下院議長の任期途中の解任は米国史上初**です。

　下院で過半数を占める共和党は、民主党のバイデン大統領と**対立**しています。マッカーシー前議長が民主党議員と**協力**して暫定予算を**成立**させたことに共和党の下院議員が反発し[3]、議長解任となりました。

● 米国の大統領選挙

　米国で大統領選挙が2024年に実施される予定であり、これに共和党からトランプ前大統領が出馬を表明しています[4]。また、与党民主党からバイデン大統領が立候補する予定です。

[1] 冷戦期に米国とソ連が締結した中距離核戦力（INF）全廃条約は、米国のトランプ前大統領が破棄を通告したため、2019年に失効しました。

[2] 民主党系の無所属議員をあわせた数です。

[3] 下院議長は下院議員の互選です。下院議員の過半数の賛成で選任・解任されますが、下院で過半数の議席を持つ政党に所属する議員が就任するのが一般的です。ただし、近年では、共和党の議員の中で親トランプ派と反トランプ派が対立しています。

[4] 共和党の大統領候補は、2024年夏に全国党大会で決定される予定です。

Quick Check 想定問題文！

● 　2022年に行われた米国の中間選挙では、バイデン大統領が率いる民主党は連邦議会の上下両院ともに半数以上の議席を維持した。

　　× 　中間選挙の結果、下院では、共和党が過半数の議席を獲得しました。

中南米諸国

選定理由
&
ポイント ▶ 動きがあった国の名前と現状を確認しておこう

● コロンビアとブラジル

2022年に南米**コロンビア**で**大統領選挙**があり、左翼ゲリラの元メンバーで首都ボゴタの市長などを務めた<u>左派</u>❶の<u>ペトロ</u>氏が当選しました。

また、2022年に南米ブラジルで大統領選挙があり、現職の<u>ボルソナロ</u>大統領を、左派の<u>ルラ</u>元大統領❷が破って当選しました。<u>ボルソナロ</u>前大統領は**軍人出身**の**右派**で、**温暖化対策**や**森林保全**に**消極的**で、西欧諸国などから批判されていました。

● ペルー

南米ペルーで**左派**の<u>カスティジョ</u>大統領が2022年に議会と対立して**失脚**し、<u>ボルアルテ</u>副大統領が後任として**同国史上初**の**女性大統領**に就任しました。

● アルゼンチン

南米**アルゼンチン**で2023年11月に**大統領選挙**❸が行われ、**右派**の<u>ミレイ</u>氏が当選しました。<u>ミレイ</u>氏は**プロレスラー**出身で既存政党に所属せず、深刻な**インフレーション**に対処するため、**中央銀行**を**廃止**して**米ドル**を**法定通貨**にすることなどを公約に掲げました。

❶中南米の政党は、**社会保障**を重視する反米路線の**左派**と、**市場原理**を重視する親米路線の**右派**に大別されます。

❷**ルラ**大統領は、労働組合の指導者を務めた左派で、2003年から2011年まで**大統領**を**2期**務めました。退任後、汚職で有罪となりましたが、後に判決が取り消されたため、今回の選挙に立候補しました。

❸左派正義党に所属する**現職**のフェルナンデス大統領は、この選挙に**立候補しない**ことを選挙に先立って表明しました。

Quick Check 想定問題文！

● 2023年にペルーで大統領選挙が行われ、軍人出身のボルソナロ大統領が初当選した。

× 2023年に大統領選挙が行われたのはアルゼンチンです。ボルソナロ氏はブラジルの前大統領で、アルゼンチンではプロレスラー出身のミレイ氏が当選しました。

ヨーロッパ①
ロシア東欧諸国

選定理由 ＆ ポイント　ウクライナ危機への諸国の対応に注目
ナゴルノカラバフ紛争は関係国の国名を確認

● ウクライナ危機

　2014年に**ロシア**は**クリミア**地方の**編入**を宣言し、**ウクライナ**と対立していました。2022年に**ロシア**は隣国**ウクライナ**の首都**キーウ**（キエフ）❶や同国の**東部ドンバス**地方などに侵攻し、占領地❷で**住民投票**を実施して賛成を得たとして、**ロシア**に**編入**することを**宣言**しました。ただし、**多くの国**はこれを認めていません。

　ウクライナは米国が**供与**した**クラスター弾**❸などを使用して**ロシア**に**反撃**し、占領地を奪還するため戦闘を継続しています（2023年12月現在）。多くの**西欧諸国**も**兵器**などを**供与**していますが、**日本は殺傷能力を持った兵器を除く**物資をウクライナに提供しました。

　一方、ロシアは、正規軍だけでなく**民間軍事会社ワグネル**❹の兵士も**ウクライナ軍**との戦闘に**動員**しています。

● ナゴルノカラバフ紛争

　ナゴルノカラバフ地方❺は、旧ソ連構成国**アゼルバイジャン**の領内にあります。この地方の**住民の多くはキリスト教徒**で、**イスラム教徒**が多い**アゼルバイジャン**からの**独立運動**が1990年代から続いています。隣国**アルメニア**❻の国民の多くは**キリスト教徒**で、**独立運動**を**支援**していますが、独立運動を鎮圧するため2023年に**アゼルバイジャン**が同地方に**派兵**し、**キリスト教徒**の住民の多くは**アルメニア**に**脱出**しました。

❶「**キエフ**」はロシア語、「**キーウ**」はウクライナ語による表記です。

❷ドンバス地方に位置する**ドネツク州**と**ルガンスク州**、ウクライナの南東部に位置する**ヘルソン州**と**ザポロジエ州**です。

❸**クラスター弾**は不発弾によって戦闘終結後に民間人が死傷する危険性があり、2010年に発効した**条約**によって**使用**などが**禁止**されています。この条約を米国やウクライナは批准していません。

❹ワグネルの創業者プリゴジン氏は、ロシアの**プーチン大統領**と対立し、2023年に隣国**ベラルーシ**に脱出しましたが、飛行機事故で死亡したと発表されました。

❺この地方では、2020年にも**アゼルバイジャン**と**アルメニア**の軍事衝突がありました。

❻一方、隣国トルコの国民の多くは**イスラム教徒**で、**アゼルバイジャン**を支援しています。

Quick Check 想定問題文！

● 2022年にロシアがウクライナに侵攻すると、米国はウクライナを支援するためクラスター弾などの兵器を供与した。

○ クラスター弾は国際条約によって使用を禁止されていますが、この条約を米国やウクライナは批准してしないので条約の効果は及びません。

ランク **B**

ヨーロッパ②
西欧諸国

選定理由
&
ポイント
> NATOの新規加盟国は頻出事項
> 主要国の選挙結果や首相交代も要確認

● NATOの新加盟国

　ロシアのウクライナ侵攻を契機に、フィンランドが、北大西洋条約機構（NATO）に加盟を申請して2023年に承認されました。同時期にスウェーデンも加盟を申請しましたが実現していません❶（2023年12月現在）。

● イギリスとフランス

　イギリスでは保守党のジョンソン首相が2022年に辞任し❷、トラス氏が後任の首相に就任しましたが経済政策などが批判されて同年に辞任し、スナク氏が新首相に就任しました。

　フランスでは2022年に大統領選挙が行われ、現職で中道派のマクロン大統領が右派政党国民連合のルペン候補を破って、再選されました。

● スペイン

　スペインで2023年に下院選挙（総選挙）が行われ、サンチェス首相が率いる与党社会労働党は議席を減らし、右派政党国民党が第一党になりました。しかし、この選挙で過半数の議席を獲得した政党はなく、カタルーニャ州❸やバスク州の地域政党の支持を得たサンチェス氏が首相に再任されました。

❶NATO加盟国であるトルコが反対したためです。理由として、トルコ国内で独立運動や反政府運動を行っている少数民族クルド人をスウェーデンが支援していたことが挙げられました。

❷2022年中に英国で下院選挙は行われておらず、選挙による政権交代ではありません。後任の首相も与党保守党です。

❸カタルーニャ州政府は2017年にスペインからの独立を宣言しました。同州の独立をスペインは認めていませんが、サンチェス首相は再任に際して、同州の自治権拡大を認めるなどの譲歩を示しました。

Quick Check 想定問題文！

● 　ロシアのウクライナ侵攻をきっかけに、ロシアと国境を接するフィンランドとスウェーデンは欧州連合（EU）に加盟申請して2023年に承認された。

　× 　2023年にフィンランドの加盟が認められたのは、EUではなく北大西洋条約機構（NATO）です。またスウェーデンはNATOに加盟申請していますが未承認です。

ランク **C**

日本①

日本の領土問題

選定理由 & ポイント ▶ **3つの地域を区別できるようにしておこう**

● 北方領土

日本は、第二次世界大戦中にソ連が占拠した**国後島**や**択捉島**などの北方領土の領有権を主張し、**ロシアに返還**を求めています。

2018年に**ロシア**は、日本に**平和条約**の**早期締結**を提案しましたが、**実現していません**（2023年12月現在）。2022年に**ロシア**の**ウクライナ侵攻**を**日本**が非難すると、**ロシアは平和条約**の締結のための**交渉**の**中断**を日本に通告しました。

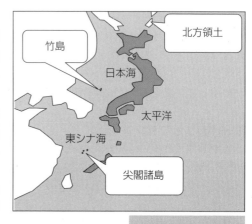

日本はロシアの**サハリン沖**の**原油**や**天然ガス**の**開発事業**に**参加**しています。**ウクライナ侵攻後も日本は開発事業**から撤退せず、**権益を維持**する方針です。

● 竹　島

日本海の**島根県**沖合にある**竹島**は、日本が領有権を主張していますが、**韓国が占拠**しています。2012年に、日本は韓国に**国際司法裁判所（ICJ）**に**共同提訴❶**することを提案しましたが、**実現していません**。

● 尖閣諸島

尖閣諸島は**日本が実効支配**している無人島ですが、**中国**が**領有権**を主張しています。一方、**米国**は、ここは**日本の施政権下**にあり、**日米安保条約**の**適用範囲**としています。

❶**国際司法裁判所（ICJ）**は国家間の紛争を国際法の観点から解決する**国連の主要機関**ですが、**双方の当事国の同意**がなければ、**裁判を始めることができない**と定められています。韓国の同意がないので、ICJの裁判は行われていません。

Quick Check 想定問題文！

● 　ロシアのクリミア侵攻を日本が非難するとロシアは日本との平和条約を破棄することを2022年に通告した。

　×　日ロ間の平和条約は今まで締結されたことはありません。締結のための交渉は行われていましたが、2022年に中断されました。

C 日本② 自衛隊の海外派遣

選定理由 & ポイント	集団的自衛権に関する法律の概要と、自衛隊の派遣先と法的根拠を確認しておこう

● 集団的自衛権

集団的自衛権❶を行使するために自衛隊が出動できる件などを定めた平和安全法制が、2016年に制定・施行されました。このなかで、各々の事態について自衛隊の活動のルールが定められています。

> ❶集団的自衛権は、他国から攻撃を受けた同盟国を助ける目的で戦うことができるというものです。国連憲章で認められています。

国際平和共同対処事態	・国際社会の平和・安全を脅かす事態に各国が共同で対処 ・国連決議に従って活動中の外国軍に自衛隊が後方支援可能
重要影響事態	・日本の平和・安全に重大な影響が生じる事態 ・地理的な限定はないため、どこで事態が生じても対象になる ・自衛隊は外国軍に後方支援可能
存立危機事態	・密接な関係にある他国が攻撃され、日本の存立が脅かされる事態 ・自衛隊は後方支援だけでなく最低限度の武力行使が可能

● 自衛隊の海外派遣

自衛隊は国連平和維持活動（PKO）などの目的で海外に派遣されています。

派遣先	主な目的と法的根拠
南スーダン	・南スーダンのPKOの司令部要員 ・以前は施設部隊も派遣されていたが、2017年に撤収
シナイ半島（エジプト）	・停戦監視を行う多国籍部隊・監視団（MFO）の司令部要員 ・PKOではなく多国籍軍、平和安全法制によって派遣が可能に
ソマリア沖・アデン湾	・海賊の取り締まりのため、護衛艦や哨戒機などを派遣 ・2009年に制定された海賊対処法に基づく派遣
オマーン湾	・日本関連の船舶の安全確保のため、護衛艦や哨戒機を派遣 ・防衛省設置法の調査・研究に関する規定に基づく派遣

Quick Check 想定問題文！

● シナイ半島で停戦監視を行っている国連平和維持活動（PKO）に自衛隊員が派遣されている。

× シナイ半島で停戦監視を行っている多国籍部隊・監視団（MFO）は、PKOではなく多国籍軍に分類されます。

日本③ 政府開発援助（ODA）

選定理由 & ポイント ▶ 日本のODAの実績と特徴をつかんでおこう
開発協力大綱の改定も要チェック

● 日本の政府開発援助（ODA）

　日本の政府開発援助（ODA）の**実績額**は、開発援助委員会（DAC）に加盟する先進国のなかで、__1990年代__には__1位__でしたが、現在では__順位は低下__しています**❶**。

❶2021年の贈与相当額計上方式（GE方式）で見た実績額はDAC加盟国（29か国）の中で**3位**です。

　また、日本のODAの特徴と開発協力白書に掲載された2021年の数値は下表の通りです。

援助形態	・**国際機関を通した援助**よりも**二国間援助**の金額のほうが**大きい** ・国際機関を通した援助22.2%、二国間援助77.8%（GE方式の内訳）
対GNI比	・実績額が、国民総所得（__GNI__）で示される**経済規模**と比べて、**少ない** ・対GNI比0.34%（GE方式） ＊国際社会の目標値である**0.7%**に達していない
対象地域	・二国間援助の**対象地域**は**アジア**が**最多**、次いで__中東・アフリカ__ ・アジア59.1%、中東・北アフリカ11.0%・サブサハラ（サハラ砂漠以南）のアフリカ9.5%（総額の内訳） ＊1970年にアジアは約94.4%を占めていた

● 開発協力大綱の改定

　日本のODAの基本方針を定めた__開発協力大綱__が2023年に改定され、様々な主体を巻き込み、対話・協働する「__共創__」という概念が**基本方針**に盛り込まれ、重点政策に「__自由で開かれたインド太平洋（FOIP）__」**❷**が**明記**されました。

❷「自由で開かれたインド太平洋（FOIP）」は、日本が以前から掲げてきたビジョンです。

Quick Check 想定問題文！

● 　近年の日本の政府開発援助（ODA）の実績額は、開発援助委員会（DAC）に加盟している先進国の中で1位を維持しており、実績額の対GNI比は1%を超えている。

　✕　日本のODAの2021年の実績額は世界3位、対GNI比は1%を大きく下回っています。

● 　2023年に開発協力大綱が改定され、「共創」の概念が盛り込まれ、「自由で開かれたインド太平洋」の理念に基づく取り組みが掲げられた。

　○　「自由で開かれたインド太平洋」の理念は、以前から日本が掲げてきたものです。

ランク **A**

日本④
日本の防衛政策

| 選定理由 & ポイント | 防衛政策は 特に東京都・特別区で出題実績あり |

第2章

国際政治

● 国家安全保障戦略

近年の**中国、北朝鮮、ロシア**の動向を踏まえて<u>国家安全保障戦略</u>などが2022年に閣議決定されました。このなかで**弾道ミサイル❶**などによる攻撃に<u>反撃</u>❷するため、**相手国の領域を攻撃する巡航ミサイル**など「**スタンド・オフ防衛能力**」を保有する方針が掲げられました。

従来から日本が掲げていた**核兵器**を「**持たず、作らず、持ち込ませず**」という<u>非核三原則</u>は、今後も**堅持**します。

一方で、**同盟国との連携**や、**侵略を受けている国**などへの**支援強化**のため、2014年に閣議決定された<u>防衛装備移転三原則</u>❸については、**原則自体は維持**しつつ、**制度の見直し**を検討するとしています。

● 政府安全保障能力支援（OSA）

防衛装備移転について、<u>政府安全保障能力支援（OSA）</u>の**実施方針が2023年**に決定されました。**対象国**は原則として<u>途上国</u>で、以下の分野で日本は対象国の<u>安全保障</u>の**能力向上**のための支援ができます。

平和・安定・安全の確保	その国の領海・領空の**警戒**、**テロ対策**、**海賊対策**
人道目的の活動	**自然災害**や、<u>紛争</u>に伴う<u>人道目的</u>の活動
国際平和協力活動	その国が**国連平和維持活動（PKO）**等に参加する能力向上

❶日本は弾道ミサイルを撃墜する迎撃能力をすでに保有しています。

❷憲法解釈上、攻撃を受けた後だけでなく、相手国が攻撃に着手した段階で「**反撃**」は可能と考えられています。また、「**反撃**」は国際法では**認められているもの**で、憲法上**可能**な「**自衛**」の範囲内だが、今まで**政策判断**として反撃能力を保有してこなかったというのが日本政府の見解です。

❸防衛装備移転三原則では、紛争当事国に防衛装備の移転を行わないとしています。一方で、**平和貢献**や**国際協力**の積極的な推進に資する場合、目的外使用のおそれがなければ**移転**は**可能**です。

Quick Check 想定問題文！

● 2022年に制定された国家安全保障戦略には、弾道ミサイルによる攻撃を迎撃する「スタンド・オフ防衛能力」の保有を目指すことが掲げられた。

× 日本は迎撃能力をすでに保有しています。この戦略には「スタンド・オフ防衛能力」として「反撃」する能力を保有することが掲げられました。

● 我が国が途上国に対する「政府安全保障能力支援（OSA）」を行うための実施方針が2023年に定められた。

○ OSAは政府開発援助（ODA）とは別枠の制度です。

35

ランク

B

国際会議①
G7サミット

選定理由
&
ポイント ▶ 公務員試験では、
主な国際会議の議題が問われることがある

● **G7サミットの参加国**

2023年に**主要国首脳会議（G7サミット）**が**岸田**首相の出身地である**広島市**で開催されました❶。**岸田**首相は会議に参加する**G7首脳**を原爆の被害を伝える**平和記念資料館**（**原爆資料館**）❷に案内しました。

この会議には、**オーストラリア・韓国・ブラジル・インド**など合計８か国の首脳が**招待**され、**拡大会合**に参加しました。なお、**中国は招待されていません**。

また、この会議に**ロシア**の**プーチン大統領**は**不参加**でしたが、**ウクライナ**の**ゼレンスキー**大統領は**ゲスト**として**拡大会合**に対面で出席しました。

● **G7サミットの首脳宣言**

ウクライナ侵攻後に**ロシア**が隣国で自国を支持している**ベラルーシ**に**戦術核兵器**を配備したことを踏まえて、**核軍縮**を推進して「**核兵器のない世界**」を**目指す**という「**核軍縮に関するG7首脳広島ビジョン**」が公表されました。

また、この会議の首脳コミュニケ（首脳宣言）には、以下の内容が盛り込まれました。

ロシア	ウクライナに侵攻した**ロシア**を**非難**
重要鉱物	**レアメタル**などの**重要鉱物**の**サプライチェーン**構築
中国	中国との**経済関係**が断絶する「**デカップリング**」回避 中国と**建設的・安定的な関係**を**構築**する用意がある

❶G7サミットは参加国のなかで毎回変わる議長国で開催されます。日本で開催されるのは、2015年の伊勢志摩サミット以来です。

❷2015年の伊勢志摩サミットに参加した米国の**オバマ**大統領が訪問したことはありますが、**G7首脳が一緒に訪問した**のは**今回が初めて**です。

💡 数年前まで、**東京都**や**特別区**では試験前年に開催されたG7サミットなどの**国際会議**を１つ選んで出題する形式が見られました。その場合、議題の把握が必要になります。**それ以外の試験種**でも、各々の選択肢で異なる国際会議の議題について問う形式は見られます。この場合は、**主な論点や話題になった事項を押さえておけば十分**です。

Quick Check 想定問題文！

● 2023年に広島で行われたG7サミットの首脳宣言では、中台関係の悪化などを踏まえて、中国との「デカップリング」の実現を目指す方針が盛り込まれた。

　✕ 「デカップリング」の回避のため、建設的・安定的な関係の構築が掲げられました。

国際会議②
G20サミット

選定理由
&
ポイント

国際会議の参加国の変動は頻出事項、
「グローバル・サウス」の語義を要確認

● G20サミット

G20首脳会議（G20サミット）は、G7に参加する**先進国❶**に加えて、**新興経済国12か国❷**の首脳も**参加**して、**毎年1回開催**されます。**2008年**に起きた**リーマンショック**をきっかけに、**首脳会議が定例化**されました。

2023年の**G20サミット**は**インド**の首都**ニューデリー**で開催されました。この会議の**首脳宣言**では、**ウクライナ**に侵攻した**ロシア**を**名指しで非難していません**。

ロシアはG20参加国ですが、同国の**プーチン大統領**に**国際刑事裁判所(ICC)**が**逮捕状**を出していて、この会議に**プーチン大統領**は**出席せず**、**外相**が**参加**しました**❸**。

また、この会議で**アフリカ諸国**が加盟する**国際機関アフリカ連合**（AU）が**G20サミット**の**正式のメンバー**となることが決まりました。

● BRICS首脳会議

新興経済国のうち、**ブラジル・ロシア・インド・中国・南アフリカの5か国**は**BRICS❹**と呼ばれ、**首脳会議を2009年から毎年開催**しています。なお近年では、**ブラジル**や**インド**など、**低緯度地帯**に位置する**新興経済国**や**途上国**は、「**グローバル・サウス**」と呼ばれています。

2023年に**南アフリカ**の最大都市**ヨハネスブルク**で開催された**BRICS首脳会議**で、**新興経済国6か国の加盟**が認められました。中南米の**アルゼンチン**、アフリカの**エジプト**と**エチオピア**、中東の**イラン**、**サウジアラビア**、**アラブ首長国連邦**（UAE）の6か国です。

❶日本、米国、イギリス、フランス、ドイツ、イタリア、カナダの7か国がG7です。なお、G7サミットには、欧州連合（EU）の代表も参加します。

❷アルゼンチン、オーストラリア、ブラジル、中国、インド、インドネシア、メキシコ、韓国、ロシア、サウジアラビア、南アフリカ、トルコの12か国です。さらにEUの代表もG20サミットに参加します。

❸プーチン大統領はウクライナ侵攻のときにロシアが行った非人道行為の責任を追及され、国際刑事裁判所（ICC）から逮捕状が出されているため、外国に行くと現地の政府に逮捕される可能性があります。

❹2000年代に経済発展したブラジル・ロシア・インド・中国を総称して、頭文字からBRICsと呼ばれていました。この4か国の首脳会議に、2011年から南アフリカが参加するようになり、名称はBRICSとなりました。

Quick Check 想定問題文！

● 2023年に開催されたG20サミットで、新興経済国6か国の参加が認められた。

× この会議で参加が認められたのは、国際機関のアフリカ連合（AU）です。新興経済国6か国の参加が認められ、加盟国が増加するのはBRICS首脳会議です。

ダメ押し！ キーワードリスト 第2章 国際政治

🔒 東南アジア諸国連合（ASEAN）の新規加盟国

東南アジア諸国連合（ASEAN）に東ティモールが加盟することが2022年に認められました。今後オブザーバーとして参加した後に正式に加盟する予定です。

🔒 インドの人口

国連の補助機関国連人口基金（UNFPA）が2023年に公表した推計によると、**世界の人口**は**増加**し続けており、2022年末に80億人を超えました。また、今まで人口が世界１位だった**中国の人口**は2022年以降に**減少**し、2023年中に**インドの人口**が中国を抜いて**世界１位**になるという見通しが示されました。

🔒 イランの核開発問題

イランは2021年の大統領選挙で当選した**保守派**で**イスラム法学者**である**ライシ大統領**の主導で、核合意の再建のための交渉を行っています。**イラン**は、**米国**、**ロシア**や西欧諸国と2015年に**核合意**を締結しました。この核合意は、イランの核開発を制限する代わりにイランに対する経済制裁をやめるという内容です。しかし、**米国**は2018年に**核合意**から**離脱**しました。

🔒 イランの人権問題

1978年のイラン革命以降、**イラン**では**イスラム原理主義**が掲げられ、国民はイスラム教の戒律に従うことが求められています。**ヒジャブ**と呼ばれるスカーフの着用方法が不適切だと**拘束された女性**が警察署で**死亡**した事件をきっかけに、2022年に大規模な**抗議デモ**が発生しました。この抗議運動にも関わった**イラン人**の**人権活動家モハンマディ**氏は、2023年に**ノーベル平和賞**を受賞しました。

🔒 ベネズエラ情勢

南米に位置する**ベネズエラ**では、2013年に就任した**マドゥロ大統領**の下で経済が**混乱**し、多くの国民が、移民や難民となって**国外**に脱出しています。野党指導者で議会の議長だった**グアイド氏**は、マドゥロ大統領を批判して、2019年に**暫定大統領**就任を宣言するなど、両者の**対立**が続いています。

また、**ベネズエラ**の**マドゥロ大統領**は、隣国**ガイアナ**に位置して**石油資源**が豊富な**エセキボ地方**の領有を2023年に宣言し、両国の間で緊張が高まっています。

Oπ クリミア問題

　<u>ウクライナ</u>の**南東部**に位置する**クリミア**地方は、2014年に<u>ロシア</u>が自国領として**編入**することを**宣言**しました。ただし、多くの国は、編入を認めていません。2014年にウクライナの親ロシア派の大統領が失脚すると、同国の**ドンバス地方**や**クリミア**地方で**親ロシア派**の住民による**独立運動**が起きました。これらの地域の独立運動を<u>ロシア</u>は**支持**し、**クリミア**の<u>ロシア</u>編入を宣言しました。

Oπ 持続可能な開発のための2030アジェンダ（SDGs）

　2015年に<u>国連サミット</u>で採択された**持続可能な開発のための2030アジェンダ**（SDGs）には、2030年までに達成すべき「**貧困をなくそう**」や「**飢餓をゼロに**」などの17の**目標**（**ゴール**）が掲げられ、合計169の数値目標を含んだ**ターゲット**が設定されています。

　SDGsには、**女性差別**、**児童虐待**、**環境問題**、**防災・インフラ整備**など、途上国だけでなく、<u>先進国</u>も**対象**となる目標が含まれています。

Oπ G7サミットのロシア不参加

　2013年まで**主要国首脳会議**（**サミット**）に**ロシア**も参加していましたが、2014年に**ロシア**が<u>クリミア編入</u>を一方的に**宣言**したことを批判されて以降、この会議にロシアは<u>参加していません</u>。

Oπ 国際刑事裁判所（ICC）

　国際刑事裁判所（ICC）は、<u>国際司法裁判所</u>（ICJ）とは<u>別個</u>の機関で、**戦争**などのときに行われた**非人道行為**などの<u>戦争犯罪</u>を裁くための**常設機関**で、2002年に発効した**ローマ規程**という条約に基づいて活動しています。

Oπ 核兵器禁止条約

　核兵器禁止条約は、核兵器の**保有**や**使用**などを**禁止**した条約で、**国連の会議で2017年**に**採択**され、2021年に発効しました。ただし、**核兵器保有国**や、核兵器保有国と同盟関係にある<u>日本</u>などは**批准していません**。

　2023年に採択された**G7首脳宣言**では、**核軍縮**の推進や「**核兵器のない世界**」が掲げられています。しかし、この会議の議長国である<u>日本</u>を含む**参加国**は、**核兵器禁止条約に参加していません**ので、**この条約**について**G7首脳宣言では**<u>言及されていません</u>。

最近の世界各国をめぐる状況に関する記述として、妥当なのはどれか。

❶ 2023年に岸田首相が韓国の尹錫悦大統領と首脳会談を行って、日韓関係の改善について合意した。

❷ 2023年にタイで議会選挙が行われ、民主化要求運動を推進していたタイ前進党のセター氏が首相に就任したが、これに反発した軍部がクーデターを実行した。

❸ イスラエルで2023年にベネット首相が就任すると、イスラエルはイスラム原理主義団体ハマスと対立し、ハマスが拠点を置く隣国レバノンに対する軍事侵攻を開始した。

❹ 2023年にシリアで大規模な地震が発生し、国際緊急援助隊法に基づいて自衛隊の輸送機が派遣された。また、同年にシリアで大統領選挙があり、現職のエルドアン大統領が当選した。

❺ ニュージーランドで2023年に議会選挙が行われ、労働党が勝利してアルバニージ氏が首相に就任する政権交代が実現した。

解説

正解 **❶**

❶ ○ 徴用工問題や韓国向けの輸出審査問題で関係改善が見られました。

❷ ✕ 2023年にタイでクーデターは起きていません。2023年の議会選挙で第一党になったのは前進党ですが、タイ貢献党のセター氏が新首相に就任しました。

❸ ✕ イスラエルでは、ベネット首相に替わって2022年にネタニヤフ氏が首相に復帰しました。また、イスラエルはレバノンではなく、ハマスが拠点を置くパレスチナ自治区のガザ地区に侵攻しました。

❹ ✕ 2023年に大地震の被害を受けたために自衛隊の輸送機が派遣され、大統領選挙でエルドアン大統領が再選を果たしたのは、シリアではなくトルコです。

❺ ✕ 2023年のニュージーランドの議会選挙で勝利したのは国民党です。また、アルバニージ氏は2022年の選挙に勝利してオーストラリアの首相に就任しました。

予想問題にチャレンジ！

　国際機関や国際会議をめぐる状況に関する記述として、妥当なのはどれか。

❶　ロシアが2022年にウクライナに侵攻すると、北欧のノルウェーは2023年に北大西洋条約機構（NATO）に加盟が認められた。

❷　国際刑事裁判所（ICC）は、ウクライナに侵攻したロシアのプーチン大統領の逮捕状を2023年に出した。

❸　ロシアのウクライナ侵攻に対処するために、国連総会の決議に基づいて、日本を含む国連加盟国はウクライナに対して政府安全保障能力支援（OSA）を実施している。

❹　2023年に広島で開催された主要国首脳会議（G7サミット）に、ロシアのプーチン大統領は参加したが、ウクライナのゼレンスキー大統領は参加していない。

❺　BRICSと呼ばれる新興国の首脳会議は2009年から毎年開催されているが、BRICSと「グローバル・サウス」と呼ばれる他の途上国が先進国とともに参加する形で、2023年にG20サミットが初めて開催された。

解説

正解　❷

❶　×　2023年にNATO加盟が認められたのは、北欧のフィンランドです。

❷　○　ICCは戦争犯罪を裁くための常設機関です。プーチン大統領は、ロシアがウクライナに侵攻したときの非人道行為の責任を追及されています。

❸　×　OSAは国連総会の決議ではなく、日本で2022年に閣議決定された国家安全戦略に基づいて、2023年に実施方針が定められました。

❹　×　ウクライナのゼレンスキー大統領は2023年に広島で開催されたG7サミットにゲストとして対面方式で参加し、拡大会合に出席しました。また、ロシアのプーチン大統領はG7サミットに参加していません。

❺　×　BRICS首脳会議とは別個に、G20サミットは2008年から毎年開催されています。

第3章
日本経済

〔試験ごとの重要度〕

国家 総合職	国家 一般職	国家 専門職	裁判所 職員	東京都 Ⅰ類	特別区 Ⅰ類
地方上級	市役所	国立大学 法人	警察官	警視庁 Ⅰ類	東京 消防庁

色が濃い：優先して押さえておこう　　色が薄い：最低でもAランクは見ておこう

〔攻略ポイント〕個々のデータの詳細を覚えるのではなく、
　　　　　　　　大まかな景気動向を押さえよう！

　公務員試験では、各国、各地域の直近2〜3年の大まかな経済状況（実質GDP、物価など）や経済政策が把握できているかどうかが問われます。
　数値が絡む問題が多いため、多少、抵抗を感じる方がいるかもしれませんが、個々のデータの詳細を覚えるのではなく、上昇傾向か下降傾向かという景気動向を押さえることに注力すれば得点できるため、めげずに取り組んでいきましょう。
　なお、上記の「試験ごとの重要度」とは別に、専門択一試験で「経済事情」を選択する方は、本章を全般的に熟読しておきましょう。

ランク **A**

日本経済の概況①

近年の日本のGDPの推移

選定理由 & ポイント ▶ **戦後の日本の経済成長の推移を理解しよう**

● 概　要

　日本の実質GDP成長率は、バブル景気以降、停滞が続いており、2020年にはCOVID-19の世界的大流行に伴い、大きく低迷しています。

● 実質GDP成長率の長期的な推移

　一国の景気の動向を把握する際、最も基本的な指標が**実質GDP（国内総生産）の成長率**です。戦後日本の経済成長率の推移を見ると、**高度経済成長期の1955〜1973年**は**10％前後**の実質GDP成長が続きましたが、1973年秋の第**1次オイルショック**により、**1974年**は**戦後初のマイナス成長**となります。その後、1986年末〜1991年初頭に**バブル景気**が生じましたが、それ以降は低成長率が続いています。2008年秋の**リーマンショック**により**2009年**にも**マイナス成長**を記録しており、**2020年**はそれに**次ぐマイナス成長**となりました。ただし、2021年からは成長率は低いもののプラス成長になっています。

> 過 内閣府「国民経済計算」により、実質GDP成長率（前年度比）をみると、2020年度は、新型コロナウイルス感染症の影響等により、1995年度以降では、リーマン・ショック時の2008年度に次ぐ過去2番目に大きい落ち込みとなった。また、四半期別の実質GDP成長率（季節調整済前期比）は、同感染症の影響により2020年4－6月期に大きく落ち込んで以降、2021年4－6月期までマイナス成長が続いた。（国家一般職2022）✕

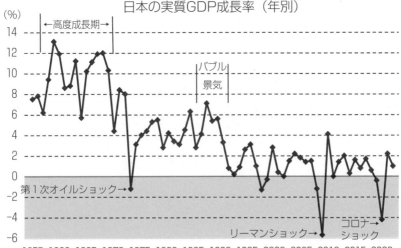

日本の実質GDP成長率（年別）

44

● 実質GDP成長率の中期的な推移

実質GDP成長率の推移を四半期別に見ると、リーマンショック後も、**2011年3月に発生した東日本大震災**や、**2014年4月の消費税率引上げ（5％→8％）、2019年10月の消費税率引上げ（8％→10％）**に伴う**マイナス成長**もあり、全体的に低成長率が続いています。さらに、2020年2月から**COVID-19の世界的大流行**に伴い、**2020年の第2四半期**（4～6月）には、戦後最悪のマイナス成長を記録しました。その反動で**第3四半期**（7～9月）は**プラス成長**となりましたが、その後も低成長率が続いています。

第3章

日本経済

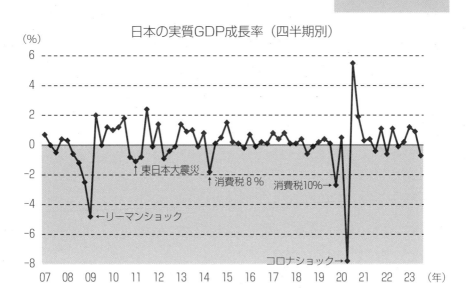

日本の実質GDP成長率（四半期別）

↑東日本大震災
↑消費税8％
消費税10％→
←リーマンショック
コロナショック→

Quick Check 想定問題文！

● 日本の実質GDP成長率（年別）の推移を見ると、2008年秋のリーマンショックにより、2009年には戦後初のマイナス成長を記録した。

　× 戦後初めてマイナス成長を記録したのは、第1次オイルショック後の1974年です。

● 東日本大震災に伴い景気が後退した2011年以降、日本の実質GDP成長率（四半期別）は、2019年まで一貫してプラス成長を続けていた。

　× この期間には、2度の消費税引上げ後など、何度もマイナス成長を記録しています。

日本経済の概況②
近年の日本経済の概況

選定理由
＆
ポイント

以降のページの総論として、
日本経済の概況を把握しておこう

● 景気回復の状況

　2022年以降のGDPは、**個人消費や設備投資**など**内需の持ち直し**に伴って**緩やかに回復**し、**2023年初頭**には、**実質GDP、名目GDPともに過去最高水準**となりました。

　COVID-19の世界的な大流行から経済社会活動の正常化を進める中で、消費と感染状況の関係性は弱まり、**対面型サービス消費やインバウンド消費❶**が回復、**対面型サービス業**の**労働時間**も回復しました。

● 実体経済の動向

　2010年代の**生産的資本ストック❷**はG7諸国と比較して**伸び悩んでおり**、**資本が老朽化**しています。生産性向上のためには、更新投資や新規投資の一層の積極化が課題です。

　経常収支❸のうち、クラウド利用料、ウェブ広告、動画配信サービス等の**デジタル関連サービス**では**赤字幅が拡大**しています。

　2000年代以降、**輸送用機器・一般機械で比較優位を維持**する一方、**電気機器**は**比較優位を失ってきています**。コロナ禍以降では、ブルドーザー・掘削機等の**建機**や**半導体製造装置に強み**を有しています。

（出所：令和5年度年次経済財政報告）

❶「**インバウンド消費**」とは、日本を訪れる**外国人観光客**による買い物・宿泊・飲食・交通費などの消費のことです。

❷「**生産的資本ストック**」とは、工場の機械設備、小売店の店舗、オフィスのパソコンなど、企業の**生産活動**に必要な設備の総量のことです。

❸「**経常収支**」とは、一定期間内に**海外との**財やサービスの取引、投資収益のやり取りなどで生じた収支のことです。その分野について海外から購入する方が多いと「**赤字**」になります。
具体的な動向は第4章で扱います。

Quick Check 想定問題文！

● 　COVID-19の世界的な大流行からの経済の回復が遅れており、2023年に入っても日本国内では対面型サービス消費やインバウンド消費は回復していない。

　× 　対面型サービス消費やインバウンド消費は回復しており、2023年初頭には、実質GDP、名目GDPともに過去最高水準となった。

ランク **B**

マクロ経済の動向①
労働経済統計の概要

選定理由 & ポイント ▶ 「完全失業者」をはじめ、労働経済統計の主要な指標について正確に理解しよう

第3章 日本経済

● 労働力調査

総務省「**労働力調査**」は、労働力となり得る**15歳以上人口**について、調査期間中の活動状況に基づき、以下のように区分しています。

```
15歳以上人口──┬─非労働力人口（通学、家事、その他（高齢者等））
              └─労働力人口──┬─完全失業者
                            └─就業者────┬─自営業主・家族従業者
                              （従業者・休業者） │
                                          └─雇用者────┬─正規雇用労働者
                                                      └─非正規雇用労働者
```

● 労働経済に関する指標

完全失業者	以下の①～③の条件を満たす者 　①仕事がなくて調査期間中に少しも仕事をしなかった（就業者ではない） 　②仕事があればすぐに就くことができる 　③仕事を探す活動や事業を始める準備をしていた
完全失業率	**労働力人口に占める完全失業者の割合**
労働力率	**15歳以上人口に占める労働力人口の割合**
有効求人倍率	**有効求職者数に占める有効求人数の割合で、1を上回ると求人数が超過、1を下回ると求職者数が超過**していることを意味する
新規求人倍率	**新規求職者数に占める新規求人数の割合で、有効**求人倍率は求人倍率数**全体**を、**新規求人倍率はその月だけの求人倍率を示す**

● 給与の区分

```
現金給与総額 ┬─きまって支給する給与 ┬─所定内給与（基本給）
            │                      └─所定外給与（残業代、休日手当等）
            └─特別に支払われた給与（ボーナス、一時金等）
```

Quick Check 想定問題文！

● 有効求人倍率が1を上回る場合は求職者数が超過、1を下回る場合は求人数が超過している。

× 有効求人倍率が1を上回る場合は求人数が超過、1を下回る場合は求職者数が超過しています。

47

マクロ経済の動向②

主要労働経済指標（雇用）

選定理由 & ポイント　**数値そのものよりも、増減傾向を把握しておこう**

● 労働力人口等の動向（2022年平均）

　<u>労働力人口</u>は6,902万人（2年ぶりの<u>減少</u>）、**非労働力人口**は4,128万人（2年連続の<u>減少</u>）、**労働力率**は62.5%（2年連続の**上昇**）となりました。<u>就業者</u>は6,723万人（2年連続の**増加**）、就業者の従業上の地位別には、**雇用者**は6,041万人（2年連続の**増加**）、自営業主・家族従業者は648万人となり、雇用者比率（就業者に占める雇用者の割合）は89.9%となりました。また、就業者を産業別にみると、「医療、福祉」、「情報通信業」などで増加した一方で、「卸売業、小売業」で減少しています❶。

● 失業率の動向（2022年平均）

　<u>完全失業率</u>は**2.6%**（4年ぶりの<u>低下</u>）となりました。男女別に見ると、**男性**は2.8%と**低下**、**女性**は2.4%と**低下**しています。男女別の完全失業率は、1998年以降、**男性が女性を上回って推移**しています。

● 非正規雇用労働者の動向（2022年平均）

　<u>正規の職員・従業員</u>は3,588万人（8年連続の**増加**）、<u>非正規の職員・従業員</u>❷は2,101万人（3年ぶりの**増加**）、<u>非正規雇用者比率</u>（雇用者（役員を除く）に占める非正規職員割合）は<u>**36.9%**</u>（前年比<u>上昇</u>）となりました。

● 有効求人倍率の動向

　有効求人倍率は、2007年の半ばから下降傾向に転じ、**2009年平均**で過去最低の0.47倍となった後は**回復**しています。**2019年平均**の有効求人倍率1.60倍は**バブル期を超**え、高度経済成長末期の1973年の1.76倍、2018年の1.61倍に次いで過去3番目の高水準となりました（**新規求人倍率は過去最高水準**）。2019年後半から<u>低下</u>が続き、2021年は1.13倍となりましたが、2022年には1.28倍に<u>上昇</u>しています。

過　我が国では、人口が2005年に戦後初めて減少に転じた。一方で、完全失業率は、2008年のリーマン・ショック後に高度経済成長期以降初めて<u>7%を超えた</u>。また、派遣労働者を含む非正規雇用者の全雇用者に占める割合は<u>一貫して増加しており</u>、2016年には<u>50%を超えた</u>。（国家一般職2019）×

❶2022年は景気回復に伴い、**労働力人口・就業者・雇用者ともに増加**しています。また、中長期的には、高齢化の影響から「**医療、福祉**」は**増加傾向**が続いていますが、IT化により「**情報通信業**」は増加する一方で「**卸売業、小売業**」は減少しています。

❷非正規の職員は雇用の調整弁として使われているため、景気後退期には**正規の職員よりも先に解雇され**、人数が減ります。コロナショックに伴って、2020年と2021年は非正規の職員が減少しました。

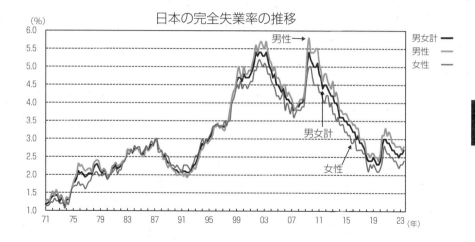

日本の完全失業率の推移

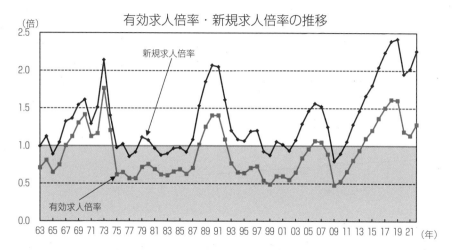

有効求人倍率・新規求人倍率の推移

Quick Check 想定問題文！

● 2022年平均の日本の完全失業率は、コロナショックの景気悪化の影響が残り、リーマンショック期の2009年平均を上回り5％台となった。

× 2020年平均の日本の完全失業率は、2009年以来11年ぶりに前年比上昇しましたが、2％台にとどまり、2021年平均も同率、2022年平均では2.6％に低下しました。

● 2020年には、コロナショックの景気悪化の影響により、非正規の職員・従業員は増加しており、2021年も同様になったが、2022年は減少した。

× 2020年には正規の職員・従業員は増加し、非正規の職員・従業員は減少しており、2021年も同様でしたが、2022年には増加しました。

マクロ経済の動向③
主要労働経済指標（労働時間・賃金）

選定理由
&
ポイント

**中長期的に、平均労働時間や平均賃金が
減少している理由を把握しておこう**

● 概　要

労働時間および賃金について、2020年はコロナショックの影響により、いずれも大きく減少しましたが、その反動で2021年と2022年は増加しています。

● 労働時間の動向（2022年）

平均月間総実労働時間		所定内労働時間	126.0時間（↓減）
：136.1時間（**年間1,633時間**、前年比**増**）		所定外労働時間	10.1時間（↑**増**）
	一般労働者の平均月間総実労働時間	：162.3時間（年間1,948時間、↑**増**）	
	パートタイム労働者の平均月間総実労働時間：	79.6時間（年間 955時間、↑**増**）	

● 労働時間の中長期的な動向

年間総実労働時間❶は、**1980年代後半から減少傾向**にあり、2008年には1,800時間を割り込み、以降は1,700時間台で推移し、2018年には1,600時間台となりました。しかし、一般労働者（フルタイム労働者）とパートタイム労働者を別に見ると、**一般労働者の年間総実労働時間は高止まり**している一方で、**パートタイム労働者の総実労働時間は減少傾向**で推移しており、さらに**パートタイム労働者比率が上昇**しています。このことから、1990年代以降の**総実労働時間の減少にはパートタイム労働者の寄与**が大きいと考えられます。

パートタイム労働者比率が増加するとともに労働時間が減少している要因は、①**生産年齢人口（15〜64歳人口）が減少する一方で老年人口（65歳以上人口）が増加**しており、労働力不足を補うために**老年人口（高齢者）の労働参加を促進**しているため、②生産年齢人口の中では**女性の労働参加を促進**しているためです。**高齢者や女性はフルタイムで働くのが難しい層**が多いことから、就業者が増えてもパートタイム労働者比率が高くなります。

❶総実労働時間は、所定内労働時間と所定外労働時間との合計です。このうち、所定内労働時間は**就業規則等で決められた**所定の労働時間（所定内給与に対応）、所定外労働時間は**それを超えた労働時間**（所定外給与に対応）で、残業や休日出勤等のことです。

● 賃金の動向（2022年）

平均月間現金給与総額	きまって支給する給与	所定内給与：24.9万円（↑増）
：32.6万円（前年比**増**）	：26.7万円（**増**）	所定外給与： 1.9万円（↑増）
（実質は**減少**）	特別に支払われた給与： 5.8万円（↑増）	
一般労働者の平均月間現金給与総額 ：42.9万円（↑増）		
パートタイム労働者の平均月間現金給与総額 ：10.2万円（↑増）		

● 実質総雇用者所得の動向

　実質総雇用者所得とは、「**一人当たりの実質賃金×雇用者数**」であり、日本国内の雇用者の実質所得の総額を指します。**2015～2019年は増加**していましたが、**2020年**はコロナショックの影響により5年ぶりに**低下**しました。

　2012～2019年の景気回復期には雇用者数は増加し続けましたが、増加の中心は非正規雇用者・パートタイム労働者だったこともあり、一人当たりの実質賃金は伸び悩んでいました。しかし一人当たりの実質賃金が低下しても、雇用者数の増加率のほうが高ければ「総所得」は増えます。それが、2020年には雇用者数が減少し、実質賃金も低下したため、実質総雇用者所得も低下しています。**2021年**には2年ぶりに**増加**しましたが、物価上昇により2022年には、名目では増加しているものの、実質では再び低下しています。

第3章

日本経済

労働統計については、一つ一つ個別に覚えるよりも、景気動向から推測するほうが楽です。

つまり、**景気がよければ**仕事が増えるため、**労働力人口は増加、失業率は低下、有効求人倍率は上昇**すると予想できます。

ただし、労働時間と賃金については、普通は景気がよければ仕事が増えるため労働時間が長くなり、賃金も上昇するはずなのですが、そうなっていません。類型別の賃金格差を見ると、男性>女性、正規雇用者>非正規雇用者、一般労働者>パートタイム労働者という関係になっています。したがって、**非正規雇用者・パートタイム労働者の比率が高い女性や高齢者の労働参加が増える**ことで、「平均の」**労働時間**は**減少**、「平均の」**賃金**は**下方へシフト**します。

Quick Check 想定問題文！

● 　2022年の1人平均年間総実労働時間は、前年に引き続き減少し、初めて1,800時間台となった。

　× 　2022年の1人平均年間総実労働時間は前年よりも増加して1,600時間台です。

● 　2022年の平均現金給与総額（名目）は、景気回復の遅れに伴って前年よりも減少した。

　× 　2022年の平均現金給与総額（名目）は増加しました。ただし、実質値は減少しています。

ランク B

マクロ経済の動向④
家計部門の動向

選定理由 & ポイント ▶ 家計最終消費支出は、2020年度は急減したが、2021年度と2022年度は増加した

● 概　要

GDPの<u>5割強</u>を占める<u>家計最終消費支出</u>（実質）は、**2014年度**は消費税率引上げにより前年度比**2.5％減**となりました。以降は、同0.5％増、同0.4％減、同1.0％増、同0.3％増と微増傾向、**翌年度は消費税率引上げにより1.1％減**、<u>2020年度</u>も<u>5.3％減</u>となりましたが、2021年度は2.1％増加、2022年度は2.8％増加しました。

形態別個人消費を見ると、物価上昇により低所得世帯で消費が抑制されています。家電消費も買替サイクル要因で消費が抑制されていますが、新車販売は買替サイクル要因で消費は増加の見込みです。

> 過 内閣府「国民経済計算」により、国内家計最終消費支出（名目）をみると<u>2014年から2016年まで、前年比で減少が続いている</u>。また、その減少率は当該期間において前年比で<u>2％以上</u>となっている。（国家一般職2018）×

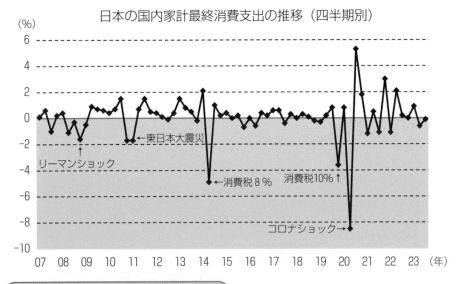

日本の国内家計最終消費支出の推移（四半期別）

（グラフ中の注記）
リーマンショック
←東日本大震災
←消費税8％
消費税10％↑
コロナショック→

Quick Check 想定問題文！

● GDPの3割を占める家計最終消費支出は、アベノミクス景気の期間は一貫してプラス成長を続けていた。

× GDPに占める家計最終消費支出の割合は5割強です。また、アベノミクス景気の期間にも、2014年度はマイナス成長を記録しました。

マクロ経済の動向⑤
企業部門の動向

選定理由
＆
ポイント

民間企業設備投資は、2020年は2009年に次いで
低い水準だが、2021年からはプラス

● 概　要

　民間企業設備投資（実質）❶の動向を見ると、リーマンショック後の**2010年からは増加基調**にありましたが、**2020年はコロナショックに伴って2009年に次いで低い水準**となりました。2021年からは前年比プラスとなっています。

❶民間企業設備投資の金額は、GDPのうち約6分の1（16%強）を占めます。

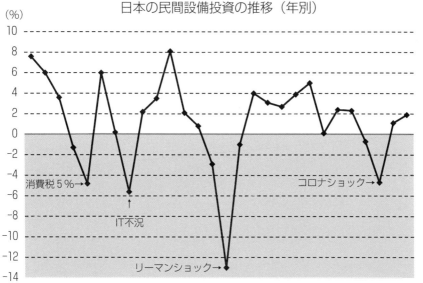

日本の民間設備投資の推移（年別）

Quick Check 想定問題文！

● 　民間企業設備投資の動向を見ると、コロナショックからの回復が遅れて、2022年も前年から減少した。

　✕　2022年は前年から増加しました。

ランク **A**

マクロ経済の動向⑥
物価の動向

| 選定理由 & ポイント | 消費者物価指数は、2017年度以降1％以内で推移 |

● 概 要

「**アベノミクス**」では、**年2％の物価上昇目標**を掲げていました。しかし、**消費者物価指数**の動向を見ると、<u>2014年</u>は<u>消費税率引上げ</u>もあり<u>前年比2.7％上昇</u>しましたが、2015年から2019年にかけての上昇率は**1％以内の水準**が続いていました。

リーマンショック後の<u>2009年</u>の**消費者物価指数**は<u>大きく低下</u>し同1.4％減となりましたが、**2020年は低下せず**、前年から**横ばい**、2021年は同0.2％減とやや低下しました。

しかし<u>2022年</u>には**資源高**と**歴史的な円安が大きく影響**し、**同2.5％増**、月別にみると2023年1月には前年同月比4.3％増となり、第2次オイルショックがあった1981年12月以来、<u>約41年ぶりの上昇率</u>となりました。

> 過 我が国の消費者物価の動向についてみると、対前年上昇率は、1980年代後半のバブル経済の時期には20%を超える年もあったが、その後、バブル崩壊に伴う長期的な不況の影響により低下し、2000年以降についてみると<u>2～3％で推移</u>している。(国家専門職2020) ×

消費者物価指数の推移（年別）

Quick Check 想定問題文！

● 月別の消費者物価指数の動向を見ると、2023年1月には前年比4％強上昇し、バブル期の1991年12月以来の上昇率となった。

× 第2次オイルショックのあった1981年12月（4.3％）以来の上昇率となりました。

マクロ経済の動向⑦
資産価格の動向

選定理由＆ポイント ▶ 2023年の地価は2年連続で上昇
日経株価平均も上昇傾向

● 地価の動向

　国土交通省「地価調査」により、7月1日現在の地価の動向をみると、2023年の**地価**（全国用途平均）は**2年連続で上昇**しました。用途別では、<u>地方圏</u>の<u>全用途平均と住宅地は31年ぶりに</u>、**商業地は4年ぶりに上昇に転じました。**

❶地方四市とは、札幌市・仙台市・広島市・福岡市を指します。

	全用途平均			住宅地			商業地		
	2021	2022	2023	2021	2022	2023	2021	2022	2023
全国	-0.4	0.3	<u>1.0</u>	-0.5	0.1	0.7	-0.5	0.5	1.5
三大都市圏	0.1	1.4	2.7	0.0	1.0	2.2	0.1	1.9	4.0
東京圏	0.2	1.5	3.1	0.1	1.2	2.6	0.1	2.0	4.3
大阪圏	-0.3	0.7	1.8	-0.3	0.4	1.1	-0.6	1.5	3.6
名古屋圏	0.5	1.8	2.6	0.3	1.6	2.2	1.0	2.3	3.4
地方圏	-0.6	-0.2	<u>0.3</u>	-0.7	-0.2	<u>0.1</u>	-0.7	-0.1	<u>0.5</u>
地方四市❶	4.4	6.7	8.1	4.2	6.6	4.5	4.6	6.9	9.0
その他	-0.8	-0.4	0.0	-0.8	-0.5	-0.2	-1.0	-0.5	0.1

● 日経平均株価

　東京証券取引所プライム市場銘柄から選定した225銘柄の株価から算出した**日経平均株価**の動向をみると、2020年は2万3,000円台から始まり、COVID-19の感染拡大の影響から、**3月中旬には1万6,000円台まで低下**しました。しかし**4月以降は上昇基調**となり、2021年には**3万円台も記録**しています。2022年は**ウクライナ危機**により3月初旬に2万4,000円台まで**低下**しましたが、その後は**上昇基調**にあり、2023年7月には**バブル崩壊後の最高値を更新**しています。

過 全国の基準地価の平均は、商業地は<u>5年ぶりに上昇に転じ</u>、住宅地は<u>前年より下落幅が拡大した。</u>（特別区Ⅰ類2021）×

Quick Check 想定問題文！

● 日経平均株価の動向をみると、ロシアによるウクライナ侵攻により、2022年3月に大幅に低下しており、その後も2023年末まで横ばいが続いている。

× 日経平均株価は、2022年4月以降はおおむね上昇基調にあります。

ランク A

賃金制度

最低賃金制度

> **選定理由 & ポイント** 全国加重平均の最低賃金が
> 1,000円を超えたことを確認しよう

● 最低賃金の大幅引上げ

　2023年度の<u>最低賃金</u>❶（2023年10月から実施）は、**全国加重平均**で前年の961円から43円（4.5％）引上げられ、1,004円となり、<u>初めて1,000円を超えました</u>。近年の引上げ率は３％前後で、**過去最大の引上げ率**です。

　最低賃金には、都道府県別の「地域別最低賃金」と「特定（産業別）最低賃金」があり、いずれも最低賃金額以上の賃金額を支払わない場合は罰金が科されます。

● 地域別最低賃金

　地域別最低賃金（時給）は、東京都（1,113円）、神奈川県（1,112円）、大阪府（1,064円）、埼玉県（1,028円）、愛知県（1,027円）、千葉県（1,026円）、京都府（1,008円）、兵庫県（1,001円）で1,000円を超えています。

　他方で、最も安い岩手県では893円となりました。

● 最低賃金の水準の変化

　当初、最低賃金額で想定されていたのは生計維持者以外の者（主婦や学生アルバイト等）で、2006年の最低賃金額（全国加重平均）は673円❷でした。

　しかし、低所得の非正規雇用者が増大する中、2007年の最低賃金法改正では「生活保護に係る施策との整合性に配慮」という規定が設けられ、近年は額が急速に引き上げられています。特に**2023年度**は**物価高騰への対策**もあり、**大きく引き上げられました**。

❶**最低賃金制度**とは、最低賃金法に基づき国が**賃金の最低限度**を定め、使用者はその最低賃金額以上の賃金を支払わなければならないとする制度であり、一部の例外（精神・身体の障害により著しく労働能力が低い者や試用期間中の者など）を除き、**すべての労働者が対象**となっています。

❷近年、**最低賃金額は引上げられています**が、**国際的には低水準**です。2022年現在の最低賃金（時給）をみると（2023年8月時点の円相場で換算）、米国1,028円（州別最低賃金では2,300円を超える州もあり）、英国1,717円、ドイツ1,875円、フランス1,761円、韓国1,058円などとなっています。

Quick Check 想定問題文！

● 　最低賃金法では全国一律の最低賃金を定めており、2023年にはすべての都道府県で働く労働者の最低賃金が1,000円を超えることになった。

× 　最低賃金は、全国一律ではなく都道府県ごとに設定されています。また、2023年10月以降に1,000円以上となるのは8都府県にとどまります。

金融政策

近年の金融政策

選定理由 & ポイント ▶ 2013年以降、日本銀行は
大幅な金融緩和政策を実施

● 金融政策の概要

　日本銀行は、日本の中央銀行として、物価の安定を図ることを通じて国民経済の健全な発展に資するため、通貨および金融の調節を行っています。

❶アベノミクスとは、2012年に第二次安倍晋三内閣で提唱された経済政策です。

公定歩合操作	日本銀行から金融機関への貸出金利（公定歩合）を変更することで、民間に流れる貨幣の量をコントロールすることを指す
公開市場操作	日本銀行が金融機関から国債等を買い入れる等して金融市場に資金を供給する「買いオペレーション」と、日本銀行が振り出す手形を売り出したり日本銀行が保有している国債を金融機関に買戻条件付きで売却したりするなどして金融市場から資金を吸収する「売りオペレーション」がある

	金融緩和政策（景気拡大政策）	金融引締政策（景気抑制政策）
公定歩合操作	引下げ	引上げ
公開市場操作	買いオペレーション	売りオペレーション

　「**アベノミクス**」❶で緩やかなインフレによる景気拡大を目指して**年2％の物価上昇目標**を掲げていたことと連動して、2013年以降、**日本銀行は大幅な金融緩和政策❷を実施**しました。特に2016年には、**金融機関が保有する日本銀行の当座預金の金利にマイナス金利（-0.1％）を適用**することで、金融機関に当座預金から資金を引き揚げさせて投資の促進を促す**マイナス金利政策**を実施しましたが、物価はあまり上昇しませんでした❸。

❷金融政策にはほかに預金準備率操作がありますが、日本では1991年以降実施がありません。また現在、日本銀行は公定歩合を「基準割引率及び基準貸付利率」と呼んでいます。

❸2023年に日本銀行の総裁が植田和男氏に交代しましたが、金融政策の大枠は踏襲しています。

Quick Check 想定問題文！

● 　2016年には、一般消費者が金融機関に保有している普通預金の金利にマイナス金利を適用するマイナス金利政策が実施された。

　× 　マイナス金利政策は、金融機関が日本銀行に保有している当座預金の金利にマイナス金利を適用する政策です。

ランク A

為替相場
為替相場の動向

選定理由
＆
ポイント ▶ 円の対ドル為替レートは、
2022年と2023年には一時150円台まで値下がり

● 概　要

　円の対ドル為替レートの動向を見ると、**2016年には1
ドル120円台から同100円近くまで急激に円高が進みまし
たが**、その後は円安方向に動いて1ドル110円台に戻り、
以降は変動が少なくなっていました。

　しかし2022年3月の**ロシアのウクライナ侵攻**に伴って世
界的な物価上昇傾向が強まるなか、**米国を中心に長期金利
を引上げる動きがあるにもかかわらず日本では低金利政策
を維持している**ことから、円を売って、利回りを見込める
ドルを買う動きが強まり、10月には**約32年ぶりに1ドル
150円台**まで**円が値下がり**しました。その後は130円台ま
で値上がりしましたが、2023年10月には再び1ドル150円
台まで値下がりしています。

💡COVID-19の感染
拡大が進んだ**2020
年3月**にも、日経平均株
価ほどの**変動は見られ
ませんでした**。ただし、
2021年に入り、円安方
向にシフトしています。

為替相場（ドル・円）の推移（各月末）

Quick Check 想定問題文！

● 　2022年の円の対ドル為替レートの動向を見ると、ロシアのウクライナ侵攻に伴
い大幅な円安となり、同年3月には1ドル150円を記録した。

× 　1ドル150円台となったのは同年10月です。

ダメ押し！ キーワードリスト 第3章 日本経済

🔑 名目と実質

　経済統計における「名目」とは実際の金額に基づく数値、「実質」とは物価要因を除いた数値を表します。たとえば、手元に1万円（名目値）あったとしても、物価が2倍になった場合は購買力は以前の半分になってしまい、実質的な価値は5,000円相当（実質値）に下がっている状態となります。

　近年の日本では物価上昇率が低かったことから名目値と実質値に大きなズレはありませんでしたが、**2022年**には**大きく物価が上昇**したため、**名目値での増減と実質値での増減に差が生じています。**

　本書で掲載している内容でいえば、**平均月間現金給与総額**は、**名目値では増加**していますが、**実質値では減少**しています。また、**総雇用者所得**は、**名目値では増加**していますが、**実質値では減少**しています。問題文を読む際には、名目値なのか実質値なのかを確認するようにしましょう。

🔑 戦後の主な好景気

　内閣府では、1951年以降の景気循環を認定しており、現在は第16循環に入っています。このうち、**高度経済成長期**には、年平均の実質GDP成長率は、**最も高いいざなぎ景気**で11.5%、**岩戸景気**でも11.3%と10%超を記録していて、景気後退期でもマイナス成長に至ることはありませんでした。しかし、**高度経済成長期以降は成長率が大きく低下**しており、**バブル景気**でも5.3%、戦後最長の73か月にわたって好景気が続いた**いざなみ景気**では1.6%、戦後2番目の71か月にわたった**アベノミクス景気**では1.1%にとどまります。好景気の期間の長さでみると、第1位と第2位はいずれも21世紀に入ってからですが、実感の乏しい「好景気」となりました。

戦後の主な好景気

	期間	通称	成長率
1958年6月～1961年12月	42か月	岩戸景気	11.3%
1965年10月～1970年7月	57か月	いざなぎ景気	**11.5%**
1986年11月～1991年2月	51か月	バブル景気	5.3%
2002年1月～2008年2月	**73か月**	いざなみ景気	1.6%
2012年11月～2018年10月	71か月	アベノミクス景気	1.1%

⛓ 日本銀行券（紙幣）の改刷

　日本銀行は、**日本の中央銀行であり、日本で唯一銀行券を発行する発券銀行**です。一万円札などの**紙幣は独立行政法人国立印刷局が製造**、100円玉などの**貨幣は独立行政法人造幣局が製造**し、日本銀行が製造費用を支払って引き取り、日本銀行の取引先金融機関が日本銀行に保有している当座預金を引き出し、銀行券を受け取ることによって世の中に送り出されます。

　現在、日本銀行は、一万円券、五千円券、二千円券、千円券の4種類の日本銀行券を発行しており、**2024年には二千円札以外の3種類を改刷する予定**です（二千円札はほとんど流通していないため、改刷予定なし）。

	一万円券	五千円券	二千円券	千円券
1984年発行	福沢諭吉	新渡戸稲造		夏目漱石
2000年発行	↓	↓	沖縄首里城の朱正門	↓
2004年発行	福沢諭吉	樋口一葉	↓	野口英世
2024年発行予定	渋沢栄一	津田梅子	↓	北里柴三郎

⛓ 年収の壁

　厚生年金保険及び健康保険において、**会社員や公務員等の配偶者等で一定以上の収入がない者は、被扶養者となり社会保険料の負担が発生しません**（社会保険制度について、くわしくは第6章にて）。

　しかし、**こうした者の収入が増加して一定水準を超えると、社会保険料の負担が発生して、その分だけ手取り収入が減少する**ことから、これを回避する目的で労働時間を減らす場合があります。その収入基準がいわゆる「**年収の壁**」と呼ばれています。

　たとえば、2023年現在、従業員100人超企業に週20時間以上で勤務する者は被扶養者となる可能性もありますが、賃金や労働時間が増えて**年間収入が約106万円**を超えると配偶者の扶養から外れて厚生年金及び健康保険に加入する義務が発生するため、新たに社会保険料を負担することが必要となります。

　また、上記の条件を満たさない者であっても、**年間収入が130万円以上**になると、配偶者の扶養から外れて、自身で国民年金及び国民健康保険等に加入する義務が発生するため、新たに社会保険料を負担することが必要となります。

　このような「年収の壁」を回避するために労働時間を減らすことが人手不足の要因となっているという指摘もあることから、2023年10月より**厚生労働省**は「**年収の壁・支援強化パッケージ**」を開始しています。

予想問題にチャレンジ！

我が国の経済事情に関する記述として、妥当なのはどれか。

❶ 四半期別の実質GDP成長率の推移をみると、ウクライナ危機に伴い、2022年第2四半期（4〜6月期）は、コロナショック後の2020年第1四半期（1〜3月期）に次いで、戦後2番目のマイナス成長を記録した。

❷ ウクライナ危機に伴い、2022年以降も日本経済の回復は遅れており、2023年に入っても実質GDP・名目GDPともに2019年の水準に達していない。

❸ 2022年の就業者数を産業別にみると、「卸売業、小売業」では前年よりも増加したのに対して、「医療、福祉」では減少している。

❹ 近年、雇用者（役員を除く）に占める非正規の職員・従業員の割合は上昇傾向にあり、全体の約4割を占めており、2022年も上昇した。

❺ 2022年の平均月間給与総額は、名目額では前年よりも減少したが、実質額でみると増加している。

解説

正解 ❹

❶ × ウクライナ危機後の2022年第2四半期（4〜6月期）には我が国の経済は失速しておらず、実質GDPは1.1%のプラス成長でした。また、戦後最悪のマイナス成長を記録したのは、2020年第2四半期（4〜6月期）です。

❷ × 2022年以降のGDPは、個人消費や設備投資など内需の持ち直しに伴って緩やかに回復し、2023年初頭には、実質GDP、名目GDPともに過去最高水準となりました。

❸ × 「医療、福祉」では前年よりも増加したのに対して、「卸売業、小売業」では減少しています。

❹ ○ 2020年はコロナショックの影響により、非正規の職員・従業員の割合は11年ぶりに低下し、2021年も低下しましたが、2022年は上昇しました。

❺ × 2022年の平均月間給与総額は、名目額では前年よりも増加しましたが、実質額でみると減少しています。2022年には、賃金の上昇幅以上に物価が上昇しているためです。

我が国の経済事情に関する記述として、妥当なのはどれか。

❶　日本の家計最終消費支出は、コロナショックからの回復に伴って2021年は前年よりも増加したが、2022年はウクライナ危機により減少した。

❷　民間企業設備投資（年別）の動向をみると、2020年は前年よりも大きく減少したが、2021年は増加し、2022年も増加した。

❸　消費者物価指数（年別）の動向をみると、ロシアによるウクライナ侵攻により、2021年は前年よりも上昇した。

❹　国土交通省「地価調査」により7月現在の地価（住宅地）の動向をみると、2023年には、地方圏平均で31年ぶりに下落した。

❺　円の対ドル為替レートの動向をみると、2022年に入り円高が進んだ結果、同年10月末には1ドル100円を割り込んだ。

解説

正解 ❷

❶　×　2022年はウクライナ危機などにより物価が大きく上昇したため、家計最終消費支出も増加しました。

❷　○　民間設備投資を前年と比較すると、2020年は4.9%減少、2021年は0.5%増加、2022年も1.9%増加しました。

❸　×　ロシアによるウクライナ侵攻は2022年のことであり、2021年の消費者物価指数（年別）は低下しています。

❹　×　2022年には、地方圏の住宅地の地価の平均は31年ぶりに上昇しました。

❺　×　2022年に入り円安が進んだ結果、同年10月末には1ドル150円台になっており、2023年に入っても円安状況が続いています。

第4章
国際経済

〔試験ごとの重要度〕

国家総合職	国家一般職	国家専門職	裁判所職員	東京都I類	特別区I類
地方上級	市役所	国立大学法人	警察官	警視庁I類	東京消防庁

色が濃い：優先して押さえておこう　　色が薄い：最低でもAランクは見ておこう

〔攻略ポイント〕 個々のデータの詳細を覚えるのではなく、大まかな景気動向を押さえよう！

　公務員試験では、各国、各地域の直近2〜3年の大まかな経済状況（実質GDP、物価など）や経済政策が把握できているかどうかが問われます。

　数値が絡む問題が多いため、多少、抵抗を感じる方がいるかもしれませんが、個々のデータの詳細を覚えるのではなく、上昇傾向か下降傾向かという景気動向を押さえることに注力すれば得点できるため、めげずに取り組んでいきましょう。

　なお、上記の「試験ごとの重要度」とは別に、専門択一試験で「経済事情」を選択する方は、本章を全般的に熟読しておきましょう。

近年の国際経済①
世界経済の動向の概要

選定理由 & ポイント ▷ 近年の世界経済の動向を理解しよう

● 概　要

　2008年後半に生じたリーマンショックの影響により、2009年には世界経済は大きく後退しましたが、2010年から2017年までは回復していました。

　しかし、2018年後半からは米国と中国の貿易摩擦が激化して景気後退が始まり、2020年にはCOVID-19の世界的な大流行により、<u>中国を除く</u>ほとんどの国の実質GDPはマイナス成長になりました。2021年はその反動で大きくプラス成長しましたが、日本は諸外国と比べると低い成長率となりました。

❶GDPは国内で一定期間内に生産されたモノやサービスの付加価値の合計額、GNIは国民が（海外からも含めて）一定期間内に受取った所得の合計額です。生産規模の指標にはGDPが、国民の豊かさの指標にはGNIが適しています。

おもな国・地域の実質GDP成長率						
国・地域	2018年	2019年	2020年	2021年	2022年	2023年（予測）
日本	0.6%	-0.4%	-4.1%	2.6%	1.0%	1.7%
米国	3.0%	2.5%	-2.2%	5.8%	1.9%	2.4%
ユーロ圏	1.8%	1.6%	-6.1%	5.9%	3.4%	0.6%
英国	1.4%	1.6%	-10.4%	8.7%	4.3%	0.5%
中国	6.7%	6.0%	<u>2.2%</u>	8.4%	3.0%	5.2%
インド	6.5%	3.9%	-5.8%	9.1%	7.2%	6.3%
ロシア	2.8%	2.2%	-2.7%	5.6%	-2.1%	1.3%
ブラジル	1.8%	1.2%	-3.3%	5.0%	2.9%	3.0%
世界合計	3.6%	2.8%	-3.0%	6.0%	3.5%	3.0%

	名目GDPの順位（億ドル）		1人当たり名目GNI❶の順位（ドル）	
1	米国	254,627	ノルウェー	95,510
2	中国	179,632	ルクセンブルク	91,200
3	日本	42,311	スイス	89,450
4	ドイツ	40,722	アイルランド	81,070
5	インド	33,851	米国	76,370
6	英国	30,707	デンマーク	73,200

出所：外務省「主要経済指標」

2022年の名目GDPと世界GDPに対する構成比		
国・地域	名目GDP（億ドル）	世界GDPに対する構成比
日本	42,311	4.2%
米国	254,627	25.3%
中国	179,632	17.9%
ユーロ圏	140,409	14.0%
英国	30,707	3.1%
インド	33,851	3.4%
ロシア	22,404	2.2%
ブラジル	19,201	1.9%
世界合計	1,005,620	100.0%

　また、**2022年の実質GDP成長率**は、世界合計では**2018年と同水準**となりつつも、**中国は大きく減速**（理由は後述）、**ロシア**もウクライナ侵攻に伴う経済制裁などにより、**大きく減速**しています。

● 世界経済に占める日本の位置づけ

　世界経済が成長する中、日本の経済成長率は低い水準にとどまっているため、**世界のGDPに占める日本のGDPの割合は年々低下**しています。2022年には、**日本の名目GDPは世界第3位**ですが、**1人当たり名目GNI**（国民総所得）では**世界第24位**にとどまりました。

> 🔅日本は世界**第11位**の人口規模のため、国全体の経済規模が大きくても、**1人当たりでみるとそこまで豊かな国とはいえません**。さらに、中国も国全体の経済規模はアメリカに次いで世界第2位ですが人口規模は世界第1位（14億人強）であるため、1人当たりでみると**発展途上国**に分類されます（なお、2023年には**インド**の人口が**世界一**になりました）。

Quick Check 想定問題文！

● 　新型コロナウイルス感染症の感染が拡大した2020年には世界の主要国すべてで実質GDPがマイナス成長となったが、その反動で2021年と2022年は主要国すべてでプラス成長となった。

　× 　中国は2020年もプラス成長でした。また、2022年はロシアがマイナス成長です。

● 　2022年には、日本の名目GDP、1人当たり名目GNIともに世界第3位となった。

　× 　2022年の日本の名目GDPは世界第3位ですが、1人当たり名目GNIでは世界第24位にとどまりました。

近年の国際経済②
コロナショックとウクライナ危機の影響

| 選定理由 & ポイント | 主要国の景気にコロナショックとウクライナ危機が与えた影響を把握しておこう |

● 四半期別の実質GDP成長率の動き

　主要国の**実質GDP成長率の動き**をみると、2020年には**戦後最悪のマイナス成長**を記録しましたが、2022年前半まではおおむね持ち直しが持続し、**2021年中に感染拡大前のGDPの水準まで回復した米国**に続き、**欧州主要国も2022年1-3月期まで**に回復しました（**日本は2022年4-6月期に回復**）。

> 💡 GDPの数値は一次発表後にも細かく修正されますので、数値そのものを覚えるのではなく、増減傾向を把握しておきましょう。

各国の実質GDP成長率（四半期別・前期比年率（%）

		日本	米国	ドイツ	フランス	英国	ユーロ圏
2020年	1-3月	2.1	-5.3	-6.9	-19.6	-10.4	-12.9
	4-6月	-27.6	-28.0	-32.1	-43.1	-59.7	-38.0
	7-9月	24.0	34.8	40.7	90.7	86.0	57.3
	10-12月	7.6	4.2	3.2	-2.5	5.5	-0.1
2021年	1-3月	1.1	5.2	-5.0	0.2	-4.0	2.0
	4-6月	1.5	6.2	9.2	3.6	32.7	8.6
	7-9月	-1.7	3.3	2.7	12.3	7.0	8.5
	10-12月	4.6	7.0	0.0	2.1	6.2	2.1
2022年	1-3月	-2.4	-2.0	4.1	-0.4	2.1	2.8
	4-6月	4.4	-0.6	-0.5	1.6	0.4	3.3
	7-9月	-0.4	2.7	1.5	2.0	-0.3	1.4
	10-12月	1.0	2.6	-1.6	0.0	0.5	-0.1
2023年	1-3月	5.0	2.2	0.0	0.2	1.3	0.2
	4-6月	3.6	2.1	0.6	2.5	0.8	0.6
	7-9月	-2.9	5.2	-0.5	-0.5	-0.1	-0.2

出所：外務省「主要経済指標」

● ウクライナ危機に伴う経済の動き

しかし2022年2月以降ウクライナ危機が緊迫化し、①国際商品市況の高騰、②金融資本市場の変動、③国際貿易の鈍化、④ロシア経済の減速が生じました。

ロシアとウクライナは、経済規模はそれほど大きくありませんが、エネルギーや穀物等の一次産品や、希少金属の輸出で大きなシェアを占めており、諸外国は**物価上昇や代替供給源の確保・食料不足の懸念等の課題に直面**しました。**2021年夏以降**、感染症の影響が世界的に緩和され、景気の持ち直しが進み需要が高まる中で、**国際商品市況は総じて上昇傾向**にありましたが、**ウクライナ危機**がその傾向に拍車をかけました。

このような物価上昇傾向について、くわしくは次項で扱います。

● 半導体不足から半導体不況へ

2020年の**COVID-19の世界的な大流行**により活動制限が強まり、**在宅での活動が増えることで世界的にデジタル化の動きが加速**しました。そのため、スマートフォン、ゲーム機、パソコンなどの需要増に伴って**半導体の需要も急拡大**し、**2021年中までは半導体不足が深刻化して自動車生産などの足かせ**となっていました。

しかし活動制限の緩和などにより、2022年に入ると半導体の需要が減少し、一転して**半導体業界全体では需要不足による半導体不況**となりました。ただし、**自動車に使用する半導体の不足は解消にいたっておらず**、未だに**自動車の生産拡大の阻害要因**になっています。

過 ロシアとウクライナの名目GDPの規模（2021年時点）についてみると、ロシアは世界第15位以内、ウクライナは世界第50位以下である。一方で、両国はエネルギーや穀物等の一次産品の輸出において重要な位置を占めており、ロシアは石油、石炭等のエネルギー関連が、ウクライナはトウモロコシや小麦などの食料関連が上位の輸出品目となっている。（国家一般職2023）
〇

Quick Check 想定問題文！

● 主要国の実質GDP成長率の動きを四半期別にみると、ウクライナ危機により、2022年4-6月期に入って急激に景気が悪化した。

× バラツキはありますが、むしろ2022年1-3月期よりも4-6月期の方が実質GDP成長率が高い国もあり、「急激に景気が悪化した」とはいえません。

● 2020年のCOVID-19の世界的な大流行による景気悪化に伴って半導体の需要が縮小し、2021年にかけて半導体不況となった。

× 2020年から半導体の需要が大きく拡大し、半導体不足が深刻化しました。

近年の国際経済③
世界的な物価上昇と政策金利の引き上げ

選定理由 & ポイント ▶ 世界的な物価上昇の動向とそれに対する政策金利の引き上げの動向を把握しておこう

● 世界的な物価上昇

　ロシアがウクライナに侵攻した2022年2月以降、日本の消費者物価指数も上昇していますが、元々物価上昇率が高かった欧米は日本よりさらに高い水準で上昇しており、特にエネルギー資源価格や食料価格が急騰しました。

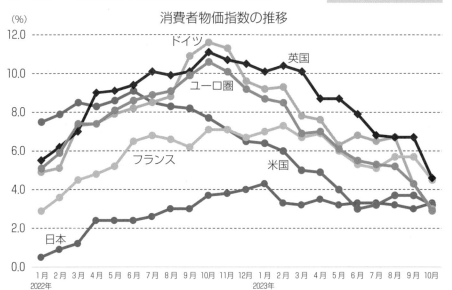

消費者物価指数の推移

● 政策金利の推移

　米国は2019年8月から**段階的に政策金利を下げ**、さらにコロナショックの影響が拡大した**2020年4月に大幅に下**げました。

　しかし、2022年の**急激な物価上昇に伴い金融引締めが進**展しており、特に**米国と英国は急激に政策金利を引上げて**います。コロナショック以前から**ゼロ金利政策**を採っていた**日本とユーロ圏**のうち、**ユーロ圏**も2022年7月から急激に**政策金利を引上げています**が、**日本**は2023年10月時点まで**変更していません**。

💡 政策金利の変更が経済に与える影響について、くわしくは第3章「近年の金融政策」を参照してください。

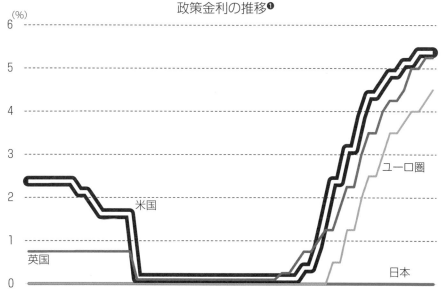

政策金利の推移❶

(%)

米国

英国

ユーロ圏

日本

19年　5月　9月　20年　5月　9月　21年　5月　9月　22年　5月　9月　23年　5月　9月

❶米国の政策金利は
0.25％の幅があること
から、グラフ上では二重
線で表現しています。

国際経済

Quick Check 想定問題文！

● 　2022年にはウクライナ危機により急激に景気が悪化したことから、主要国の消費者物価指数は大きく低下したものの、2023年には上昇に転じている。

　　× 　2022年には主要国の消費者物価指数は大きく上昇しましたが、2023年には低下傾向です。

● 　主要国の政策金利の動きをみると、ウクライナ危機に伴う景気悪化への対応で、2022年には日本も含めて、大幅に利率を引き下げている。

　　× 　2022年の急激な物価上昇に伴い、日本以外の多くの国では政策金利の利率を引上げています。

各国経済事情①
米国経済

| 選定理由
&
ポイント | 2020年のコロナショックを経て、
回復基調にあるが問題は山積 |

● 概　要

　米国経済は、世界金融危機後の2009年6月を景気の谷と
して、2020年2月まで**景気の拡大が128か月間続いていま
した**。これは、**景気判断の対象期間である1854年以来最
長記録**です。COVID-19の感染拡大により、2020年3月以
降は一転して<u>戦後最悪の不況に突入</u>しましたが、**2020年
4-6月期以降は回復基調にあります。2022年前半期はマ
イナス成長に転じました**が、後半期以降は2023年までプ
ラス成長を維持しています。

> 過 全米経済研究所
> （NBER）によると、
> 米国は<u>2013年半ばか
> ら2020年初頭まで景
> 気拡大</u>が続き、これは景
> 気拡大期としては<u>史上
> 3番目の長さ</u>であった。
> また、米国の実質GDP
> 成長率（前年比）につ
> いてみると、2018年、
> 2019年は2年連続で
> <u>4%を超えた</u>。（国家一
> 般職2021）×

アメリカの景気回復期上位

	期間	景気の谷	景気の山
1位	128か月間	2009年6月	2020年2月
2位	120か月間	1991年3月	2001年3月
3位	106か月間	1961年2月	1969年12月
4位	92か月間	1982年11月	1990年7月

経済成長率	COVID-19の影響により、**2020年の四半期別の実質GDP成長率（前期比年率）は、1-3月期は-5.3%、4-6月期は-28.0%と急速に悪化しました**が、**7-9月期の成長率は+34.8%と大きく上昇**し、以降も**プラス成長を続け、2021年4-6月期にはコロナショック前の2019年10-12月期の水準を超えました**。2022年に入って再び**マイナス成長**に転じ、1-3月期は-2.0%、4-6月期は-0.6%となりましたが、**7-9月期以降はプラス成長を続けています**。
個人消費	**実質個人消費支出**について、**サービス消費は緩やかな上昇傾向が続いています**。サービス消費の内訳をみると、飲食・宿泊サービスは引き続き上昇傾向が続き、介護サービス等のヘルスケアへの支出が消費をけん引しています。これまで回復が遅れていた娯楽サービスも2023年1-3月期には感染拡大前の水準まで回復しています。ただし、**輸送サービスは依然として回復が遅れています**。さらに、耐久財・非耐久財消費ともに感染拡大前の水準を超えています。

住宅価格	**住宅価格**は、2020年以降、住宅ローン金利の低下や郊外志向の高まりを背景とした需要増と、資材不足等による供給制約の両面から**大幅な上昇**が続いていましたが、2022年以降は政策金利の引上げに伴う**住宅ローン金利の急上昇**を受けて住宅需要が弱まり、さらに供給制約がおおむね緩和されたことから**住宅価格は下落傾向**となりました。
輸出入	2022年の**貿易額**（財・サービス）は**輸出・輸入ともに過去最大**となりました。特に輸入額の拡大幅が大きかったことから、<u>**貿易収支**は**過去最大の赤字**</u>となっています。国・地域別の財貿易では中国に対する赤字額が最も大きいです。この赤字拡大については、輸入の急増に加えて、エネルギーや食料に係る国際市況の高騰も影響したと考えられます。
雇用情勢	**非農業部門雇用者数**は、2021年に引き続き安定したペースで**増加**しています。また、**失業率は2020年4月には14.7％まで急上昇**しましたが、**2022年7月には3.5％**となり、以降も3％台を維持しています。
賃金	**物価上昇率を上回る水準で名目雇用者報酬が上昇**していることから、**実質雇用者報酬も上昇**しており、個人消費の拡大に寄与しています。
物価	**消費者物価上昇率は2022年6月には約40年半ぶりに9％を上回りました**が、その後は低下し、**2023年半ばには3％台**になりました。
債務残高	連邦政府の債務残高の上限額は**法律で決まっており、債務残高が上限に達した場合、債務不履行になる可能性があります。**現在の米国は上下院で多数党派が異なる「ねじれ議会」のため、**債務の上限額を変更するための法改正が争点**となっており、<u>2023年はギリギリのタイミングで改正法が成立して債務不履行が回避されました</u>が、今後も不安定な状況です。

出所：世界経済の潮流2023年Ⅰなど

第4章

国際経済

Quick Check 想定問題文！

● 2022年の米国では、輸入額の増加が続いていることから、貿易収支は過去最大の黒字となっている。

× 2022年の貿易額は輸出・輸入ともに過去最大となりましたが、特に輸入額の拡大幅が大きかったことから、貿易収支は過去最大の赤字となっています。

● 米国は上下院で多数党派が異なる「ねじれ議会」のため、2023年には連邦政府の債務残高の上限を引上げるための法律が通らず、歳出の大幅な削減を迫られた。

× 与党が歳出の削減を受け入れたことから、最終的には債務残高の上限を引上げるための法律が可決されています。

各国経済事情②
中国経済

| 選定理由 & ポイント | 高い水準を保っていた経済成長率が
2022年には大きく減速 |

● 概　要

　中国では、**2021年後半**に環境規制の強化を受けた**電力供給不足**や**生産抑制**、不動産開発規制強化を受けた**不動産市場の冷え込み**等により**景気の回復テンポが鈍化**していたところ、感染再拡大を受け、**3～5月**に上海等で**都市封鎖が実施され、生産・物流・貿易等が足踏み**となり、各国では中国向け輸出や、中国からの部品・製品輸入に影響が発生し、**2022年4～6月期は大きく減速**しました。それ以降は回復傾向にありますが、**かつてのような高い成長率ではありません**。

❶中国国家統計局が発表している四半期別の実質GDP成長率の数値は、ここまで扱った国と違って「前期比」ではなく「前年同期比」であり、年率換算もしていないことに注意してください。

経済成長率	四半期別の実質GDP成長率❶は、2019年10-12月期の前年比+5.8%から、2020年1-3月期に-6.8%と急減し、四半期統計が遡れる1992年以来初めてのマイナス成長となりましたが、4-6月期にはプラスに転じており、その後もプラス成長を続けています。ただし、2021年10-12月期からは以前よりも低水準の4%台の成長率となり、**2022年4-6月期には+0.4%まで低下**、以降もかつての高成長率まで戻っていません。
個人消費	個人消費は、**飲食サービス業を中心に回復**していますが、**財消費は低調に推移**しています。自動車は、半導体不足が緩和し供給が改善する中で、2022年末に一律の自動車減税や補助金が終了することを受けて、同年後半にかけて駆け込み需要が発生し、2023年年初にはその反動減がみられました。その後も**自動車の需要は完全には回復していません**。 財消費の回復力が弱い背景としては、**所得の伸び悩みと貯蓄率の上昇**があります。貯蓄率は2022年10-12月期には2002年の調査開始以来**最も高い値**になっており、その分、**家計の消費性向は2023年上半期も感染症拡大前の2019年を下回る水準**となっています❷。

❷可処分所得（個人の所得から税金や社会保険料等を差し引いた残り）は、消費と貯蓄に二分されます。そこで、**所得が伸び悩んでいるのに貯蓄が増えたら、その分だけ消費は減退**します。

鉱工業生産	**鉱工業生産**は、外需が伸び悩む中で、回復のペースは緩やかなものにとどまりました。
輸出入	**財輸出額**は2022年10月に**前年比でマイナス**に転じて以降、2023年3月にプラス転換しましたが、5月以降は改めて**マイナスとなり停滞**しています。**財輸入額**も2022年は弱い動きが続いており、**内需の減少等**を受けて2022年11月以降は**減少傾向が顕著**になっています。こうした状況は、**世界的な需要減速**のほか、**米国による対中半導体規制の強化も影響**しているとみられます。 近年中国では、中間財から最終消費財までを国内で生産する**内製化が進んでおり、加工貿易（再輸出）用の輸入の比率は低下**している一方、国内消費用の一般貿易の比率は高まっています。そのため、内需不足による輸入停滞がより顕著になっていると考えられます。
不動産	中国の**不動産セクター**は関連部門も含めて**GDPの3割相当**とされ、経済全体への影響も大きいです。**2021年から不動産販売面積**は前年同月比**マイナスが続いており**、<u>不動産セクター</u>における**過剰債務問題**もあり、<u>不動産開発投資のマイナス幅も拡大</u>しています。
雇用情勢	**都市部調査失業率**は2021年末から**上昇**して6%台になった後、2023年には5%台前半まで**低下**しました。しかし、<u>**若年**（16〜24歳層）の失業率</u>は**過去最高水準**で推移し、2023年6月には21.3%に達しました。
所得	**一人当たり可処分所得（実質）**は、2022年は前年比2.9%、2023年1-3月期は同3.8%、4-6月期も同5.8%と、**感染症拡大前の上昇率**（年平均7.1%）**と比べ低い伸び率**にとどまっています。
物価	**消費者物価上昇率**は、**2022年は前年比2.0%増**で、<u>欧米諸国と比べると低く</u>、特に2023年には月別で1%を下回る水準が続いています。

出所：世界経済の潮流2023年Ⅰなど

第4章

国際経済

Quick Check 想定問題文！

● 中国では2021年以降、不動産開発投資が拡大しており、GDP成長率を下支えしている。

× 中国では2021年以降、不動産開発投資が縮小しており、GDP成長率を引き下げています。

● 中国では景気の拡大が持続していることから、2023年6月には若年（16〜24歳層）の失業率は、統計開始以来最も低水準となった。

× 2023年6月には、若年の失業率は21.3%と統計開始以来最も高水準となりました。

各国経済事情③
ユーロ圏経済

選定理由 & ポイント ▶ 2023年のGDPはおおむね横ばい

● 概　要

　ユーロ圏経済は、**2022年7-9月期まで実質GDP成長率が6期連続のプラス**でしたが、**ロシアによるウクライナ侵攻**は、**国際商品価格の上昇**を加速させ、**新たなサプライチェーンの混乱**を引き起こしました。**ユーロ圏は、ロシアとの貿易額のウエイトが米英と比較して高い**ことから、これらが経済に対する下押し要因となり、**2022年10-12月期以降は経済が停滞**しています。

> 💡 経済事情の問題では、ユーロ圏に含まれるドイツ・フランス・イタリア等の国別ではなく、ユーロ圏全体の経済の動向が出題されることが多いです。

経済成長率	実質GDP成長率は、2022年10〜12月期は前期比年率0.1%減、2023年1-3月期は同0.2%増、同4-6月期は同0.6%増、同7-9月期は同0.2%減となりました。
個人消費	個人消費は、**サービス支出が牽引**しています。旅行代理店、宿泊業、飲食サービス業を含むサービス業の景況感は2022年後半において低下したものの、2023年に入り暖冬等を受けて旅行が活発になったこと等から引き続き上昇傾向で推移しています。 2021年以降、**米国では貯蓄の取り崩しが消費を下支え**していますが、**ユーロ圏では緩やかながらも貯蓄の増加が続いており、消費の下支えには寄与していません**。
雇用情勢	**失業率は、2021年春以降低下傾向**にあり、**コロナ前の水準**（2020年3月の7.2%）を**下回って推移**しており、雇用の改善が継続しています。
賃金	**名目雇用者報酬**と**消費者物価指数**の上昇ペースが拮抗していることから、**実質賃金は横ばい**になっています。
物価	**消費者物価上昇率は、2022年10月**には前年同月比10.6%となり、1997年の調査開始以来最大となる大幅な上昇率を示しています。ただし、その後は**物価上昇への寄与度の約半分を占めていたエネルギー価格の低下**により、2023年9月には同4%台まで低下しました。

出所：世界経済の潮流2023年Ⅰ など

Quick Check 想定問題文！

● 2021年以降、ユーロ圏では実質賃金の上昇と貯蓄の取り崩しが消費の拡大に寄与している。

　× 2021年以降、実質賃金は横ばい、貯蓄は増加しており、消費の拡大に寄与していません。

ランク

B

各国経済事情④

インド経済

選定理由 & ポイント
2023年中に人口が世界最多となるインドの経済に注目が集まっている

● 概　要

2023年中に、**インドの人口**は中国を抜いて**世界最多**となります。2022年時点のGDPは、中国の世界シェアは18.1％であるのに対し、インドは3.4％にとどまりますが、**中国は高齢化の進展**につれて**成長が鈍化**しているのに対して、**インドでは高齢化の進展は緩やかなもの**にとどまり、成長制約は相対的に小さい可能性も指摘されており、注目が集まっています。

● 貿易構造からみられる課題

中国の貿易収支は黒字、サービス収支は赤字ですが、**インド**は逆に**貿易収支は赤字、サービス収支は黒字**になっています。

財輸出の特徴をみると、鉱物・金属等や食料等の**一次産品比率が高く**、軽工業のシェアが相対的に低下する中、機械製品等への重点シフトは緩慢です。資本や労働といった生産要素の集約度別でみても、**資源集約財❶のシェア**が依然として**高い**です。

財輸入の特徴をみると、**中国の比率が品目でも金額でも高まっており**、特に**機械製品**など**資本集約財❷**の比率が高いです。

他方で、**インドはサービス輸出に強みがあり**、**IT・ビジネスサービスの輸出先は欧米向けが9割**となっています。さらに、国内でもITの強みを発揮して先進的なシステムを活用し、キャッシュレス化が急速に進行しています。

出所：世界経済の潮流2023年Ⅰ など

過 インドの2007年以降の貿易収支を見ると、金額に変動はあるものの大幅な黒字が常態化している。一方、サービス収支の赤字が増加しているため、経常収支の黒字幅が抑制されている。為替レートについては、2011年8月から同年末にかけて、米国及び欧州での財政問題に端を発する世界経済の減速懸念により、インド・ルピー高が進んだ。（国家一般職2012）×

❶資源集約財とは、生産要素のうち**資源の占める割合が大きい**財のことで、**石油製品や鉱物製品**等が該当します。

❷資本集約財とは、生産要素のうち**資本の占める割合が大きい**（生産工程で機械化が進んでいる）財のことで、**医薬品や自動車等**が該当します。

第4章

国際経済

Quick Check 想定問題文！

● 近年、インドは工業化が急速に進展しており、2021年の財輸出額に占める割合はIT機器等の機械製品が最も高くなっている。

× 2021年のインドの財輸出額に占める割合が最も高いのは、鉱物・金属等や食料等の一次産品です。インドは、IT「機器」ではなくIT「サービス」に強みがあります。

国際商品市況の動向

選定理由
&
ポイント

ロシアによるウクライナ侵攻に伴ってエネルギー
資源価格や食料価格が急騰したが、2023年には低下

● 概　要

エネルギー資源価格はすでに2021年より大きく上昇していましたが、2022年のロシアによるウクライナ侵攻に伴って、価格上昇に拍車がかかりました。しかし2023年には低下しています。

また、小麦の価格も2022年3月に大きく上昇しましたが、以降は低下傾向です。

原油	原油価格は、2020年4月にはコロナショックにより、1バレル20ドル（WTI）を下回る水準、WTI先物価格では一時は同マイナス40ドルまで下落しましたが、以降は2021年初から上昇傾向になり、ウクライナ危機によって2022年3月から同100ドルを超える水準となりました。しかし、2022年半ば以降、低下傾向にあります。
天然ガス	天然ガス価格は、コロナショックからの景気回復と需要拡大・供給制約が相まって、特に欧州では2021年初から大きく上昇しており、2022年のウクライナ危機が上昇傾向に拍車をかけました。しかし、2022年半ば以降、低下傾向にあります。
石炭	供給不足が大きな要因となり、2021年から価格高騰が続いていましたが、2022年半ば以降、低下傾向にあります。
小麦	小麦の輸出シェアはロシアが世界第1位、ウクライナが世界第5位ということもあり、ウクライナ危機により価格が大きく上昇しましたが、2022年半ば以降、低下傾向にあります。

出所：世界経済の潮流2023年Ⅰなど

地球温暖化対策の観点から、近年、石油・石炭・天然ガス等の化石燃料への依存を低減していく脱炭素化の取組みが国際的に進められています（くわしくは第10章を参照）。そのため、将来を見越して化石燃料の採掘への投資が減少しており、そのことが化石燃料の供給不足につながり、価格高騰を招く一因となっています。
とはいえ、いきなり再生可能エネルギーに全面的に移行するのは困難であることから、二酸化炭素排出量や環境負荷の大きい石炭火力発電所から、比較的小さい天然ガス火力発電所へのシフトが拡大しており、それが特に天然ガス価格の高騰に拍車をかけていました。

原油価格の国際的な指標には、北米のWTI（ウエスト・テキサス・インターミディエート）原油、欧州の北海ブレント原油、アジアの中東産ドバイ原油があります。

原油価格の推移（WTI）

（ドル／バレル）

140
120
100
80
60
40
20
0

99 00 01 02 03 04 05 06 07 08 09 10 11 12 13 14 15 16 17 18 19 20 21 22 23（年）

天然ガス価格の推移

（ドル／英国熱量単位）

70
60
50
40
30
20
10
0

米国
欧州
日本

07 08 09 10 11 12 13 14 15 16 17 18 19 20 21 22 23（年）

💡 **天然ガス価格**について、近年は、シェールガスの採掘等により国内で自給できる**米国が最も安く**、パイプラインを通じて気体のままロシアから輸入できる**欧州が中位**、液化してタンカーで運ばなければならない**日本が最も高い**という状況にありました。

しかし、脱炭素化への取組みが特に進展している欧州では石炭から天然ガスへの移行が進んでいることから、コロナショックからの景気回復も相まって、2021年から**天然ガス価格が急騰**しており、2021年半ばに日本の価格を上回っています。さらにウクライナ危機が価格高騰に拍車をかけている状況です。

過 ウクライナへのエネルギー依存度が高いEUにおいて、ウクライナ情勢の緊迫化を受け、原油のウクライナ依存脱却に向けた「REPowerEU」計画が公表された影響等により、2022年3月には、1バレル300米ドルを超えていたWTI原油先物価格が大幅に下落した。（国家一般職2023）×

Quick Check 想定問題文！

● 原油価格の推移をみると、コロナショックにより2020年に下落して以降2022年初まで低水準だったが、ウクライナ危機をきっかけに2022年3月に急騰した。

× 原油価格はすでに2021年中から大きく上昇傾向にありました。

● 2023年10月現在の天然ガス価格について、米国、欧州、日本を比較すると、ロシアと激しく対立する米国が最も高く、次いで欧州、日本の順となっている。

× 欧州が最も高く、次いで日本、米国の順となっています。

日本の貿易収支

選定理由
＆
ポイント ▶ 2022年度の貿易赤字は過去最大

● 概　要

　2022年度の貿易統計によれば、輸出額から輸入額を差し引いた**貿易収支**はマイナス21.8兆円となり、比較可能な1979年度以降で<u>最大</u>の**貿易赤字**となりました。

● 輸出額と輸入額

　記録的な**円安**の影響で、**自動車**や**半導体**などの輸出が増えたことから、<u>2022年度</u>の**輸出額**は<u>過去最大</u>となりました。

　しかし、**ロシア**による**ウクライナ侵攻**の影響などにより、2022年度は**資源価格**が**高騰**しており、それに**記録的な円安水準**もあいまって**円建て単価**が**大きく上昇**したことから、**輸入額も**前年度比32.2％増で<u>過去最大</u>となりました。

　そのため、輸出額と輸入額を差し引きすると、2022年度は<u>過去最大</u>の**貿易赤字額**となります。

● 貿易収支の中長期的な動向

　1981年度以降、**日本**は**貿易黒字**を続けており、**1980年代**には**日米貿易摩擦**が**激化**しましたが、**2011年**の福島第一原子力発電所の事故以降、火力発電所への依存度が高まり、**エネルギー資源**の**輸入額**が大きく**増え**、**貿易赤字**に転じることが増えています。

　他方で、**日本**の**製造業**の**生産拠点**の**海外移転**が進んだ結果、以前ほどの輸出産業の強みも失われています。

> 💡 日本の貿易収支を地域別にみると、**米国**との輸出額・輸入額はともに**過去最大**となり、貿易黒字は拡大しました。また、**中国**との輸出額・輸入額もともに**過去最大**となり、貿易赤字は拡大しています。

Quick Check 想定問題文！

● 　日本の貿易収支の推移をみると、2022年度は資源価格の高騰などにより輸入額が過去最大になった一方で、円安の影響で輸出額が減ったことから、過去最大の貿易赤字となった。

　　×　円安の影響で輸出額も過去最大となりましたが、それ以上に輸入額の増加幅の方が大きかったため、過去最大の貿易赤字となりました。

経済連携協定①

自由貿易に向けた取組み

> 選定理由 & ポイント
>
> FTAは貿易自由化を目的とした協定、
> EPAはそれ以外も含む包括的な協定

世界貿易機関（**WTO**）の交渉の難航を受けて、近年、自由貿易協定や自由貿易圏（**FTA**）、経済連携協定（**EPA**）を締結する動きが広がっています。

● **自由貿易協定（FTA：Free Trade Agreement）**

特定の国や地域の間で、**物品の関税**や**サービス貿易の障壁**等を**削減・撤廃**することを目的とする**協定**です。

● **経済連携協定（EPA：Economic Partnership Agreement）**

貿易の自由化に加え、**投資、人の移動、知的財産の保護**や**競争政策におけるルール作り、さまざまな分野での協力**の要素等を含む、**幅広い経済関係の強化**を目的とする**協定**です。

💡 世界貿易機関（WTO）は、貿易の自由化の促進を目的とて1995年に設立された国際機関です。**第二次世界大戦後の貿易の自由化は1948年に締結された「関税と貿易に関する一般協定（GATT）」**に立脚したGATT体制で行われており、**WTOはGATT体制を継承する形で作られました**。WTOの重要な機能として「ラウンド」があります。これは、加盟国が集まって関税引下げなど貿易自由化を行ったり、貿易などに関するルールを決定したりする多国間交渉です。

● **日本とのEPA／FTAが発効した国**

	発行済/署名済	交渉中
二国間	**シンガポール**（2002年に初めて発効）、メキシコ、マレーシア、チリ、タイ、インドネシア、ブルネイ、フィリピン、スイス、ベトナム、インド、ペルー、オーストラリア、モンゴル、**米国**、**英国**	トルコ、コロンビア
多国間	ASEAN、**TPP11**、**EU**、**東アジア地域包括的経済連携**（**RCEP**）	日中韓、GCG

Quick Check 想定問題文！

● EPAが関税引下げなど貿易自由化を目標としているのに対して、投資協定や労働力の自由移動など貿易以外の幅広い分野を扱う条約をFTAという。

　× FTAとEPAが逆になっています。

経済連携協定②
環太平洋パートナーシップ(TPP)協定

選定理由
&
ポイント

> 米国は離脱している一方で、
> 英国が新規加盟したことを把握しておこう

● 環太平洋パートナーシップ（TPP）協定

環太平洋パートナーシップ（TPP）協定とは、**オーストラリア、ブルネイ、カナダ、チリ、日本、マレーシア、メキシコ、ニュージーランド、ペルー、シンガポール、米国、ベトナムの合計12か国**で交渉が進められた**経済連携協定**です。**2017年に米国が離脱を表明したため、残りの11か国**で開催されたTPP閣僚会合において、<u>TPP11協定</u>（**環太平洋パートナーシップに関する包括的及び先進的な協定**：<u>CPTPP</u>）について大筋合意し、2018年3月に署名、同年12月に**発効**しました。

その後、**米国とは個別に**<u>日米貿易協定と日米デジタル貿易協定</u>を結んでおり、2020年1月に**発効**しています。

● 新規の加入申請

2021年2月に**英国がTPPへの加入を申請**しており、2023年7月に<u>正式に加入が承認</u>されました❶。これでTPPは、世界のGDPに占める割合が15%となりました。

他にも、2021年9月には<u>中国と台湾</u>が、それぞれTPPへの**加入を申請**しており、その後も、ウクライナ、コスタリカ、ウルグアイ、エクアドルが加入を申請しています。

ただし、TPPは**データ流通の透明性・公平性確保の原則**を定めているため、中国がその条件を受け入れられるかどうか等の課題があります。また、新規加入には全加盟国の支持が必要ですが、**中国と台湾は対立関係にあり**、それぞれ支持する国／支持しない国があるため、**両国の同時加入は困難**とされます。

❶TPPは「環太平洋」という名称を冠しているものの、**加入地域の限定はありません**。

Quick Check 想定問題文！

● 2021年には中国と台湾が共同で環太平洋パートナーシップ協定への加入を申請し、同時加入が認められた。

× 中国と台湾は対立関係にあり、両国の同時加入は困難とされます。

ランク A

経済連携協定③
インド太平洋経済枠組み（IPEF）

選定理由
&
ポイント

TPP、RCEPとの違いを確認しておこう

● 概　要

インド太平洋経済枠組み（IPEF）とは、インド太平洋地域における経済面での協力について議論するための枠組みであり、オーストラリア、ブルネイ、フィジー、インド、インドネシア、日本、マレーシア、ニュージーランド、フィリピン、韓国、シンガポール、タイ、米国、ベトナムの合計14か国（**米国主導**）で交渉が進められています（参加国のGDPの総額は**世界全体の約4割**を占めます）。

2022年9月から**貿易、サプライチェーン、クリーン経済**及び**公正な経済の4つの柱**について交渉対象に関する合意がなされ、2023年5月には**IPEFサプライチェーン協定が結ばれました**。これは、サプライチェーン途絶時における具体的な連携手続を規定する初の多数国間協定です。

また、2023年11月には脱炭素に向けた**クリーン経済**と税逃れ防止などで協力する**公正な経済**についても**実質的に妥結**しました。

なお、**貿易**については**インドは交渉に参加しておらず**、残りの13か国の交渉も難航しています。

> 🔆 TPPとRCEPでは、貿易の自由化を促進するために、加盟国間の貿易などに対する**関税の引き下げ**や**撤廃**に関する協定を結んでいます（RCEPについては、キーワードリストを参照）。それに対して、IPEFでは貿易に関する協定に「**市場アクセス・関税は含まない**」としており、**EPA/FTAとはいえません**。とはいえ、米国は**TPPから離脱**しており、後述する**RCEPにも参加していない**ことから、中国に対抗してインド太平洋地域における多国間連携で主導権を握るためには、**新たな経済枠組み**を構築する必要がありました。

第4章

国際経済

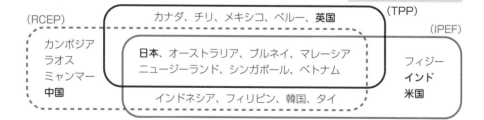

(RCEP)		(TPP)

カナダ、チリ、メキシコ、ペルー、**英国**

(IPEF)

カンボジア
ラオス
ミャンマー
中国

日本、オーストラリア、ブルネイ、マレーシア
ニュージーランド、シンガポール、ベトナム

フィジー
インド
米国

インドネシア、フィリピン、韓国、タイ

Quick Check 想定問題文！

● 2023年には、TPPを発展的に解消し、それに替わる新たな自由貿易協定として
インド太平洋経済枠組み（IPEF）が締結された。

× IPEFはTPPとは別の枠組みであり、参加国も異なります。

経済連携協定④
国際課税の取組み

選定理由
&
ポイント
国際課税の枠組みが成立した背景を
把握しておこう

● BEPS包摂的枠組み

BEPS（税源浸食と利益移転）に関するOECD/G20包摂的枠組みは、「IT企業を含む巨大多国籍企業への課税権」と「世界共通の最低法人税率」を柱とする枠組みです。2021年10月に、136の国と地域の合意により、①多国籍企業に対する課税権の一部を、その企業が本拠地を置いている国から、物理的拠点の有無にかかわらず多国籍企業が事業活動を行い利益を得ている市場へ再配分すること、②15%の世界的な最低法人税率の導入が決定されました。

2022年10月現在、98か国・地域が署名、うち77か国・地域が批准しており、2023年の発効を目指しています。なお、低税率を武器に多国籍企業を誘致していたアイルランドも批准しています。

> 多国籍企業の国外流出を防ぐため、企業に課す法人税を下げる動きが国際的に続いてきましたが、これがエスカレートすると各国が税収減に向かって競争する「底辺への競争」になるという問題意識から、法人税の最低税率をどの国も少なくとも「15%以上」とすることへの合意が形成されています。

● BEPS包摂的枠組みの二つの柱

世界全体で上げている売上が200億ユーロを超え、かつ利益率が10%を超える多国籍企業がこの新しいルールの対象。収益の10%を超える利益として定義される残余利益の25%が市場のある国へ再配分される。

15%の世界的な最低法人税率を導入。新しい最低税率は売上高が7億5,000万ユーロを超える企業に適用され、世界全体で年間約1,500億米ドルの追加税収が発生すると推定される。

Quick Check 想定問題文！

● BEPS包摂的枠組みが国際連合の総会で話し合われ、2021年から25%の世界的な最低法人税率を導入することが決定された。

× BEPS包摂的枠組みは、国際連合ではなくOECDとG20主導で話し合われました。また、世界的な最低法人税率は「25%」ではなく「15%」です。さらに、2021年の段階では導入されていません。

ダメ押し！ キーワードリスト 第４章 国際経済

🔑 世界のGDPの順位の変動

　国際通貨基金（IMF）の経済見通しによれば、2023年の日本の名目GDPは、**ドイツに抜かれて現在の世界第３位から世界第４位に下がる**見込みであり、2026年には**インド**にも抜かれて**世界第５位**に下がると推計されています。

　ドイツ経済も低迷していますが、日本を上回る物価上昇率により名目GDPは上昇しています。他方で、日本は歴史的な**円安水準**により、米国ドルに換算した名目GDPが低下していることも背景にあります。

🔑 東アジア地域包括的経済連携（RCEP）

　東アジア地域包括的経済連携（RCEP）とは、ASEAN10か国（インドネシア、カンボジア、シンガポール、タイ、フィリピン、ブルネイ、ベトナム、マレーシア、ミャンマー、ラオス）と日本、中国、韓国、オーストラリア、ニュージーランド、インドの合計16か国で交渉が進められた経済連携協定です。

　ただし、2019年11月の会議で、**インドは離脱を表明しており**、2020年11月に**インド以外の15か国で署名に至りました**（インドに対しては、引き続き加入を呼びかけ）。これは、世界のGDPの約３割を占める経済圏となります。

　2023年10月現在、**ミャンマー以外**の14か国は東アジア地域包括的経済連携を批准し、発効しています。

🔑 日英包括的経済連携協定

　日本とEUの間では、2019年２月に日・EU経済連携協定が発効していますが、2020年１月末をもって**イギリスがEUから離脱**したことにより、**新たな経済連携協定の必要**が生じました。そこで、2020年10月に日英包括的経済連携協定（日英EPA）が署名されました。

　日英包括的経済連携協定は、全体として、**日・EU経済連携協定と同様の内容**で、工業製品は100%の関税撤廃、農林水産品もほとんどの品目で関税撤廃していますが、**コメは対象外**となっています。

第４章

国際経済

世界各国の経済に関する記述として、妥当なのはどれか。

❶ 欧米主要国では、2022年中は高まる消費者物価上昇率を抑えるために政策金利を引上げたが、2023年に入り消費者物価上昇率が低下したことから政策金利も引き下げている。

❷ 米国では、2022年に入り消費者物価が上昇しているものの、労働需要の高まりや転職者の増加が寄与して名目賃金が大きく上昇していることから、実質賃金も上昇傾向にある。

❸ 中国では、コロナショック後の回復が進んでおり、2022年に入っても、個人消費や鉱工業生産は一貫して増加傾向にある。

❹ ロシアによるウクライナ侵攻は欧州に多大な影響を与えているものの、2023年7-9月期までユーロ圏の実質GDP成長率は連続してプラスとなった。

❺ 地球温暖化対策の流れで石炭火力発電所の廃止が相次ぎ、石炭の需要が大きく減少していることから、2021年より石炭価格が下落傾向にある。

解説

正解 ❷

❶ × 欧米主要国では、2023年に入り消費者物価上昇率は低下しましたが、政策金利の引上げは続いています。

❷ ○ 物価上昇率を上回る水準で名目賃金が上昇していることから、実質賃金も上昇しています。

❸ × 中国では2022年に入り上海等で都市封鎖が実施されたこと等から、個人消費や鉱工業生産がマイナスに転じた月もあります。

❹ × ユーロ圏経済は、2022年7-9月期まで実質GDP成長率が6期連続のプラスでしたが、2022年10-12月期以降は経済が停滞しています。

❺ × 石炭の需要は減少していますが、それ以上に供給量を絞る傾向にあることから、2021年から2022年半ばまでは石炭価格は高騰しました。ただし、以降は低下傾向にあります。

予想問題にチャレンジ！

国際貿易等に関する記述として、妥当なのはどれか。

❶　日本や米国等が締結している環太平洋パートナーシップ協定に対し、英国が加入の意思を示していたが、環太平洋の外の地域に位置することから交渉は認められず、代わりに日英包括的経済連携協定を締結した。

❷　インド太平洋経済枠組み（IPEF）とは、インド太平洋地域における経済面での協力について議論するための枠組みであり、米国主導で交渉が進められている。

❸　東アジア地域包括的経済連携は、日本、中国、韓国、インドを含む合計16か国で交渉を進めたが、中国が離脱し、残る15か国で署名に至った。

❹　BEPS包摂的枠組みは、多国籍企業の課税権について、その企業が本拠地を置いている国だけでなく、物理的拠点を置いて事業活動を行い利益を得ている国にも与えるものである。

❺　BEPS包摂的枠組みについて、世界共通の最低法人税率の導入にはアイルランドは参加しなかった。

解説

正解　❷

❶　×　まず、米国は環太平洋パートナーシップ協定から離脱しています。また、英国は「環太平洋」には位置していませんが、2023年には正式に加入が承認されました。さらに、日英包括的経済連携協定は、環太平洋パートナーシップ協定とは別枠の協定です。

❷　○　2023年5月には、IPEFサプライチェーン協定が結ばれました。

❸　×　インドが離脱し、残る15か国で署名に至りました。

❹　×　BEPS包摂的枠組みは、多国籍企業に対する課税権の一部を、その企業が本拠地を置いている国から、物理的拠点の有無にかかわらず多国籍企業が事業活動を行い利益を得ている市場へ再配分するものです。

❺　×　低税率を武器に多国籍企業を誘致していたアイルランドも最終段階で参加しています。

第5章
財 政

〔試験ごとの重要度〕

国家 総合職	国家 一般職	国家 専門職	裁判所 職員	東京都 Ⅰ類	特別区 Ⅰ類
地方上級	市役所	国立大学 法人	警察官	警視庁 Ⅰ類	東京 消防庁

色が濃い：優先して押さえておこう　　色が薄い：最低でもAランクは見ておこう

〔攻略ポイント〕具体的な数値を覚えることに注力せず、
時代背景から読み解く癖をつけよう！

　公務員試験における財政分野の出題は、最新データからではなく、前年度の当初予算から出題されることが多いです。

　数値を使った出題が多いので、多少、抵抗を感じる方もいるかもしれませんが、めげずに取り組んでいきましょう。

　なお、上記の「試験ごとの重要度」とは別に、専門択一試験で「財政学」や「経済事情」を選択する方は、本章を全般的に熟読しておきましょう。

予算①
日本の予算の分類

選定理由
&
ポイント

一般会計予算などの予算の分類を
把握しておこう

● 会計の種類による区分

一般会計予算	国家の基本的な経費（租税・国債を歳入とする）
特別会計予算	特定の資金による特定の歳出
政府関係機関予算	特別な法律によって設置された法人の予算

● 予算の成立事情による区分

本予算（当初予算）	年度開始前に成立する基本的な予算
暫定予算	本予算の成立が遅れたときに、年度当初1～2か月分の事務的経費だけを抜き出して暫定的に通す予算で、本予算の成立後に吸収される
補正予算	本予算の成立後に予算を追加・変更して国会に提出するもの

● 一般会計予算（歳入）の主な内訳

租税及び印紙収入	現金および収入印紙等により徴収した租税収入
公債金収入	**特例公債・建設公債**の発行により得た収入

　公共事業等の歳出に充てる**建設公債**は必要に応じて発行できますが、それ以外の歳出に充てる公債を発行するためには特別の法律（特例公債法）が必要なため、**特例公債（赤字公債）**と呼ばれます。

● 一般会計予算（歳出）の主な内訳

社会保障関係費	年金・医療・介護・生活保護・少子化対策・社会福祉等
地方交付税交付金	地方公共団体に交付される支援金
公共事業関係費	道路・防災対策・治水・港湾整備等
文教及び科学振興費	教育関連・科学技術振興等
国債費	国債の債務償還費・利払費等

Quick Check 想定問題文！

● 　国が発行する債券である国債は、特例公債と建設公債に分かれる。このうち、特例公債は必要に応じて発行できるが、建設公債を発行するためには特別の法律が必要となる。

× 　建設公債は必要に応じて発行できますが、特例公債の発行には特別の法律が必要となります。

ランク **B**

予算②
租税の種類と消費税の歴史

選定理由
&
ポイント ▷ 日本の消費税の歴史と景気悪化に対する
緩和策を把握しておこう

第5章

財
政

● 概　要

租税は、大別すると、**所得課税・資産課税等・消費課税**に分けられます。このうち、国の一般会計歳入における割合は、個人の所得にかかる「**所得税**」や会社等の所得にかかる「**法人税**」が**上位**を占めていましたが、近年は**消費税**の占める**割合**が**増大**しています。

● 日本の消費税の歴史

1989年 4 月	消費税が税率**3％**で導入
1997年 4 月	消費税率**5％**に引上げ 他にもさまざまな要因が重なって1997年以降、日本の景気が大幅に悪化
2012年 6 月	消費税法改正、2014年 4 月から 8 ％、2015年10月から10％の予定
2014年 4 月	消費税率**8％**に引上げ
2014年11月	2015年10月からの10％への引上げを2017年 4 月に**延期**
2016年 6 月	2017年 4 月からの10％への引上げを2019年10月に**延期**（**2度目**）
2019年10月	消費税率**10%**に引上げ

● 消費税引上げに伴う対応

2019年10月以降も、「**酒類・外食を除く飲食料品**」と「**定期購読契約が締結された週 2 回以上発行される新聞**」は、**消費税率 8 ％に据え置かれています**（消費税の**軽減税率制度**の適用）。また、2023年10月より、消費税の仕入れ税額控除に適格請求書（インボイス）が必要となる**インボイス制度**が導入されています（詳細は「インボイス制度」の項目にて）。

🔅 消費税収（10％）のうち、国に7.8％分、地方に2.2％分が配分されます。

Quick Check 想定問題文！

● 2019年10月に消費税率は 8 ％から10％に引き上げられたが、一部の品目については税率を 5 ％に引き下げる軽減税率制度が適用されている。

× 軽減税率制度は、税率を 5 ％に引き下げるのではなく、 8 ％のまま据え置く仕組みです。

予算③
令和5年度当初予算

選定理由 & ポイント ▶ 一般会計予算の総額は過去最大で、
5年連続で100兆円を突破

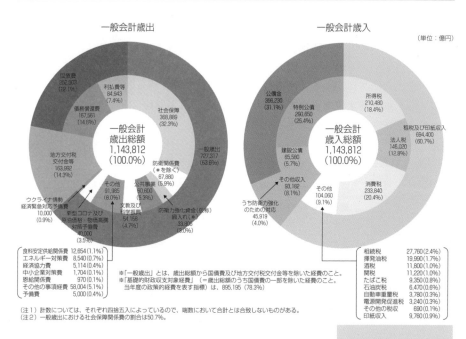

一般会計歳出

一般会計歳入

(単位：億円)

一般会計歳出

国債費 252,503 (22.1%)
利払費等 84,943 (7.4%)
債務償還費 167,561 (14.6%)
社会保障 368,889 (32.3%)
地方交付税交付金等 163,992 (14.3%)
一般会計歳出総額 1,143,812 (100.0%)
一般歳出 727,317 (63.6%)
防衛関係費 (＊を除く) 67,880 (5.9%)
その他 91,985 (8.0%)
公共事業 60,600 (5.3%)
文教及び科学振興 54,158 (4.7%)
防衛力強化資金(仮称)繰入れ(＊) 33,905 (3.0%)

ウクライナ情勢経済緊急対応予備費 10,000 (0.9%)
新型コロナ及び原油価格・物価高騰対策予備費 40,000 (3.5%)

食料安定供給関係費 12,654 (1.1%)
エネルギー対策費 8,540 (0.7%)
経済協力費 5,114 (0.4%)
中小企業対策費 1,704 (0.1%)
恩給関係費 970 (0.1%)
その他の事項経費 58,004 (5.1%)
予備費 5,000 (0.4%)

一般会計歳入

公債金 356,230 (31.1%)
特例公債 290,650 (25.4%)
所得税 210,480 (18.4%)
租税及び印紙収入 694,400 (60.7%)
法人税 146,020 (12.8%)
一般会計歳入総額 1,143,812 (100.0%)
建設公債 65,580 (5.7%)
消費税 233,840 (20.4%)
その他収入 93,182 (8.1%)
うち防衛力強化のための対応 45,919 (4.0%)
その他 104,060 (9.1%)

相続税 27,760 (2.4%)
揮発油税 19,990 (1.7%)
酒税 11,800 (1.0%)
関税 11,220 (1.0%)
たばこ税 9,350 (0.8%)
石油石炭税 6,470 (0.6%)
自動車重量税 3,780 (0.3%)
電源開発促進税 3,240 (0.3%)
その他の税収 690 (0.1%)
印紙収入 9,760 (0.9%)

※「一般歳出」とは、歳出総額から国債費及び地方交付税交付金等を除いた経費のこと。
※「基礎的財政収支対象経費」（＝歳出総額のうち国債費の一部を除いた経費のこと。当年度の政策的経費を表す指標）は、895,195 (78.3%)。

(注1) 計数については、それぞれ四捨五入によっているので、端数において合計とは合致しないものがある。
(注2) 一般歳出における社会保障関係費の割合は50.7%。

● 歳出のポイント

・<u>一般会計予算の総額</u>は11年連続で<u>過去最大</u>。<u>5年連続で100兆円を突破</u>。

・歳出のうち、<u>社会保障関係費は1.7％増</u>の36.9兆円（<u>過去最大</u>）、<u>地方交付税交付金等はデジタル田園都市国家構想も勘案して</u>リーマンショック後最多（3.3％増）の16.4兆円、<u>防衛関係費は本体部分だけで26.4％増</u>の6.8兆円（<u>過去最大</u>）で対GDP比1％超、防衛強化資金繰入れを含めると10.2兆円となりました。

・<u>防衛力を抜本的に強化するため5年間で43兆円の防衛力整備計画を実施</u>するとしており、特に防衛関係費の増加が目立つ予算となりました。

・予期せぬ状況の変化に備え、令和5年度予算でも<u>予備費5兆円</u>を措置しました。

💡 予備費とは、個別の支出内容について事前に国会の審議を経なくても、内閣の裁量で使用できる予算のことです（事後承諾は必要です）。年度計の予備費として過去最大だった2011年度（東日本大震災時）でも2兆円規模でしたが、2020年度計の予備費は12.0兆円、2021年度・2022年度・2023年度も5兆円を確保しており、異例の金額となっています。

● 歳入のポイント

・税収は前年当初予算から6.4%増の69.4兆円（過去最大）となり、新規国債は3.5%減の35.6兆円、その他収入は71.4%増の9.3兆円となりました。

・税収で最も多いのは「消費税」の23.4兆円、次いで「所得税」の21.0兆円、「法人税」の14.6兆円となります。かつては税の種類別で最も多いのは「所得税」でしたが、2019年10月の消費税率引上げにより、2020年度からは「消費税」が最多となっています。

● 令和5年度補正予算

・2023年11月に成立した補正予算は約13兆円の予算となりました（歳入の約7割は特例公債）。補正予算には、物価高対策として、住民税が非課税の低所得者世帯に対する7万円の給付（低所得者支援）や、電気・ガス・燃料油価格の負担軽減措置の延長にかかわる経費などが盛り込まれています。

主な内訳は以下の通りです。

☞ 1976年の三木内閣で防衛関係費のGNP1%枠が設定されましたが、1986年の中曽根内閣で1%枠は撤廃されました。しかし、その後も1%を超えた例はわずかしかなく、おおむね1%以内にとどまっていましたが、今後5年間で大幅に増額し、2027年には2%とするという方針が示されています。
なお、国民経済計算について、現在はGDP（国内総生産）で示すのが一般的ですが、1976年当時はGNP（国民総生産）で示すのが一般的だったため、「GNP1%枠」という表現になっています。

第5章

財政

国土強靱化・防災・減災など 公共事業費：1兆3,022億円、自衛隊関連：8,080億円 新型コロナウイルス感染症緊急包括支援交付金：6,143億円など	4兆2,827億円
成長力の強化・高度化に資する国内投資の促進 特定半導体基金：6,322億円、次世代半導体研究開発基金：6,175億円 安定供給確保支援基金：2,948億円など	3兆4,375億円
物価高対策 低所得者支援：1兆592億円、光熱費・燃料費支援：7,948億円など	2兆7,363億円
人口減少への対応 自治体情報システムの標準化・共通化：5,163億円など	1兆3,403億円
持続的な賃上げ・所得向上 中小企業の賃上げ・人手不足対応・生産性向上：5,991億円など	1兆2,072億円

Quick Check 想定問題文！

● 令和5年度当初予算の歳出をみると、社会保障関係費と防衛関係費はともに過去最大となったが、地方交付税交付金等は前年から大きく減少した。

× 地方交付税交付金等は、リーマンショック後最多となりました。

● 令和5年度当初予算の歳入をみると、景気の下振れにより、税収は前年よりも減少すると見込んでいる。

× 令和5年度の税収は過去最大となると見込んでいます。

税制①

インボイス制度

選定理由 & ポイント　2023年10月から消費税に関する インボイス制度が開始

● 概　要

「**インボイス**」とは、**事業者間でやり取り**される、**消費税額等が記載された請求書や領収書等**のことで、事業者が消費税の納税額を計算する際に必要となるものです。

● 消費税の仕入れ税額控除

消費税は、毎期の課税期間中に自社が売り上げた際に取引先や消費者から受け取った消費税額（売上税額）から、自社がその仕入れの際に支払った消費税額（仕入税額）を差し引いた差額を算出して**事業者が納税**します。

たとえば、雑貨屋さんが仕入先から220円（10%税込み）でコップを仕入れ、店舗で330円（10%税込み）で販売した場合、店舗の事業者は、消費者から受け取った消費税額30円から、仕入先に支払った消費税額20円を差し引いた額の10円を納税します。このように**仕入れの際に支払った消費税額を差し引く**ことを「**仕入税額控除**」といいます。

● インボイスが必要となった背景

従来は消費税率が統一されていたため仕入れ税額は明らかでしたが、**2019年10月から食料品などに対して軽減税率が導入され、10%と8%の2つの税率が混在**することになったため、商品等に課されている消費税率や消費税額等を請求書に明記するインボイス制度が導入されました。

小規模な事業者の事務負担や税務執行コスト等に配慮した特例措置として、課税売上高が**1,000万円以下の事業者は消費税を納める義務が免除**されています。そして、これまでは免税事業者との取引でも、仕入税額控除を受けられました。

しかし2023年10月以降、仕入れ税額控除を受けるためには**インボイス**が必要になります。そして、インボイスを発行できるのは課税事業者のみです。

取引先の観点でみると、免税事業者から仕入れるよりも課税事業者から仕入れる方が、仕入れ税額控除を受けられる分だけ安くなりますから、**免税事業者は取引に不利**になります。

そこで、インボイスを発行するために、零細の免税事業者が**課税事業者にならざるを得なくなり**、そのために税負担や事務負担が増加しているという指摘があります。

Quick Check 想定問題文！

● 事業者は、毎期の課税期間中に自社が売り上げた際に取引先や消費者から受け取った消費税額の全額を納税する義務を負う。

✕ 自社が売り上げた際に取引先や消費者から受け取った消費税額から、自社がその仕入れの際に支払った消費税額を差し引いた「差額」を納税する義務を負います。

ランク

B

税制②
令和5年度税制改正

選定理由
&
ポイント

インボイス制度への移行に伴う
緩和措置などが導入

● 個人所得課税

①NISA制度の拡充

「資産所得倍増」「貯蓄から投資へ」の観点から、NISA（少額投資非課税）制度の**非課税保有期間**を**無期限化**するとともに、口座開設可能期間に期限を設けず恒久的な措置とした上で、保有できる**限度額**も1,800万円まで**拡大**されました。

②極めて高い水準の所得に対する負担の適正化

資産所得の割合が高い富裕層は所得が**増える**につれてむしろ**実質的な税率が下がっていく**問題に対処するため、1年間の総所得がおおむね**30億円を超える分**について課税を**追加**して負担を適正化する措置を設けました。

● 消費課税

2023年10月から始まる消費税の**インボイス制度**により多くの**小規模事業者の負担が大きくなる**ことから、年間売上げ1,000万円以下の事業者が課税業者になった場合、**納税額を売上税額の2割に軽減**する**激変緩和措置**を3年間講ずることとしました。

● 国際課税

最低税率15%以上の課税を各国ごとに確保するための**グローバル・ミニマム課税**を導入しました。これは、「BEPS包摂的枠組み」で国際的に合意されたグローバル・ミニマム課税の導入に向けて、所得合算ルール（IIR）に係る**法制化**を実施するものです（詳細は第4章にて）。

> 給与所得・事業所得などに課される所得税には**累進課税制度**が採用されており、**所得が増えるにつれて段階的に税率が上昇**していきます。しかし、株式等の**配当金**に課される税金は金額の大きさにかかわらず**税率は一律**（約20%）です。そのため、現行の税制では、所得が一定金額以上の場合、資産所得で受け取る方が税率が**低くなる**という現象が生じます。

第5章

財
政

Quick Check 想定問題文！

● 令和5年度税制改正では、所得課税の累進制を軽減するため、総所得がおおむね30億円を超える分について課税を逓減して負担を適正化する措置が設けられた。

× 総所得がおおむね30億円を超える分について課税を「追加」して負担を適正化する措置を設けました。

債務残高①

国民負担率の国際比較

選定理由＆ポイント 日本の国民負担率は英米よりは大きく、ヨーロッパ諸国よりは小さい

国民負担率とは、**租税負担率に社会保障負担率を加えた数値**のことです。また、潜在的な国民負担率とは、国民負担率に、国民所得に対する財政赤字の割合を加えた数値です。日本の国民負担率を主要国と比較すると、**日本は米国・英国よりは大きい**ですが、**ヨーロッパ諸国と比べると小さく**なっています。

先進国とされるOECD加盟36か国の中で、**日本の国民負担率は22番目**であり、**中負担のグループ**に位置します。

> 過 国民負担率とは、国民所得に占める<u>租税負担額の割合</u>のことであり、平成30年度では<u>25％程度</u>となっている。また、国民負担率に<u>社会保障負担額を含めた</u>ものである潜在的な国民負担率についてみると、平成30年度では<u>35％</u>程度となっている。（国家専門職2019）×

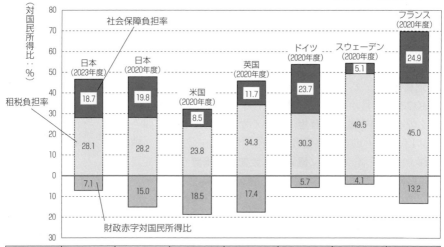

	日本 (2023年度)	日本 (2020年度)	米国 (2020年度)	英国 (2020年度)	ドイツ (2020年度)	スウェーデン (2020年度)	フランス (2020年度)
国民負担率	46.8(34.5)	47.9(33.5)	32.3(26.1)	46.0(34.7)	54.0(40.7)	54.5(36.7)	69.9(47.7)
潜在的な 国民負担率	53.9(39.7)	62.9(43.9)	50.8(41.1)	63.4(47.8)	59.7(45.1)	58.6(39.5)	83.0(56.7)

(対国民所得比：％（括弧内は対GDP比））

Quick Check 想定問題文！

● 日本の国民負担率を主要国と比較すると、日本はドイツよりは大きく、米国と同水準である。

× 日本の国民負担率を主要国と比較すると、日本は米国よりは大きいですが、ヨーロッパ諸国と比べると小さくなっています。

債務残高②
公債発行額・公債依存度の推移

選定理由 & ポイント
2020～2022年度は新規公債発行額が急増したが、2023年度は例年並みの見込み

1998（平成10）年度以降は特例公債の発行額が急増し、**公債依存度**（一般会計歳入に占める公債発行収入の割合）が**高止まり**になっていることから、近年は**公債発行額を抑えることが課題**となっています。

そこで、リーマンショックへの対応を迫られた2009（平成21）年度以降は、**新規公債発行額・公債依存度ともに、おおむね低下傾向で推移**していたのですが、コロナショックへの対応により、<u>2020（令和2）年度は、新規公債発行額・公債依存度ともに過去最大</u>を記録しており、2022（令和4）年度も過去2番目、2021（令和3）年度も過去3番目となりました。

本来、一般会計の歳出は、租税収入と建設公債による歳入のみで賄われるべきだとされますが、日本では税収不足が続いているため、**1994（平成6）年度以降、毎年特例公債を発行**しています。

第5章

財政

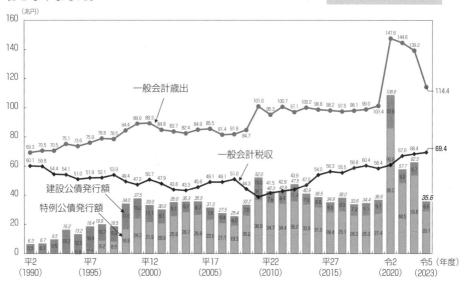

Quick Check 想定問題文！

● 2022（令和4）年度の新規公債発行額・公債依存度は、リーマンショックへの対応を迫られた2009（平成21）年度を大きく上回って、過去最大の水準である。

× 2022年度の新規公債発行額・公債依存度は、2009年度を上回っていますが、コロナショックへの対応を迫られた2020年度は下回る過去2番目の水準となりました。

95

経済財政政策

骨太の方針2023

選定理由 & ポイント 2023年版の「骨太の方針」でも
財政健全化目標の達成年度を明言せず

● 概　要

・30年ぶりの高水準となる**賃上げ**、企業部門の高い投資意欲など、今こそ、こうした前向きな動きを更に加速させ、**デフレを脱却**する。

・賃金上昇やコストの適切な価格転嫁・マークアップの確保を伴う「**賃金と物価の好循環**」を目指すとともに、人への投資、グリーン、経済安全保障など市場や競争に任せるだけでは過少投資となりやすい分野における**官民連携投資を持続的に拡大**すること等により、「**成長と分配の好循環**」を成し遂げ、**分厚い中間層を復活**。

・【三位一体の労働市場改革】
　リ・スキリングによる**能力向上支援**、個々の企業の実態に応じた**職務給の導入**、成長分野への**労働移動の円滑化**（失業給付制度の見直し、モデル就業規則の改正・退職所得課税制度の見直し等）。

・【家計所得の増大と分厚い中間層の形成】
　非正規雇用労働者の処遇改善、**最低賃金の引上げ**（今年は**全国加重平均1,000円の達成**を含めて議論、今夏以降1,000円達成後の引上げ方針についても議論等）や地域間格差の是正、適切な価格転嫁・取引適正化、**資産運用立国の実現**、**資産所得倍増プラン**の実行。

・【多様な働き方の推進】
　短時間労働者に対する**雇用保険の適用拡大**の検討（2028年度までを目途に実施）、働き方改革の一層の推進等。投資の拡大と経済社会改革の実行。

・【少子化対策・子ども政策の抜本強化】
　こども・子育て支援加速化プランの推進、こども大綱の**取りまとめ**。

・【官民連携による国内投資拡大とサプライチェーンの強靱化】
　次世代半導体を含め**グローバルサプライチェーンの中核**となることを目指し、政府を挙げて投資拡大等を図る。

・【GXの加速】
　徹底した省エネの推進、**再エネの主力電源化**（次世代太陽電池等の社会実装等）、**原子力の活用**（次世代革新炉への建替の具体化等）、**水素・アンモニアのサプライチェーンの早期構築**、10年間で150兆円の官民GX投資を実現、「**GX経済移行債**」を活用した先行投資、「**成長志向型カーボンプライシング構想**」の速やかな実現・実行。

・【DXの加速】

　デジタルの力を活用して国が地方を支える、国・自治体を通じた行政サービスの見直し。**マイナンバーカードの制度の安全・信頼確保**に努め、利便性・機能向上、円滑に取得できる環境整備に取り組む。**サイバーセキュリティ戦略等の展開。分散型デジタル社会実現。**

・【スタートアップの推進と新たな産業構造への転換】

　スタートアップ育成5か年計画。

・【官民連携を通じた科学技術・イノベーションの推進】

　AI、量子技術、健康・医療、フュージョンエネルギー、バイオものづくり分野の官民連携による科学技術投資を抜本拡充、宇宙・海洋分野の取組強化等。

・【インバウンド戦略の展開】

　観光立国の復活を目指す。

「骨太の方針」（「経済財政運営と改革の基本方針」）は、2001年から毎年夏に、**内閣府の経済財政諮問会議**が発表している**経済政策・財政政策の基本方針**です。財政赤字・債務残高増が課題のなか、骨太の方針では財政健全化目標を示すことが通例ですが、2020年度予算では過去最大規模の公債を発行していることもあり、「**骨太の方針**」2021・2022・2023年版では、<u>財政健全化目標の達成年度は明言していません</u>。「骨太の方針2023」では、「財政健全化の『旗』を下ろさず、これまでの財政健全化目標に取り組む。**経済あっての財政であり、現行の目標年度により、**<u>状況に応じたマクロ経済政策の選択肢が歪められてはならない。必要な政策</u>対応と財政健全化目標に取り組むことは決して矛盾するものではない。**経済をしっかり立て直し、そして財政健全化に向けて取り組んでいく。**ただし、最近の物価高の影響を始め、内外の経済情勢等を常に注視していく必要がある。このため、状況に応じ必要な検証を行っていく。」としています。

Quick Check 想定問題文！

● 「経済財政運営と改革の基本方針2023」では、「経済再生なくして財政健全化なし」の基本方針の下、2025年度の財政健全化目標の達成を目指すと明言している。

　× これは、「経済財政運営と改革の基本方針2019」に関する記述です。「経済財政運営と改革の基本方針2023」では、財政健全化目標の達成年度は明言していません。

● 「経済財政運営と改革の基本方針2023」では、小泉純一郎内閣を踏襲し、国民所得倍増プランを目指すとしている。

　× 骨太の方針2023で示されたのは、「資産」所得倍増プランです。また、国民所得倍増政策は、池田勇人内閣で打ち出されました。

🔑 NISA

　NISA（ニーサ・Nippon Individual Savings Account）とは、「NISA口座（非課税口座）」内で、毎年**一定金額の範囲内**で購入した**金融商品から得られる利益が非課税**になる制度で、2014年に開始されました。NISAには、成年が利用できる「一般NISA」と「つみたてNISA」、未成年が利用できる「ジュニアNISA」の3種類ありましたが、**ジュニアNISAは2023年で廃止**され、**一般NISAとつみたてNISAも2024年から統合**されます。

　令和5年度税制改正では、「**資産所得倍増**」「**貯蓄から投資へ**」の観点から**NISA制度が拡充**されました。

🔑 令和4年度税制改正

　法人課税について、**賃上げに係る税制を拡充**しました。**雇用者の給与総額を増加させた場合は、法人税を税額控除**します。ただし、一定規模以上の大企業に対しては、給与の引上げの方針、取引先との適切な関係の構築の方針等を公表していることが要件です。

　個人所得課税については、住宅ローン控除制度を見直しするとともに、**省エネ性能等の高い認定住宅等の借入限度額を上乗せ**等しています。

🔑 令和3年度税制改正

　デジタルトランスフォーメーション（DX）投資促進税制の創設、**カーボンニュートラルに向けた投資促進税制の創設**、**中小企業の経営資源の集約化に資する税制の創設**が主な内容となります。

🔑 防衛財源確保法

　2023年6月に防衛財源確保法（「我が国の防衛力の抜本的な強化等のために必要な財源の確保に関する特別措置法」）が制定されました。同法では、一般会計に「**防衛力強化資金**」を創設し、**特別会計からの一部繰入れ**や**決算余剰金**などを活用して**財源を確保**するとしました。

予想問題にチャレンジ！

我が国の財政に関する記述として、妥当なのはどれか。

❶　令和5年度の一般会計予算の総額は11年連続で過去最大となり、100兆円を超えている。

❷　令和5年度予算における国の租税収入の内訳をみると、「法人税」が最も多く、次いで「所得税」、「消費税」の順となっている。

❸　骨太の方針2023では、人への投資、グリーン、経済安全保障などの分野の市場化を促進し、民間投資を持続的に拡大するとしている。

❹　骨太の方針2023では、脱炭素化をすすめるため、原子力発電所の廃止を進めるとともに再生可能エネルギーへの移行を促進するとしている。

❺　1976年以来、防衛費についてはGDP2％枠が設定されていたが、骨太の方針2023では、この枠を撤廃し、3％超を目指すとしている。

解説
正解　❶

❶　○　補正予算を加えると、さらに年度の予算額は大きくなります。

❷　×　令和5年度予算における国の租税収入の内訳をみると、「消費税」が最も多く、次いで「所得税」、「法人税」の順となっています。「消費税」は令和2年度に初めて最も多い税目となりました。

❸　×　骨太の方針2023では、人への投資、グリーン、経済安全保障など市場や競争に任せるだけでは過少投資となりやすい分野における官民連携投資を持続的に拡大するとしています。

❹　×　骨太の方針2023では、再生可能エネルギーだけでなく、原子力などエネルギー安全保障に寄与し脱炭素効果の高い電源を最大限活用するとしています。

❺　×　1976年に設定されたのはGNP1％でしたが、1986年に撤廃されています。また、骨太の方針2023では、「2027年度までの5年間で防衛力を抜本的に強化」とはしているものの、GDP枠に関する言及はありません。

第6章
厚 生

〔試験ごとの重要度〕

国家 総合職	国家 一般職	国家 専門職	裁判所 職員	東京都 Ⅰ類	特別区 Ⅰ類
地方上級	市役所	国立大学 法人	警察官	警視庁 Ⅰ類	東京 消防庁

色が濃い：優先して押さえておこう　　色が薄い：最低でもＡランクは見ておこう

〔攻略ポイント〕 最新情報に加え、2～3年前を確実に！

　厚生分野からの出題は、近年増加傾向にあります。医療保険、年金、少子高齢化対策など、注目を集める事柄が多く、学習するべき内容も多いです。
　特に重視するべき事柄は、近年（ここ2～3年）に改正された法律、新たに制定された法律となります。しっかりと押さえておきましょう。近年改正された法律は、専門科目の社会政策でも出題されています。

日本の人口
日本の人口

選定理由
&
ポイント

日本の総人口と少子高齢化の現状を理解しよう

● 日本の総人口

　総務省「人口推計」によれば、2022年10月1日現在の<u>日本の総人口</u>は、1億2,494万7千人で、前年に比べ0.44％の減少となり、<u>12年連続</u>で<u>減少</u>しています。**自然増減❶**は73.1万人の減少で、**16年連続の自然減少**となりました。**社会増減❶**は、17万5千人の増加で、**2年ぶりの増加**となりました。日本人・外国人の別にみると、日本人は2年連続の社会減少となっています。**外国人は2年ぶりの社会増加**となっています。外国人の入国者数が増加した背景として、2022年10月以降、COVID-19に伴う入国制限の緩和が進んだことが挙げられます。

　また、総人口に占める**15歳未満人口割合❷**は11.6％であり、**過去最低**となっています。また、**65歳以上の人口の割合（高齢化率）❷**は、29.0％で**過去最高**となっています。

● 日本の将来推計人口

　国立社会保障・人口問題研究所は、「**日本の将来推計人口（令和5年推計）❸**を公表しました。

　同推計によれば、**日本の総人口は、2020年の1億2,615万人から2070年には8,700万人に減少、総人口に占める65歳以上人口の割合（高齢化率）は、2020年の28.6％から2070年には38.7％へ上昇**すると推計されています。また、**65歳以上人口は、2020年の3,603万人から2043年に3,953万人となりピークを迎え、出生数は2070年に45万人に減少**すると予測されています。

❶人口の増減は、「**自然増減**（出生者数－死亡者数）」と「**社会増減**（入国者数－出国者数）」により生じます。このうち、**自然増減**は既に2007年から**減少**しています。社会増減は、近年外国人の社会増が拡大していましたが、コロナ禍で社会減となりました。しかし、2021年から2022年にかけて**社会増**に転じています。

❷15歳未満の人口割合は世界の主要国の中で**最も小さく**、65歳以上の人口の割合は**最も大きく**なっています。

❸国立社会保障・人口問題研究所は、2020年の国勢調査の各定数を出発点とする新たな全国将来人口推計を行い、その結果を「**日本の将来推計人口（令和5年推計）**」として公表しています。

Quick Check 想定問題文！

● 　総務省「人口推計」によると、2022年10月1日現在の日本の総人口は1億2,000万人を超えているものの、前年と比べて減少しており、この減少は主に新型コロナウイルス感染症で外国人が転出したことによる社会減を要因とする。

× 　2022年10月1日現在の日本の人口は、16年連続の自然減少となり、2年ぶりに社会増加となっています。

社会保障財政

社会保障給付費の現状

選定理由
&
ポイント

高齢化に伴い急激に増加している
社会保障給付費の総額を確認しよう

● 社会保障給付費

少子高齢化・人口減少の深刻化により、年金や医療、介護等にかかる社会保障給付費が年々増加しています。**2021年度**の<u>社会保障給付費</u>（**ILO基準**）総額❶は、**138兆7,433億円**❷で、前年度と比べ4.9%の<u>増加</u>となり、**対GDP比は25.20%**でした。

2021年度の社会保障給付費を「**医療**」、「**年金**」、「**福祉その他**」の部門別にみると、「**医療**」が総額に占める割合は34.2%、「**年金**」は同40.2%で最大、「**福祉その他**」は同25.6%❸となっています。

また、**2021年度**の**社会支出**（**OECD基準**）❹総額は、**142兆9,802億円**で、前年度と比べ4.9%の<u>増加</u>となり、**対GDP比は25.97%**となっています。

社会保障給付費 （2021年度）	総額	138兆7,433億円
	対GDP比	25.20%
社会支出 （2021年度）	総額	142兆9,802億円
	対GDP比	25.97%

● 社会保障財源

2021年度の**社会保障財源**（ILO基準）の総額は163兆4,389億円で、前年度に比べて11.5%の**減少**となりました。社会財源を項目別にみると、「**社会保険料**」が収入総額の46.2%を占め、次に「**公費負担**」が40.4%を占めています。

❶数値は、国立社会保障・人口問題研究所「2021年度社会保障費用統計」によるものです。

❷1950年度の集計開始以降の過去最高額を更新しました。

❸前年度と比較すると、「医療」は11.0%増加、「年金」は0.3%の増加、「福祉その他」は4.9%の増加となっています。「医療」は新型コロナウイルスワクチン接種関連費用、医療保険給付の増加、「福祉その他」は子育て世帯等臨時特別支援事業費補助金による増加が大きくなっています。

❹社会支出（OECD基準）には、社会保障給付費（ILO基準）に加えて、施設整備費等の個人に帰着しない支出も含まれます。

第6章

厚
生

Quick Check 想定問題文！

● 我が国の2021年度の社会保障給付費（ILO基準）をみると、138兆7,433億円となっており、その内訳を「医療」、「年金」、「福祉その他」に区別すると、「医療」が5割を占めて最も多くなっている。

× 「年金」が4割を占めて最も多く、次いで「医療」が3割強となっています。

年金制度①

公的年金制度の概要

選定理由 & ポイント ▷ 国民年金制度と厚生年金制度の違いを理解しよう

● 公的年金制度の概要

　我が国の公的年金制度❶は、**国民年金制度**が**全国民を対象**として支給を行い（1階部分）、**会社員・公務員等（被用者）**に対しては、**厚生年金制度**が国民年金に**上乗せ**して**給付**を行う（2階部分）という仕組みとなっています。

● 国民年金の概要

加入者	国籍を問わず、日本に住む**20歳以上60歳未満の者**（一部の例外あり）
加入期間	20歳から59歳まで
支給要件	<u>10年以上の加入期間</u>（2017年7月までは25年以上の加入期間）❷
支給開始年齢	65歳から 本来の受け取り開始年齢より早く受け取る「**繰り上げ制度**」と遅く受け取る「**繰り下げ制度**」を選択可能

● 厚生年金の概要

加入者	厚生年金に加入している事業所に雇用されて、週労働時間が所定の原則4分の3以上かつ年収が130万円以上の者
加入期間	働き始めてから69歳まで
支給開始年齢	60歳から65歳へ<u>徐々に引き上げ</u>られている。

❶厚生労働省「令和5年版厚生労働白書」により、公的年金制度の適用状況をみると、被保険者数は6,729万人（2021年度末）であり、**全人口の約半数**に当たります。また、公的年金制度の給付の状況をみると、全人口の約**3割**にあたる4,023万人（2021年度末）が年金の受給権を有しています。

❷年金を受給するために必要な公的年金への加入期間のことを**受給資格期間**といいます。

過 1990年代には、年金改革関連法が成立し、厚生年金の支給開始年齢を段階的に65歳から60歳に引き下げる措置がとられた。（警視庁Ⅰ類2012）×

Quick Check 想定問題文！

● 公的年金の受給には、保険料を納付した期間や保険料納付を免除された期間などを合計した受給資格期間が5年あればよい。

× 受給資格期間は原則10年となっています。

選定理由
&
ポイント
公的年金は出題が多い分野、特に制度改革は重要

● 被用者年金の適用拡大等

より多くの人が多様な形で働く社会へと変化する中で、長期化する高齢期の経済基盤の充実を図るため、**2020年**に**年金制度改正法**（「年金制度の機能強化のための国民年金法等の一部を改正する法律」）が**成立**し、2022年4月1日から順次施行されています。同法は、少子高齢化が進展する中で、公的年金が引き続き高齢者の生活を支える機能を果たせるようにするため、関連する一連の法律を改正するために制定された法律です。次のような改正が行われました。

被用者保険の適用拡大	・短時間労働者（週20時間以上）を被用者保険の適用対象とすべき事業所の企業規模要件について、段階的に引き下げる（現行500人超→100人超→50人超）❶
受給開始時期の選択肢の拡大	・現在60歳から70歳の間となっている年金の受給開始時期の選択肢を、60歳から75歳の間に拡大する
確定拠出年金の加入要件の見直し等	・iDeCo（個人型確定拠出年金）❷の加入年齢を引き上げる❸とともに、受給開始時期等の選択肢を拡大❹する

第6章

厚生

❶2022年10月に100人超規模の企業まで**適用を拡大**し、2024年10月には、50人超規模の企業にまで適用範囲を拡大することとしています。つまり、より**小さな企業も適用範囲に含まれる**ようになっています。

❷iDeCo（個人型確定拠出年金）とは、公的年金とは別に給付を受けられる私的年金制度の1つです。公的年金と異なり、**加入は任意**となります。

❸加入年齢が、公的年金の被保険者のうち60歳未満から**65歳未満に引き上げ**られました。

❹老齢給付金の受給開始時期は、60歳～70歳でしたが、60歳～**75歳**に拡大されました。

Quick Check 想定問題文！

● 2020年に年金制度が見直され、短時間労働者（週20時間以上）を被用者保険の適用対象とすべき事業所の企業規模要件について、段階的に引き上げられることとなり、また受給開始時期の選択肢が60歳から75歳の間に拡大された。

× 短時間労働者を被用者保険の適用対象とすべき事業所の規模要件は、段階的に引き下げられることとなりました。

医療・健康①
医療保険制度の概要

選定理由
&
ポイント
医療保険制度の概要と改正内容を確認しよう

● 医療保険制度の種類

　医療保険制度は、疾病、負傷、死亡、死産などによる短期的な経済的損失について保険給付を行う制度です。医療保険制度は、**被用者保険制度（組合管掌健康保険、全国健康保険協会管掌健康保険、共済保険）**、自営業者等の**国民健康保険制度**、75歳以上の高齢者を対象とする**後期高齢者医療制度**に分かれています。

● 保険者と被保険者

　保険者（保険事業の運営主体）は**被保険者**（保険の加入者）から保険料を徴収し、主にその中から被保険者が利用した保険診療の診療報酬の一部を医療機関に支払います。医療機関を利用した場合の自己負担は、実際の**診療報酬**の**3割（義務教育就学前の者及び高齢者を除く）**です。医療給付は、医療機関にかかった費用を**現物給付**する形をとるのが原則ですが、他にも病気や出産で働けない場合の傷病手当金や出産手当金などの**現金給付**もあります。

● 後期高齢者医療制度

　2021年、一定の所得がある<u>75歳以上</u>の<u>後期高齢者</u>の<u>医療費窓口負担</u>を1割から<u>2割</u>に<u>引き上げる</u>医療制度改革関連法が成立❶しました。単身世帯は、年金を含めて年収200万円以上、複数世帯では合計320万円以上が対象となります。2022年10月に施行されました。

❶高齢化が進む中で医療保険制度を維持するため、**現役世代並みの収入のある後期高齢者には相応の窓口負担を求める**としたものです。

Quick Check 想定問題文！

● 　2021年、医療制度改革関連法が成立し、70歳以上であり一定以上の所得がある者の医療費窓口負担が引き上げられることとなった。

　✕　75歳以上で一定以上の所得がある者の医療費窓口負担が引き上げられました。

医療・健康②
国民医療費の現状

> 選定理由 & ポイント 国民医療費の現状と対策内容を理解しよう

● 国民医療費の現状

　全国民が公的医療保険に強制加入し、必要な医療を保証される国民皆保険制度は、日本の医療保険制度の大きな特色となっています。

　国民医療費は、国民皆保険が達成された1961年度以降の増加が著しく、介護保険導入の2000年度を除いて患者一部負担の引上げや診療報酬のマイナス改定の年以外は増加を示しています。2021年度の<u>国民医療費は45兆円を超え</u>、<u>過去最高</u>となりました。2020年度の国民医療費は、COVID-19の影響により4年ぶりに対前年比で減少となりましたが、2021年度は再び増加しました。国民医療費の国内総生産（GDP）に対する比率は約8％となっています。

● 健康保険法改正

　2023年5月、**全世代型の持続可能な社会保障制度を構築するため❶**の<u>改正健康保険法</u>（「健康保険法の一部を改正する法律」）が成立しました。概要は以下の通りです。

こども・子育て支援拡充	出産育児一時金❷の支給額を引き上げる❸
かかりつけ医機能の強化	**かかりつけ医機能❹**について、都道府県が医療機関の情報を国民に提供する仕組みを設ける

❶増大する老人医療への対応が必要となっており、政府は、すべての世代が能力に応じて社会保障制度を公平に支えあう仕組みを構築することを目指しています。

❷出産育児一時金とは健康保険法に基づく保険給付として、被保険者またはその被扶養者が出産したとき、出産に要する経済的負担を軽減するため、**一定の金額が支給**される制度です。

❸支給費用の一部を現役世代だけでなく、**後期高齢者も負担する仕組み**が導入されました。

❹厚生労働省は「**かかりつけ医**」をもつメリットの1つとして、**病気の予防や早期発見・早期治療**につながるという点を提示しています。

第6章

厚生

Quick Check 想定問題文！

● 2023年に健康保険法の一部を改正する法律が成立し、持続可能な社会保障制度を構築するため、出産育児一時金の支給額が引き下げられた。

× 出産育児一時金の支給額が引き上げられました。

医療・健康③

医療の現状

選定理由
&
ポイント ▶ 医療のデジタル化・医師の働き方改革の
現状を理解しよう

● オンライン資格確認

2023年4月より医療機関・薬局（一部の医療機関を除く❶）において、<u>オンライン資格確認</u>の<u>導入</u>が<u>原則</u>として<u>義務化</u>されました。オンライン資格確認は、2021年10月に運用がスタートした仕組みです。**マイナンバー・カード**を**健康保険証**（被保険者証）として**利用**することで、患者が加入している医療保険などの**資格情報**を**オンライン**で**確認**できるようになります。

● 電子処方箋

また、**2023年1月**から<u>電子処方箋</u>の<u>運用</u>が<u>開始</u>されました。**電子処方箋**とは、これまで紙で発行していた**処方箋**を電子化し、**患者の同意**のもとで**処方薬のデータ**を**医療機関**や**薬局**で**確認**できるようにする仕組みです。患者が電子処方箋を選択し、医師・歯科医師・薬剤師が患者の薬情報を参照することに対して、同意をすることで、複数の医療機関・薬局をまたがる過去の薬情報に基づいた医療を受けることが可能となります。

● 改正医薬品医療機器等法

2022年5月、感染症の大流行などの**緊急時**に**迅速**な**薬事承認**を可能とすることを目的とし、<u>改正医薬品医療機器等法</u>が<u>成立</u>しました。同法では、緊急時において、安全性の確認を前提に医薬品等の有効性が推定されたときに、条件および期限付きの承認を与える迅速な薬事承認の仕組み（「<u>緊急承認制度</u>❷」）が**新たに設けられ**ました。

● 医師の働き方改革

2024年4月から、<u>医師</u>にも<u>時間外労働</u>の<u>上限規制</u>が<u>適用</u>されます。一般企業の労働者にはすでに適用❸されていますが、**医療機関**は、抜本的な勤務環境の改善を要するため、**5年の猶予期間**が設けられています。

❶システム整備が完了していない医療機関・薬局は、オンライン資格確認の義務化対象外となっています。運用開始が進まない背景として、システム導入にかかわる**人員の不足**、世界的な**半導体不足**の影響なども指摘されています。厚生労働省は、「やむを得ない事情」があり運用開始が遅れている医療機関等を対象に運用開始の猶予を設けています。

❷緊急承認制度では、「**安全性**」は従来通り確認し、「**有効性**」は治験の途中段階のデータから「**推定**」できれば承認ができます。

❸一般企業では、時間外労働の上限が原則として、大企業は2019年4月から、中小企業では2020年から導入されています。臨時的な特別な事情がある場合にも上回ることができない上限が設定されています。

医師に対する時間外労働の上限は、**3つの水準❹に分けて規制**されます。年間の上限については、一般の労働者と同程度（A水準）である960時間が上限となります。しかし、医療機関において時間外労働時間が年960時間をやむを得ず超えてしまう場合（B・C水準）には、都道府県が医療機関の指定❺を行うことで、上限を年1,860時間とする仕組みが設定されます。

● 後発医薬品（ジェネリック医薬品）

　<u>後発医薬品</u>とは、**医療用医薬品**のなかで**先発医薬品（新薬）より低価格で提供される**医薬品を指します。先発医薬品とは新たに開発された医薬品であり、一定期間は特許権で保護され、開発した企業によって独占販売されます。しかし、特許権の存続期間満了、または再審査期間が終了すると、同じ成分を含んだ医薬品を他の医薬品製造企業が後発医薬品として製造販売できるようになります。後発医薬品は、研究コストが省けるため低価格での提供が可能であり、**国民医療費削減等に貢献**するものとして今後の拡大❻が期待されています。

❹A水準は医療に従事する**すべての医師**対象、B水準はその医療機関が所在する**地域の医療**を確保するため、C水準は**技能の修得・向上**を集中的に行わせるため、と設定されています。

❺都道府県が、地域の医療体制に照らし、各医療機関の労務管理体制等を確認したうえで指定します。

❻政府は、「2023年度末までにすべての都道府県で後発医薬品の数量シェアを80%以上にする」という目標を掲げて、使用促進のための取組を進めてきました。

第6章

厚生

Quick Check 想定問題文！

● 2023年4月、一部の医療機関・薬局において、マイナンバー・カードを医療保険の被保険者証として利用したオンライン資格確認の導入が試験的に開始されることとなった。

× 2023年4月より、一部の医療機関・薬局を除いてオンライン資格確認の導入が義務化されました。

● 後発医薬品は、一般用医薬品の中で先発医薬品よりも低価格で提供される医薬品を指し、政府は使用促進の取組を進めている。

× 後発医薬品は、一般用医薬品でなく医療用の医薬品です。

ランク **B**

医療・健康④

感染症対策

選定理由 & ポイント ▶ 感染症対策の現状を確認しよう

● WHOがCOVID-19「緊急事態宣言」終了を発表

WHO（世界保健機関）は、COVID-19の感染拡大に伴い、2020年1月に「国際的に懸念される公衆衛生上の緊急事態」を宣言❶していましたが、2023年5月に宣言の終了を発表しました。WHOは、死者数の世界的な減少、医療システムの負担減少、ワクチンの接種や感染による集団免疫の向上などを踏まえて終了を判断したとしています。

● 改正感染症法

2022年12月、感染症の流行時に病床確保等の実効性を高めるための改正感染症法が成立しました。COVID-19の感染拡大で医療機関の病床が逼迫して患者を受け入れられない事態が相次いだことから、新たな感染症の流行に備えて、国や都道府県の権限が強化されました。同法は、都道府県に対し、地域の中核となる医療機関等と事前に協定を結んで、病床や外来医療を確保することを義務付けています。

● 国立健康危機管理研究機構の設立

2023年5月、新たな感染症危機に備えるため、国立感染症研究所と国立研究開発法人国立国際医療研究センターが統合し、国立健康危機管理研究機構❷を新設する関連法が成立しました。同機構は感染症に関する科学的知見を内閣総理大臣と厚生労働大臣に報告する役割を担い、2025年度以降に設置されます。

❶新しい感染症などの対応に、国際的な協力が必要な事態が発生したときにWHOが宣言します。WHOが各国に対して、被害を小さくするための勧告を出すことができます。

過 2018末に中国で発生した新型コロナウイルスについて、世界保健機構（WHO）は、中国以外の国でヒトからヒトへの感染が確認された2020年1月以降も、「国際緊急事態」を宣言しなかった。（裁判所高卒2020）×

❷新機構は特別の法律により設立される特殊法人とし、理事長は厚生労働大臣が任命します。

Quick Check 想定問題文！

● 2022年に改正感染症法が成立し、新たな感染症の流行に備えて、市町村と医療機関等との間で、病床等の確保に関する協定を締結する仕組みが導入された。

× 2022年の感染症法の改正では、都道府県と医療機関等との間で協定を締結する仕組みが導入されました。

国民の健康増進対策

選定理由 & ポイント　我が国の介護や健康増進策の現状を理解しよう

● 介護保険制度

　高齢化の進展に伴い要介護高齢者が増加する一方、核家族化の進展等、要介護者を支えてきた家族状況が変化したことに対応するため、社会全体で介護を支える仕組みとして、2000年より**介護保険制度❶**がスタートしました。

　介護保険制度導入以来、利用者数は在宅サービス❷を中心に増加を続けています。厚生労働省「令和3年度介護保険事業の報告」によると、サービス受給者数（1か月平均）は、2021年には589万人と、制度開始当時の2000年の約3.2倍となっています。サービス利用者の増加に伴い、**介護費用が増大**しています。2000年度は3.6兆円だった介護費用は、2021年度には11.3兆円となっています。

● 健康寿命延伸プラン

　我が国では、健康寿命（健康上の問題で日常生活が制限されることなく生活できる期間）の延伸を目指して取組みが進められています。健康寿命は着実に延伸しており、2016年では、男性72.14年、女性74.79年となっています。2019年、「**健康寿命延伸プラン**」が策定され、健康寿命延伸に向けた取り組みをさらに推進するとともに、①次世代を含めたすべての人の健やかな生活習慣形成、②疾病予防・重症化予防、③介護予防・フレイル❸予防・認知症予防、の3分野を中心に取組みを推進することが掲げられています。同プランは、**2040年**までに**健康寿命**を男女共に**3年以上延伸**し（2016年比）、**75歳以上**にすることを目指しています❹。

❶介護保険制度の被保険者は、①65歳以上の者（第1号被保険者）、②40〜64歳の医療保険加入者（第2号被保険者）となっています。

❷要介護認定を受けた者が利用できるサービスには、「在宅サービス」、「施設サービス」、「地域密着型サービス」の3種類があります。

❸フレイルとは、健康な状態と要介護状態の中間の段階を指します。

❹2022年の平均寿命は、男性81.05歳、女性87.09歳となっており、男女共に前年を下回っています。

第6章

厚生

Quick Check 想定問題文！

● 政府は「健康寿命延伸プラン」を策定し、2040年までに健康寿命を男女共に3年以上延伸（2016年比）し、65歳以上にすることを掲げている。

× 「健康プラン延伸プラン」では、2040年までに健康寿命を75歳以上にするという目標が掲げられています。

ランク A 少子高齢化

少子高齢化の現状

選定理由
＆
ポイント ▷ 少子高齢化を取りまく現状を理解しよう

● 少子化の現状

少子化が急速に進行しています。その年の年齢階級別出生率の合計である**合計特殊出生率❶**は、人口を維持するのに必要な水準（**人口置換水準**）を**大幅に下回っています**。厚生労働省「2022年人口動態統計（確定数）」によると、2022年の合計特殊出生率は1.26であり、2005年と並んで**過去最低**となりました。**出生数**は77.1万人と、人口統計を取り始めた1899年以降**最少**となりました。

● 高齢化の現状

内閣府「令和5年版高齢社会白書」によると、我が国の**65歳以上人口**は3,624万人となり、総人口に占める割合（**高齢化率**）は**29.0％**で**過去最高**となりました。65歳以上人口のうち、「75歳以上人口」（後期高齢者）は1,936万人で、総人口に占める割合は15.5％となっています。

我が国の65歳以上人口❷は、1950年には総人口の5％に満たなかったのですが、1970年に7％を超え、さらに、1994年には14％を超え、2022年10月1日現在、29.0％に達しています。

また、**15～64歳人口**（**生産年齢人口**）は、1995年にピークを迎え、その後減少に転じ、2022年には7,421万人と、総人口の**約60％**となっています。

● 平均初婚年齢

日本人の**平均初婚年齢**は、長期的にみると夫・妻ともに**上昇傾向**にあり、**晩婚化**が進行しています❸。2022年は、**夫が31.1歳、妻が29.7歳**となっており、1985年と比較すると、夫は2.9歳、妻は4.2歳**上昇**しています❹。

❶15～49歳の女性の年齢階級別出生率を合計した数値です。

❷WHOと国連の定義に基づき、65歳以上の人口が総人口に占める割合（高齢化率）が7％超の社会を「**高齢化社会**」、14％超の社会を「**高齢社会**」、21％超の社会を「**超高齢社会**」と呼びます。

❸2022年の**婚姻件数**は、戦後最少であった前年から0.7％**増加**、離婚件数は2.9％**減少**となっています。

❹平均初婚年齢は、夫・妻ともに**上昇**を続けていましたが、2020年に初めて**低下**しました。2021年は夫31.0歳で**横ばい**、妻29.5歳で**上昇**となっています。

● 保育所入所待機児童数

　共働き世帯と専業主婦世帯（男性雇用者と無業の妻からなる世帯）とを比べると、1997年以降は前者が後者を上回っています。**共働き世帯の増加等**により、「**保育ニーズ**」は**増加**する傾向にあります。2023年4月現在の保育所入所待機児童数は、全国で2,680人であり、前年比264人**減少**となり、待機児童数の調査開始以来最少となっています。待機児童数の**9割**を**低年齢児**（0〜2歳）が占めています。

少子化対策として、子育て支援のための施策が拡充されたことにより、全国の保育所待機児童数は減少傾向にある。（地方上級2021）
〇

厚生

Quick Check 想定問題文！

● 厚生労働省の調査によると、2023年4月1日現在の保育所入所待機児童は全国で1万人を超えており、調査開始以来最多となっている。

　× 2023年4月1日現在の保育所入所待機児童は全国で2,680人であり、調査開始以来最少となっています。

● 我が国の65歳以上人口が総人口に占める割合（高齢化率）は、1970年に14％を超え、その後上昇を続け、2022年10月1日時点で35％となっている。

　× 我が国の高齢化率は、1970年には7％を超え、1994年に14％を超えています。さらに上昇して2022年10月時点では29.0％に至ったものの、30％台には達していません。

ランク **A**

少子化対策
子育て支援策

選定理由 & ポイント
少子化対策は日本の重要課題、
関連する子育て支援策を理解しよう

● 新たな少子化社会対策大綱の策定

「**少子化社会対策大綱**」は、**少子化社会対策基本法**に基づく総合的かつ長期的な少子化に対する施策の指針です。これまで2004年6月、2010年1月、2015年3月に策定されてきました。

2020年5月、**新たな「少子化社会対策大綱」**が策定されました。新たな大綱では、基本的な目標として「**希望出生率❶1.8**」の実現を掲げ、そのための具体的な道筋として、結婚支援、妊娠・出産への支援、男女ともに仕事と子育てを両立できる環境の整備、地域・社会による子育て支援、多子家庭への支援を含む経済的支援❷など、**ライフステージに応じた総合的な少子化対策**に取り組むことが掲げられています。

● 不妊治療への支援

少子化社会対策大綱では、<u>不妊治療</u>❸の<u>費用負担軽減</u>が明記され、**2022年4月**より、これまで全額負担であった**一部の**<u>不妊治療</u>に<u>保険</u>が<u>適用</u>されています。適用対象とされたのは、国の審議会（中央社会保険医療協議会）で審議された結果、関係学会のガイドラインなどで有効性・安全性が確認されたものであり、具体的には、人工受精等の「**一般不妊治療**」、体外受精・顕微授精等の「**生殖補助医療**」の2種類です。

これまでの助成金と同様に、**事実婚の場合も保険適用**の対象となり、また、**年齢・回数の要件**（体外受精）があります。

❶若い世代の結婚や出産の希望がかなった時の出生率の水準です。

❷結婚支援については地方公共団体が行う**総合的な結婚支援**の取組を支援すること、妊娠・出産への支援では、**不妊治療**等への支援を拡充することなどが示されています。また、仕事と子育ての両立では、**男性の家事・育児参画促進**、地域・社会による子育て支援では、保護者の就業の有無等にかかわらず多様なニーズに応じた支援を行うこと、などが示されています。

❸政府は、2022年度から、次世代育成支援対策推進法において、不妊治療と仕事の両立に向けて取り組む優良な企業を認定する制度を実施しています。

● こども基本法

2022年6月、子ども政策の基本理念となるこども基本法が成立しました。同法は、「こども」（心身の発達の過程にあるもの）の権利に関する基本理念を定める法律であり、子ども施策を総合的に推進することを目的としています。

日本は、1994年に「子どもの権利条約」❹を批准しましたが、これまで子どもの権利について包括的に定めた法律がなく、法整備が求められていました。

● 待機児童等の解消に向けた取組み

厚生労働省では、25〜44歳の女性の就業率の更なる上昇に対応するため、「新子育て安心プラン」❺に基づき、保育の受け皿を整備するほか、地域の特性に応じた支援、保育士の確保などの施策を推進することにより、できるだけ早く待機児童の解消を目指すこととしています。

● こども未来戦略方針

2022年の出生数は過去最少の77万人となり、7年連続の減少となりました。このような状況等を受けて、政府は、2023年6月、「こども未来戦略方針」❻を決定しました。「こども未来戦略方針」には、児童手当や育児休業給付の拡充などが盛り込まれており、今後3年間かけて集中的に取組みを進めることが示されています。

❹「子どもの権利条約」は、18歳未満を児童と定義し、児童の権利の尊重及び確保の観点から必要となる事項を定めています。

❺2021年度から2024年度末までの4年間で14万人分の保育の受け皿を整備することを掲げています。

❻「こども未来戦略方針」の基本理念は、①若い世代の所得を増やす、②社会全体の構造や意識を変える、③すべての子育て世帯をライフステージに応じて切れ目なく支援する、の3点です。

第6章

厚生

Quick Check 想定問題文！

● 2020年に策定された「少子化社会対策大綱」では、不妊治療の負担軽減が明記され、2022年4月より、「一般不妊治療」と「生殖補助医療」の2種類の治療について保険が適用されることとなった。

○ 有効性・安全性が確認された2種類の治療について保険が適用されます。

● 2020年にとりまとめられた「新子育て安心プラン」に基づき、3歳から5歳までの子ども及び0歳から2歳までの住民税非課税世帯の子どもについての幼稚園、保育所、認定こども園等の利用料が無償化されることとなった。

× 「新子育て安心プラン」では、主に保育の受け皿を整備することが掲げられました。幼児教育等の無償化は、2017年に閣議決定された「新しい政策パッケージ」の決定に基づいて実施されています。

虐待問題等に対する取組み

選定理由
&
ポイント　　虐待等対策の近年の法改正の内容を確認しよう

● 児童虐待問題の現状

　全国の児童相談所❶における児童虐待相談処理件数（速報値）は年々増加しており、2022年度は21万9,170件となっています。相談の種別をみると、「心理的虐待」が最も多く、次いで「身体的虐待」❷となっています。

　児童虐待防止法において、児童虐待は「身体的虐待」、「心理的虐待」、「性的虐待」、「ネグレクト」（養育の拒否や怠慢）の４つのタイプに分類して定義されています。

● 改正児童福祉法

　児童虐待の相談件数の増加など、子育てに困難を抱える世帯がこれまで以上に顕在化してきている状況を踏まえ、2022年６月、改正児童福祉法（児童福祉法等の一部を改正する法律）❸が成立しました。同法では、児童相談所が児童の一時保護を開始する際に、親権者が同意した場合を除き、一時保護の要否を裁判官が判断する司法審査制度が導入されました。新制度では、一時保護に親権者が同意しない場合、保護の必要性を裁判官が判断します。

● 民法「懲戒権」の見直し

　2022年12月、親が子を戒めることを認める民法の「懲戒権」の規定を見直し❹、体罰の禁止を明確化する改正民法が成立しました。民法822条は、懲戒権について「親権を行う者は、監護および教育に必要な範囲内でその子を懲戒することができる」と定めていました。体罰を容認するものではありませんが、「しつけ」と称して児童虐待を正当化する「口実」に使われているとの指摘が出ていました。

　改正により民法822条は削除され、新たな条文として、親権を行う者について、子の利益のために看護・教育ができることを前提に、「子の人格を尊重するとともに、その年齢および発達の程度に配慮しなければならない」とし、「体罰その他の子の心身の健全な発達に有害な影響を及ぼ

❶児童相談所は、都道府県と政令市に設置義務がありますが、2016年の児童福祉法改正により、中核市と特別区でも設置が可能となりました。

❷その他は、ネグレクト（養育放棄等）16.2％、性的虐待1.1％となっています。

❸改正児童福祉法には、児童自立支援の強化策も盛り込まれています。児童自立生活援助を年齢で一律（原則18歳まで、最長22歳）に制限することを見直して弾力化し、さらに支援を強化する事業を創設することが規定されています。

❹2019年に児童虐待防止法が改正され、親権者等によるしつけとしての子どもへの体罰の禁止が明文化されました。また、民法上の懲戒権のあり方について、施行後2年を目途に見直しを検討することとされていました。

す言動をしてはならない」と規定❺しています。

● 改正DV防止法

2023年5月、ドメスティック・バイオレンス（DV）対策❻を強化するため、改正配偶者暴力防止法（DV防止法）が成立しました。被害者へのつきまといなどを禁止する「保護命令」の要件として、身体的な暴力だけでなく、言葉や態度による精神的な危害が追加されました。

現行のDV防止法では、身体的暴力によって身体に重大な危害を受ける恐れが大きい場合に限って、裁判所が加害者に対し、「保護命令」を出せるようになっています。今回の改正法では、これに加え、生命や身体、それに自由や名誉、財産に対する脅迫により精神的に重大な危害を受ける恐れが大きい場合でも、裁判所が「保護命令」を出せるようになりました。

また、「保護命令」の期間が6か月間から1年間に伸長されるともに、命令に違反した場合の罰則が「1年以下の懲役または100万円以下の罰金」から「2年以下の懲役または200万円以下の罰金」に引き上げられました。

❺この規定の見直しは2022年12月に公布され、即日施行されました。

❻内閣府の調査によると、配偶者暴力相談センターへの相談件数は、2020年に過去最高となり、2022年度は約12.2万件で、前年度とほぼ同数となっています。

過 親から子への暴力である児童虐待が大きな社会問題となり、児童虐待防止法が成立した。この法律では、児童虐待を身体的な暴行、わいせつな行為、心理的に傷つける行為と規定し、世話をしないなど養育を放棄する行為については、立証が困難なため、これに含まれないとしている。（国家専門職2001）×

第6章

厚生

Quick Check 想定問題文！

● 全国の児童相談所における児童虐待相談処理件数は、2015年度をピークに減少に転じている。一方で、子どもの命が失われる深刻な事例が後を絶たないことを受け、対策の更なる推進が求められている。

　× 児童相談所における児童虐待相談処理件数は、統計を取り始めた1990年度から2022年度まで一貫して増加を続けています。

● 2023年、DV防止法が改正され、身体的暴力によって身体に重大な危害を受ける恐れが大きい場合に限って、裁判所が加害者に対して保護命令が出せるようになった。

　× 今回の改正により、保護命令の要件として、言葉や態度などの精神的な危害が追加されました。

福祉政策等①
自立支援等施策

選定理由 & ポイント　問題の現状と対応策を理解しよう

● 孤独・孤立対策推進法

　2023年5月、社会で孤立を感じる人や孤立する人を支援するための**孤独・孤立対策推進法**が**成立**❶しました。同法の成立により、**内閣府**に首相を本部長とする**対策推進本部**が**設置**されました。また、**地方自治体**に対策を検討する「**孤独・孤立対策地域協議会**」（地域協議会）**設置**の**努力義務**が課されています。

　地域協議会には、対策に取り組む非営利団体などが加わり地域の実情に応じて支援内容を議論することになっています。また、地域協議会の事務に従事する者等に係る**秘密保持義務**及び**罰則規定**が設けられています。

● 困難女性支援法

　2022年6月、貧困や家庭内暴力（DV）などに直面する女性の自立に向けて公的支援を強化する**困難女性支援法**（「困難な問題を抱える女性の支援に関する法律」）が成立しました。包括的な支援を行う「**女性支援センター**」❷の**設置**を**都道府県**に**義務付け**ることが柱となっています。

　同法では、家庭の状況や性的被害など**さまざまな事情**で**問題**を**抱える女性**が**支援対象**となることが規定❸されています。

● 自殺者数の推移

　警察庁の「自殺統計」によると、我が国の**自殺者数**は、1998年に3万人を超えて以降、14年連続で年間3万人を超える水準で推移していましたが、その後、2006年に自殺対策基本法の制定で対策が講じられたこともあり、10年連続で減少して2019年には2万169万人となりました。しかし、**2020年**の自殺者数は**11年ぶり**に**増加**に転じました。**2022年**は2万1,881人と、**前年比増加**❹となっています。

❶COVID-19の感染拡大の影響が長期化することにより、孤独・孤立がより一層深刻な問題となっていることを受けて、政府は内閣官房に**孤独・孤立対策担当室**を立ち上げ、政府一丸となって取り組んできました。

❷「女性支援センター」は、都道府県、市町村に設置している女性の総合施設です。同センターは、**相談対応**に加え、緊急時の**一時保護**も行います。

過 「困難女性支援法」はDV（ドメスティックバイオレンス）や性被害、生活困窮に直面する女性への支援を強化する法律である。（警視庁Ⅰ類2022）○

❸これまでの女性保護事業は、「売春を行う恐れのある女性」への**補導**や**更生**により売春を防ぐことを目的とした、売春防止法に基づき実施されてきました。支援ニーズの多様化に伴い、法制度上も新たな法律が必要との声が上がっていました。

❹2022年中の自殺の原因・動機特定者は19,164人であり、原因・動機は、「**健康問題**」、「**家庭問題**」、「**経済・生活問題**」、「**勤務問題**」の順となっています。

● ヤングケアラー

「ヤングケアラー」とは、法令上の定義はありませんが、本来大人が担うべき**家事**や**家族の世話**などを**日常的**に行っている**18歳未満の子ども**とされています。「ヤングケアラー」は、年齢や成長の度合いに見合わない重い責任や負担を負うことで自身の生活や学業に支障が出るケースがあるとされています。

厚生労働省による全国的な**実態調査❺**では、**世話をしている家族**が「**いる**」と回答したのは、小学校6年生で6.5%、中学2年生で5.7%、全日制高校2年生で4.1%、大学3年生で6.2人となっており、**深刻**な**実態**が**明らか**になりました。

● 障害者差別解消法

障害者差別解消法❻は、障害のある人に**合理的配慮**を行うことなどを通して、共生社会を実現することを目指し、2016年に施行された法律です。これまで合理的配慮の義務付けは、国や地方自治体のみに課されるものでしたが、2021年に同法が改正され、**民間事業主**にも**合理的配慮の提供❼**が**義務付け**られました。

❺2020年に初めて、全国の中学生・高校生を対象とした調査が実施されました。また、2021年には小学生と大学生を対象としたヤングケアラーの実態調査が初めて行われました。

❻障害者差別解消法は、2006年に国連で採択された「障害者権利条約」に実効性を持たせる国内法でもあります。

❼法律で求められている**合理的配慮の提供**とは、障害のある人から、社会の中にあるバリアを取り除くために何らかの対応を必要としている意思が伝えられたときに、負担が重すぎない範囲で対応するということです。

第6章

厚生

Quick Check 想定問題文！

● 2022年に成立した困難女性支援法は、都道府県に対して「女性支援センター」の設置を義務付けている。

○ なお、「女性支援センター」は、相談対応に加え、緊急時の一時保護も行います。

● 警察庁の統計により我が国の自殺者数を見ると、リーマンショック直後より一貫して増加を続けており、2022年には年間3万人を超えている。

× 自殺者数は、近年連続して減少していたものの、2020年に11年ぶりに増加に転じました。2022年の年間の自殺者数は2万1,881人であり、3万人を超えてはいません。

ランク **B**

福祉政策等②
低所得者等への対策

選定理由 & ポイント ▶ 生活保護と子どもの貧困の現状と対策を確認しよう

● 生活保護の現状

厚生労働省「令和5年版厚生労働白書」により、低所得者対策として挙げられる<u>生活保護</u>の現状をみると、**生活保護受給者数**は、1995年を底に増加し、2015年3月に過去最高を記録しましたが、2023年2月には202.3万人となり、<u>ピーク時から約15万人減少</u>しています。

また、厚生労働省「生活保護の被保護者調査」により、世帯類型別の**生活保護受給世帯数**をみると、**高齢者世帯**は高齢化の進展と単身高齢者世帯の増加を背景に**増加傾向**にあり、生活保護受給世帯の約5割を占めています。

● 子どもの貧困

厚生労働省の発表によると、「**子どもの貧困率**」❶は、2021年に11.5%となり、3年前の調査に比べて2.5ポイント改善❷しています。**OECD加盟国の平均12.8%よりも低く**なりました。一方、「子どもがいる現役世帯のうち大人が一人」の**貧困率**は44.5%と前回調査から3.8%改善したものの、依然として**高い水準**にあります。ひとり親家庭の平均所得は、他の世帯と比べて低くなっています。

子どもの貧困に対応するため、2013年に**子どもの貧困対策法**が制定されました。同法は、国に対し「子どもの貧困対策に関する大綱」❸の策定を義務付けたうえで、子どもの貧困対策を総合的に推進するための枠組みづくりを行うことを定めています。

❶「子どもの貧困率」とは、貧困線（中間的な所得の中央値の半分）に満たない家庭で、かつ18歳未満の子どもがいる家庭の割合です。

❷2021年からは、新基準の数値となっており、単純比較はできませんが、改善傾向にあります。

❸都道府県や市町村は、大綱を踏まえて「子どもの貧困対策計画」を策定することが義務となっています。

Quick Check 想定問題文！

● 我が国の生活保護の現状をみると、生活保護受給者数は、2015年以降増加を続けており、2023年2月には過去最高を記録した。

× 生活保護受給者数は、1995年を底に増加傾向が続き、2015年に過去最高を記録したものの、2023年にはピーク時から約15万人減少しています。

ダメ押し！ キーワードリスト 第6章 厚生

⛓ 都道府県別人口

　総務省統計局の調査により2022年10月1日現在の都道府県別の人口を見ると、東京都が1,403万8千人と最も多く、全人口の11.2%を占めています。また、人口増減率を都道府県別に見ると、増加は東京都のみとなっています。東京都は前年の減少から増加に転じています。

⛓ 混合診療

　混合診療とは、診療行為の中に保険診療（医療保険の対象となる診療）と保険外診療（医療保険の対象とならない診療）が混在していることをいいます。通常、保険診療と保険外診療を併用すると、保険診療分も全額が患者負担となります。我が国は、混合診療を原則認めていません。しかし、混合診療は患者の保険外診療の負担が過大となるため、一部の診療に例外的に併用を認める制度が設けられています。

⛓ 医師確保問題

　医療従事者の不足が問題視されています。2018年、地域における医療提供体制を確保するため、改正医療法と改正医師法が成立しました。地域間の医師偏在の解消のため、医師少数地域で勤務した医師を評価する制度が創設されました。

⛓ 認知症大綱

　認知症に関する施策の指針を示す「認知症施策推進大綱」が2019年にまとめられました。認知症になっても地域で生活できる「共生」と、認知症の発症を遅らせる「予防」を「車の両輪」として施策を推進することが掲げられています。

⛓ 子ども・子育て支援法の一部を改正する法律

　「新しい政策パッケージ」（2017年12月閣議決定）の決定に基づく教育の無償化の実施に向けて、2019年、「子ども・子育て支援法の一部を改正する法律」及び「大学等における就学の支援に関する法律」が成立しました。これを受けて、幼児教育・保育の無償化が2019年10月から、高等学校教育の就学支援新制度が2020年4月から実施されています。なお、実施にあたっては、消費税10%への引き上げによる財源が活用されています。

第6章

厚生

🔒 放課後児童健全育成事業（放課後児童クラブ）

放課後児童健全育成事業は、児童福祉法の規定に基づき、**保護者**が労働等により**昼間家庭にいない小学生**に対し、**授業の終了後等**に児童館等を利用して**適切な遊びや生活の場を与えて児童の健全な育成**を図ることを目的としている事業です。2018年に、厚生労働省と文部科学省が共同で策定した「新・放課後総合プラン」では、2023年度末までに計約30万人分の受け皿を整備することが掲げられました。

🔒 児童虐待防止法改正

2019年に改正された**児童虐待防止法**では、**親権者等**によるしつけとしての子どもへの**体罰の禁止**が**明文化**されました。また、親権者に必要な範囲で子どもを戒めることを認めた**民法の懲戒権のあり方**について、施行後３年を目途に**見直し**を**検討**することが示されました。

🔒 ストーカー規制法

2000年に、ストーカー行為に対する罰則や禁止命令等に違反した場合の罰則などを規定した**ストーカー規制法**が制定されました。2021年に同法が改正され、**規制対象の行為**が**拡大**されました。GPS機能（位置情報記録・送信装置）を用いた位置情報の無承諾取得などが対象となりました。

🔒 児童手当制度

児童手当は、国内に住所を保有する中学校修了までの**児童を養育している者に支給**されます。1971年に児童手当法が成立し、1972年に支給が開始されました。１人あたり月額最高１万５千円支給されますが、前年度の所得が一定以上の場合は支給されません。2020年度には、COVID-19の影響を受けて子育て世帯の生活を支援する取組みとして、児童手当を受給する世帯に対して、「令和２年度子育て世帯への臨時特別給付金」が支給されました。

🔒 ベーシックインカム

ベーシックインカムとは、国民の基本的権利として、**市民権を持つ個人**に対して**無条件で与えられる基本所得**であり、個人を単位として現金で定期的に支給されるのが特徴です。近年、実験的に導入する例はありますが、今のところ全面的に採用している国はありません。

予想問題にチャレンジ！

我が国の社会保障等に関する記述として、妥当なのはどれか。

❶　総務省「人口推計」による2022年10月1日現在の日本の総人口は、1億2,494万7千人であり、調査開始以来、一貫して増加してきた人口は、今回、初めて減少となった。

❷　厚生労働省「2021年度国民医療費の概況」によると、2021年度の国民医療費は約45兆円であり、過去最高となっている。

❸　1人の女性が一生の間に平均して何人子どもを出産するかを示す合計特殊出生率は、我が国では2022年に1.26となり、初めて人口を維持するための水準を下回った。

❹　厚生労働省によると、2023年現在の保育所の待機児童は1万人を上回り、5年連続で増加している。年齢区分別に見ると、3歳以上の状況は深刻であり、全体の8割を占めている。

❺　全国の児童相談所で処理した児童虐待相談処理件数は年々増加しており、相談の種別をみると、「身体的虐待」が最も多く、次いで「心理的虐待」となっている。

解説

正解　❷

❶　× 日本の総人口は、引き続き人口減少となり12年連続で減少しています。

❷　○ 2020年度は、COVID-19の影響により前年より減少しましたが、2021年度は再び増加となりました。

❸　× 人口を維持するのに必要な水準である人口置換水準は、日本では2.07～2.08程度です。合計特殊出生率がこの水準を下回るようになったのは1960年代以降のことであり、2021年に初めて下回ったわけではありません。

❹　× 2023年4月現在の保育所待機児童数は2,680人であり、1994年の調査開始以来最少となりました。また、3歳以上ではなく0～2歳の低年齢児が9割を占めています。

❺　× 相談の種別をみると、「心理的虐待」が全体の60％程度を占めており、「身体的虐待」は20％程度となっています。

我が国の社会保障等に関する記述として、妥当なのはどれか。

❶ 2000年に創設された介護保険制度は、高齢化が進む我が国において社会全体で高齢者を介護するための仕組みである。制度導入以来、利用者数は施設サービスを中心に増加している。

❷ 後期高齢者医療制度は、75歳以上の後期高齢者を対象とした医療保険制度である。2021年、医療制度改革関連法が成立し、一定の所得がある後期高齢者の医療費窓口負担が2割から3割に引き上げられることとなった。

❸ 2022年6月、困難を抱える女性の支援を強化する「困難女性支援法」が成立し、包括的な支援を行う「女性支援センター」の設置が都道府県に義務付けられることとなった。

❹ 厚生労働省「令和4年国民生活基礎調査」によると、2021年の「子どもの貧困率」は20％を超えており、前回の調査よりも悪化している。特に「子どもがいる現役世帯のうち大人が一人の貧困率」は高い水準にある。

❺ 2023年5月、孤独・孤立対策推進法が成立し、地方自治体に対策を検討する「孤独・孤立対策地域協議会」の設置が義務付けられた。

解説

正解 ❸

❶ ✕ 介護保険制度の利用者数は、施設サービスではなく在宅サービス（訪問介護、通所介護、短期入所など）を中心に増加しています。

❷ ✕ 一定の所得がある後期高齢者の医療費窓口負担は、2割から3割ではなく1割から2割に引き上げられることとなりました。

❸ ○ 「女性支援センター」は、相談対応や緊急時の一時保護などを行います。

❹ ✕ 2021年の「子どもの貧困率」は11.5％であり、前回の調査よりも改善しています。

❺ ✕ 「孤独・孤立対策地域協議会」設置について地方自治体に課されるのは努力義務にとどまっています。

第7章
労　働

〔試験ごとの重要度〕

国家総合職	国家一般職	国家専門職	裁判所職員	東京都Ⅰ類	特別区Ⅰ類
地方上級	市役所	国立大学法人	警察官	警視庁Ⅰ類	東京消防庁

色が濃い：優先して押さえておこう　　色が薄い：最低でもＡランクは見ておこう

〔攻略ポイント〕最新情報に加え、2〜3年前を確実に！

　　各種の労働政策のなかでも、特に雇用面については、さまざまな対策が講じられています。女性、高齢層、若年層、非正規雇用者への対策のほか、働き方改革等について、その内容をしっかり理解しておきましょう。
　　また、非正規労働者の割合や女性の労働力率などのデータは重要であり、労働経済指標を確実に頭に入れておくことも重要となります。
　　労働政策については、専門科目の社会政策で出題されることもあります。

雇用対策①
女性の雇用

> 選定理由
> &
> ポイント
>
> ## 就業分野における女性の参画状況を確認しよう

● 女性就業者の現状

　総務省「労働力調査」（基本集計）によると、<u>女性の就業率❶</u>はここ数年<u>上昇傾向</u>が続いており、2022年は53.0％となっています。**女性の年齢階級別就業率**は、以前は**M字❷**を描いていましたが、**グラフの形**はM字型から欧米諸国で見られるような**台形**に近づいています。これは、結婚・育児期にも労働力人口であり続ける女性が増加していることを表しています。

　今後さらに取り組むべき課題として、<u>L字カーブ（女性の年齢階級別正規雇用比率）</u>の解消が重要となっています。L字カーブとは、正規雇用比率を年齢階級別にグラフで示したとき、20代後半をピークに、その後は低下していく現象のことをいいます。

❶総務省「労働力調査」における**就業率**とは、**15歳以上の人**に占める就業者の割合です。

❷女性の年齢階級別就業率は、出産期にあたる年代にいったん低下し、育児が落ち着いた時期に再び上昇するという「**M字型**」になることが知られていましたが、近年**M字の底**は**浅く**なっています。

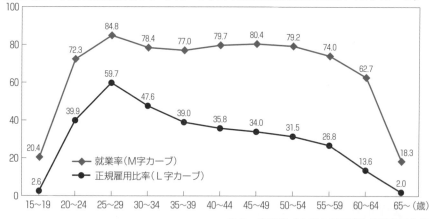

(%) 女性の年齢階級別就業率（M字カーブ）と年齢階級別正規雇用比率（L字カーブ）

就業率(M字カーブ)：20.4　72.3　84.8　78.4　77.0　79.7　80.4　79.2　74.0　62.7　18.3

正規雇用比率(L字カーブ)：2.6　39.9　59.7　47.6　39.0　35.8　34.0　31.5　26.8　13.6　2.0

15～19　20～24　25～29　30～34　35～39　40～44　45～49　50～54　55～59　60～64　65～（歳）

出典：内閣府「令和5年版男女共同参画白書」

● 男女雇用機会均等法

　2016年3月、妊娠・出産・育児休業・介護休業をしながら継続就業をしようとする男女労働者の就業環境を整備するため、**男女雇用機会均等法❸**が**改正**されました。妊娠・

❸男女雇用機会均等法は、雇用の各場面（募集・採用・配置・昇進・教育訓練・福利厚生・定年・退職・解雇）における男女の**均等な機会・待遇の確保**を定めています。

出産・育児休業・介護休業等を理由とする、上司・同僚による就業行為を害する行為（**マタニティ・ハラスメント**等）を**防止**するため、雇用管理上の必要な**措置**が**事業主**に**義務**付けられました。また、2019年に**同法が改正**され、今までの職場でのハラスメント防止対策の措置に加えて、労働者がハラスメントに関して相談したこと等を理由とする**不利益扱いが禁止**されることとなりました。

● 男女共同参画社会

1999年6月に施行された男女共同参画社会基本法には、同法に基づいて**男女共同参画基本計画**を**策定**することが定められています。2020年12月、第5次男女共同参画基本計画が閣議決定され、2020年代の可能な限り早期に**指導的地位**に**女性**が占める**割合**を**30%**とする目標が掲げられました。

● 雇用等における男女共同参画の現状

内閣府「令和5年版男女共同参画白書」によると、就業者に占める女性の割合は、2022年中は45.0%であり、諸外国と比較して大きく差はありません。一方、管理的職業従事者に占める女性割合は、諸外国ではおおむね30%以上となっているのに対して、日本は2022年には12.9%❹となっており、諸外国と比べて低い水準となっています。

また、常用労働者100人以上を雇用する企業の労働者のうち役職に占める女性割合を役職別に見ると、上位の役職ほど女性の割合が低くなっています❺。

❹政府が目指す「**30%以上**」には依然**遠い**数値となっています。

❺2022年は、係長級24.1%、課長級13.9%、部長級8.2%となっています。

Quick Check 想定問題文！

● 女性の就業率をみると、結婚・出産に伴う離職を示すいわゆるM字カーブは、以前と比べて25〜29歳、30〜34歳、35〜39歳の女性の就業率が上昇したことにより台形に近づき、M字カーブ問題は解消に向かっている。

　○ 近年、育児期にも就業を継続する女性が増加する傾向にあります。

● 2020年12月に策定された第5次男女共同参画基本計画において、2020年代の可能な限り早期に指導的地位を占める女性割合が50%以上になるよう目指して取組を進めることが掲げられた。総務省「労働力調査」により、2022年における管理的職業従事者に占める女性割合を見ると、30%台となっている。

　× 基本計画では、指導的地位に占める女性割合が30%になるよう目指すことが掲げられました。2022年の管理的職業従事者に占める女性割合は12.9%です。

雇用対策②

高齢者の雇用対策

選定理由
&
ポイント

70歳までの高年齢者就業確保措置について
理解しよう

● 高齢者の労働力率

　内閣府「令和5年版高齢社会白書」により、2022年の<u>高齢者の労働力人口比率</u>（人口に占める労働力人口の割合）をみると、65～69歳では52.0%、70～74歳では33.9%となっており、いずれも<u>長期的</u>にみれば<u>上昇傾向</u>となっています。

● 70歳までの高年齢者就業確保措置

　急速な高齢化の進展のもとで、経済社会の活力を維持するためには、できるだけ多くの高齢者が経済社会の担い手として活躍していくことが重要となります。そのためには、意欲と能力のある限り、年齢にかかわりなく働くことができる社会を実現することが重要となります。

　2020年3月、<u>高年齢者雇用安定法</u>が一部<u>改正</u>されました。今回の改正では、個々の労働者の多様な特性やニーズを踏まえ、<u>70歳までの就業機会</u>の<u>確保</u>について、<u>多様な選択肢</u>を<u>法制度上整え</u>、事業主としていずれかの措置を制度化する努力義務が設けられています。

❶定年年齢を65歳以上70歳未満に定めている事業主等は、①～⑤のいずれかの措置を講ずるよう努める必要があります。

❷雇用している高齢者を、本人が希望すれば定年後も引き続いて雇用する、「再雇用制度」などをいいます。

改正の内容

現行		新設
高年齢者雇用確保措置 （**65歳まで義務**） ①定年引上げ ②継続雇用制度の導入 ③定年廃止	+	高年齢者就業確保措置（**70歳まで努力義務**）❶ 　　　　　※雇用以外の措置は労使の同意を得て導入 ①定年引上げ ②継続雇用制度の導入❷ ③定年廃止 ④継続的に業務委託契約をする制度の導入 ⑤継続的に社会貢献事業に従事できる制度の導入

Quick Check 想定問題文！

● 高齢者の雇用については、2020年に高年齢者雇用安定法が改正され、70歳までの就業確保のため、定年の引上げ、継続雇用制度の導入、定年の定めの廃止などが企業に義務化された。

　× 70歳までの高年齢者就業確保措置は義務化されたわけではなく、企業の努力義務とされました。

B

非正規雇用労働者対策

選定理由
&
ポイント
非正規雇用労働者割合の理解は重要

● 非正規雇用労働者の現状

総務省「労働力調査」によると、2022年平均の**正規の雇用労働者数**は3,597万人と前年比**増加**となりました。また、**非正規雇用労働者数❶**は、2,101万人と**3年ぶりの増加❷**となりました。また、**雇用者（役員除く）に占める非正規雇用労働者の割合**は、近年は**4割弱**で推移しており、2022年は36.9%となりました。

● パートタイム労働法

日本の雇用者総数に占める**パートタイム労働者❸**の割合が**高まる傾向**にあります。このような状況を背景として、1993年に**パートタイム労働法**（「**短時間労働者の雇用管理の改善等に関する法律**」）が**制定**されました。同法は、2007年に改正され、「通常の労働者と同視すべき労働者」❹について、短時間労働者であることを理由とした、賃金の改定、教育訓練の実施、福利厚生施設の利用その他の待遇についての差別的な取扱いが禁止されました。

さらに、2018年に**働き方改革関連法**が成立し、**有期雇用労働者❺**が法の対象に含められることになりました。これに伴い同法の名称が「**短時間労働者及び有期雇用労働者の雇用管理の改善に関する法律**」に**変更**されました。法改正に伴い、有期雇用労働者に対しても、待遇について**差別的扱いが禁止**されるなど、事業主に対して同法に沿った対応が求められるようになりました。

❶非正規雇用の労働者は、パートタイム労働者、有期雇用労働者、派遣労働者などを指します。

❷非正規雇用労働者数は、COVID-19感染拡大の影響もあり、**2年連続の減少**となっていました。

❸「**パートタイム労働者**」とは、常用労働者のうち、フルタイムの労働者より1日の所定労働時間が短いか、所定労働日数が少ない者をいいます。

❹「**通常の労働者と同視すべき労働者**」とは、①職務内容が通常労働者と同じ、②人材活用が通常の労働者と同じ、の2条件を満たす者となります。

❺「**有期雇用労働者**」とは、事業主と期間の定めのある労働契約を締結している労働者をいいます。

第7章

労

働

Quick Check 想定問題文！

● 総務省「労働力調査」によると、派遣労働者を含む非正規雇用労働者の雇用者（役員を除く）に占める割合は近年増加傾向にあり、2022年には50%を超えた。

× 非正規雇用労働者比率は4割弱で、4割を超えたことはありません。

129

雇用対策④
若年層の雇用対策

選定理由
&
ポイント
雇用について若年層が置かれている状況を
確認しよう

● フリーター等の現状

　総務省統計局「労働力調査」によると、いわゆる「**フリーター**」（パート・アルバイトおよびその希望者）の数（15〜34歳）は、2022年平均で132万人と**前年比減少**となりました。

　「**ニート**」に近い概念とされる**若年無業者**の数(15〜34歳)を見ると、2022年平均は57万人と**前年比減少**となりました。同様の定義で「中年無業者」を集計すると、35〜44歳層は近年、40万人台で推移していましたが、2019年に40万人を下回り、2022年平均は36万人と、前年と同数となりました。

● 若年層の就職率

　厚生労働省・文部科学省の調査によると、2023年3月卒業者の4月1日時点の<u>就職率</u>（就職希望者に占める就職者の割合）を見ると、**大学生**❶については97.3%で、前年比上昇となりました。高校生については、98%で、前年比上昇となりました。

● 若年層の離職率

　学卒者の<u>離職状況</u>を見ると、2019年3月卒業者の**就職後3年以内の離職率**は、**中学校卒業者**では就職者全体の**57.8%**、**高校卒業者**では**35.9%**、大学卒業者では**31.5%**となっています。学卒者の就職後3年以内の離職率は、2013年3月卒からは**概ね横ばい**で推移しています。

❶未就職のまま卒業した者等に対しては、学校等と「**新卒ハローワーク**」が連携し、支援を続けていくことが示されています。

Quick Check 想定問題文！

● 15〜34歳の「フリーター」（パート・アルバイトおよびその希望者）の数は、2022年平均で200万人を超えており、2014年以降増加を続けている。

　× 「フリーター」の数は近年減少傾向にあります。

雇用対策⑤
外国人労働者

選定理由 & ポイント　新たな在留資格である
特定技能1号と特定技能2号の違いを確認しよう

● 外国人労働者の受け入れ拡大

2018年に「入管法」（出入国管理及び難民認定法）が改正され、外国人労働者の受入れが大幅に拡大することになりました。国内の深刻な人手不足を背景に、特定技能1号、特定技能2号の在留資格が創設されました。

特定技能という在留資格は、これまで認められていなかった建設業、製造業、飲食業などの現場作業となる職種についても、一定の専門性、技能を有していると認められた場合に就労が認められます。特定技能1号と2号の違いは次のとおりで、特定技能2号のほうがより高い日本語能力や熟練した技能を求められる在留資格です。

❶介護業、建設業、農業、外食業、造船・舶用工業など14産業を指します。

❷建設、造船・舶用工業の2産業を指します。

第7章

労働

	特定技能1号❶	特定技能2号❷
概要	不足する人材の確保を図るべき産業上の分野に属する**相当程度の知識または経験を必要とする技能**を要する業務に従事する外国人向けの在留資格	同分野に属する**熟練した技能**を要する業務に従事する外国人向けの在留資格
在留期間	**上限5年まで**（更新不可）	**上限なし**
技能水準	試験等で確認	試験等で確認
家族の帯同	原則的に**認めない**	要件を満たせば**可能**
受入れ機関等の支援	対象内	対象外

Quick Check 想定問題文！

● 外国人材を幅広く受け入れていく仕組みを構築する必要があるため、新たな在留資格として特定技能1号と2号が創設された。このうち特定技能2号は在留期間が上限5年までとなっている。

× 特定技能2号には上限が設けられていません。

ランク **A**

働き方改革①
柔軟な働き方

選定理由 & ポイント ▶ 多様な働き方が進む現状を確認しよう

● テレワークの推進

　テレワーク❶とは、ICTを利用することにより、時間や場所を有効に活用することのできる働き方のことです。総務省「令和5年版情報通信白書」により、企業のテレワーク導入状況をみると、2020年のCOVID-19の感染拡大後、広く利用されることとなり、2022年の企業におけるテレワーク導入率は50%を超えています。

　厚生労働省は、適切な労働管理下における良質なテレワークの導入、実施を進めていくことができるよう、「テレワークの適切な導入及び実施の推進のためのガイドライン」を策定しています。

● フリーランス新法

　2023年4月、フリーランス新法❷が成立しました。同法は、近年の働き方の多様化の進展に鑑み、個人が事業者として受託した業務に安定的に従事することができる環境を整備❸することを目的としています。

　同法では、「特定受託事業者」❹に対し事業委託をした場合は、給付内容・報酬額等の書面・電磁的方法での明示が義務化されています。また、業務委託をする事業者（特定業務委託事業者）に対して、「特定受託事業者」の給付を受領した日から60日以内に報酬を支払うことも義務付けられています。命令違反及び検査拒否❺の特定業務委託事業者等に対し、50万円以下の罰金規定が設けられています。

❶テレワークは多様な働き方を実現するとともに、災害や感染症の発症時における業務継続性を確保するために有効であるとされています。

❷法律の正式な名称は、「特定受託事業者にかかる取引の適正化に関する法律」です。

❸フリーランスは、個人で事業を行う者であるため原則として雇用される働き方ではなく、労働基準法などの労働関係法令が適用されない場合があります。

❹フリーランス新法は、業務委託の相手であって従業員を使用しない者を「特定受託事業者」と位置付けています。

❺公正取引委員会、中小企業庁長官又は厚生労働大臣は、特定業務委託事業者（会社等）に対し、違反行為について助言、指導、報告徴収・立入検査、勧告、公表、命令をすることができます。

Quick Check 想定問題文！

● 　2023年に成立したフリーランス新法は、非正規雇用者が安定的に業務に従事できる環境を整備することを目的としている。

　　✕ 　非正規雇用者ではなく、個人が事業者として受託した業務に安定的に従事することができる環境を整備することを目的としています。

働き方改革

「残業規制」や「同一労働同一賃金」などの
重要政策を確認しよう

● 働き方改革の概要

2018年6月、「働き方改革関連法」❶が成立し、2019年4月1日から順次施行されています。この法律は、次の3つを柱としています。

①働き方改革の総合的かつ継続的な推進
②長時間労働の是正と多様で柔軟な働き方の実現等
③雇用形態にかかわらない公正な待遇の確保

● 働き方改革関連法

時間外労働上限規制	月45時間以内・年360時間以内❷
年次有給休暇取得の義務化	年間10日以上の年次有給休暇を付与される労働者に対し、年5日以上の有給休暇を取得させる❸
高度プロフェッショナル制度の導入	職務の範囲が明確で一定の年収要件を満たす労働者❹が、労働時間・休日・深夜の割増賃金などの規定の適用を除外される
勤務間インターバル制度の努力義務化	労働者の終業時刻と翌日の始業時刻の間に一定時間インターバル❺を設ける制度で、努力義務あり、罰則なし
非正規雇用者の待遇改善	非正規労働者の待遇改善のため、「同一労働同一賃金」、「説明義務の強化」、「行政ADR❻の整備」の規定を設ける

❶法律の正式な名称は、「働き方改革を推進するための関連法律の整備に関する法律」です。

❷時間外労働の上限に違反した場合、雇用主に罰則が科されます。

❸労働者の希望を踏まえて、取得の時季を指定します。規定に違反した場合、雇用主に罰則が科されます。

❹アナリスト、コンサルタント、研究職など高度な専門職の労働者を想定した制度となります。勤務時間の規定に縛られない柔軟な労働環境の確保を目的としています。

❺労働者のワーク・ライフバランスに配慮した制度です。制度の導入企業割合は、2021年で4.6%となっています。

❻裁判外紛争解決手続（ADR）は、事業主と労働者との間の紛争を、裁判をせずに解決する手続きのことです。

Quick Check 想定問題文！

● 勤務間インターバル制度は、労働者に勤務の間の休息を取らせることを目的としたものであり、これに違反した事業者には罰則が科される。

× 勤務間インターバル制度は努力義務にとどまっており、罰則はありません。

ランク C

労働環境の整備①

雇用保険制度

選定理由 & ポイント ▷ 雇用保険財政の現状を確認しよう

● 雇用保険制度の概要

　雇用保険制度は、被用者が**失業**した場合、**雇用の継続が困難**な場合、職業における**教育訓練**を受ける場合等に**失業等給付**を**支給**するものです。また、併せて、**職業安定**を目的とする**雇用安定事業❶**、労働者の能力の**開発**や**向上**を目的とする**能力開発事業**の**雇用二事業**も行われています。

● 雇用保険法の改正

　雇用保険料率は、雇用保険財政に余裕があったコロナ禍前には暫定的に引き下げられていましたが、2020年に**COVID-19**の**感染拡大**により**雇用調整助成金❷**の支出が**急拡大**したことから、**財政状況**が急激に**悪化**しました。このため2022年３月、雇用保険法が改正され、保険料率が**引き上げ**られました。

　また、求職者給付の国庫負担について、雇用情勢が悪化した場合に備え、別途国庫から繰入れが可能な仕組みが導入されることとなりました。

● 改正職業安定法

　職業安定法とは、求人等に関して必要なルールを定めた法律です。近年は、多様な求人情報提供サービスが出現しており、職業安定法の規定に当てはまらないケースが増加していました。2022年、**改正職業安定法**が**成立**して「募集情報等提供事業者」の定義が拡大し、**インターネット上で求人情報を提供するメディア等を対象**とした**規制**などが**新たに導入**されました。

❶雇用安定事業では事業主に対する助成金として、失業予防に努める事業主を支援する雇用調整助成金などが設けられています。

❷**雇用調整助成金**とは、雇用の維持を図る事業主を支援する制度です。事業活動の縮小を余儀なくされた事業主が、労働者に対して一時的休業等を行い、労働者の雇用の維持を図った場合、労働者に支給された**休業手当の一部**を**援助**する制度です。

過 雇用調整助成金は、景気の変動等の経済上の理由によって事業活動の縮小を余儀なくされた事業主が一時的に休業等を行って労働者の雇用の維持を図る場合に、休業手当などの一部を助成するものである。2020年には、新型コロナウイルス感染症の影響に伴い、事業活動が縮小した事業主を対象に支給要件の緩和や支給対象の拡大など、随時、特例措置の拡充が行われた。（国家専門職2021）○

Quick Check 想定問題文！

● 新型コロナウイルス感染症の感染拡大による雇用情勢悪化を受けて、被用者救済の観点から2022年３月に雇用保険の保険料率が引き下げられた。

× コロナ禍のもとで悪化した雇用保険財政を立て直すため、保険料率が引き上げられました。

育児・介護休業法

選定理由＆ポイント　男性の育児休業取得を促すための施策の内容を理解しよう

● 育児・介護休業法

　子育てしている男女の働きやすい環境整備を行うため、1991年に育児休業法が制定され、1995年に<u>育児・介護休業法</u>へと改正されました。同法は、<u>男女労働者ともに育児・介護のための休業を取得</u>できる制度❶の導入を企業に義務付けています。2022年度の**育児休業取得率**は、男性❷17.13%❸（前年比上昇）で過去最高、女性80.2%（**前年比低下**）となっています。

● 改正育児・介護休業法

　2021年、<u>改正育児・介護休業法</u>が<u>成立</u>しました。<u>男性</u>の<u>育児休業取得</u>を<u>促す</u>ための改革が盛り込まれています。

男性の取得促進❹	・子の**出生後8週間以内**に**4週間**まで**取得**することができる制度を創設 ※現行制度とは別に取得可能 ・分割して取得できる回数は**2回**とする
環境整備	・育児休業を取得しやすい環境整備及び**妊娠・出産の申出**をした**労働者**に対する個別の周知・意向確認の措置を**義務付け**
分割取得	・育児休業について、**分割して2回**まで**取得**することを可能とする
公表義務付け	・常時雇用する労働者数が1,000人超の事業主に対し、**育児休業取得状況**について**公表**を**義務付ける**

❶出産・育児等による**労働者の離職を防ぎ**、男女とも仕事と育児の両立ができるようにすることを目的としています。

❷政府の「こども未来戦略方針」では、男性の育児休業取得率の政府目標を、2025年度に**50%**、2030年度に**85%**としています。

❸厚生労働省「雇用均等調査」による1996年度の育児休業取得率は、男性0.12%、女性49.1%でした。

❹男性は、子どもの生後**8週間**以内に最大**4週間**まで育児休業を取得できる制度が創設され、最大**4回**まで分割して休めることとなります。

過「改正育児・介護休業法」では、男性の育児休業取得を促すため、「出生児育児休業」（男性版産休）が新設され、<u>子供が生まれてから6週間以内に最大2週間の休み</u>を取得することができる。（警視庁Ⅰ類2021）✕

第7章 労働

Quick Check 想定問題文！

● 厚生労働省の「雇用均等基本調査」によると、女性の育児休業取得率は、近年50%台で推移しており、2021年には、女性の育児休業取得促進を目的として育児・介護休業法が改正された。

✕　女性の育児休業取得率は、近年80%台で推移しており、2021年には、男性の育児休業取得促進を目的として育児・介護休業法の改正が行われました。

ランク **B**

労働環境の整備③
労働災害

選定理由
＆
ポイント ▷ **過労死等の現状と防止対策について理解しよう**

● 労働災害の現状

　厚生労働省「令和４年労働災害発生状況」によると、**労働災害**による**死亡者数**と休業４日以上の**死傷者数**は、**長期的には減少傾向**にあります。厚生労働省の発表によると、2022年のCOVID-19への罹患によるものを除いた❶**労働災害**による**死亡者数**は、774人と**過去最少**となりました。**休業４日以上**の**死傷者数**は、132,355人と**過去20年**で**最多**❷となりました。

● 過労死等の現状

　国は、過労死等防止対策に取り組んでいます。長時間労働や仕事によるストレスなどを原因とする**脳・心臓疾患**、**自殺**は、「**過労死**」や「**過労自殺**」とも呼ばれ、社会問題となっています。仕事が主な原因で発症した脳・心臓疾患や仕事によるストレスが関係した精神障害については、業務上疾患として認められます。

　厚生労働省「令和５年版過労死等防止対策白書」により、過労死等の労災の補償状況をみると、**脳・心臓疾患**の**労災支給決定件数**❸は、近年は**減少傾向**にあったものの、2022年度は前年比増加となっています。業務における強い心理的負荷による**精神障害**を発症したとする**労災支給決定件数**❹は、**増加傾向**❺にあり、2022年度も前年比増加となりました。

❶COVID-19への罹患による労働災害による死亡者数は17人（前年比減）、死傷者数は155,989人（前年比増）となっています。

❷死亡者数は減少している一方、転倒などで負傷する者が増加しています。転倒による労働災害の増加の原因の１つとして、高年齢労働者の増加が挙げられています。

❸業種別にみると、脳・心臓疾患の労災支給決定件数は「運輸業、郵便業」が最多となっています。

❹業種別にみると、精神障害の労災支給決定件数は「医療、福祉」が最多となっています。

❺労災の補償状況を中長期的にみると、脳・心臓疾患は減少傾向、精神障害は増加傾向となっています。

Quick Check 想定問題文！

● 　過労死等の労災の補償状況をみると、業務における強い心理的負荷により精神障害を発病したとする労災支給決定件数は、国の過労死防止対策によって減少する傾向にある。

✕ 　精神障害の労災請求件数は増加傾向にあり、2021年度は前年比増加となっています。

労働環境の整備④
労使関係

選定理由 & ポイント ▶ 職場のハラスメント対策について理解しよう

● 労使関係の動向

労働組合の推定組織率❶は低下傾向で推移❷しています。2003年以降20％を割り込み、**2022年**は**戦後最低**の**16.5％**となりました。近年はパートタイム労働者の組織化が進んできており、2022年の推定組織率は8.5％となっています。

● 春闘賃上げ率

厚生労働省の「令和5年民間主要企業春季賃上げ要求・妥結状況」では、**2023年**の現行ベース（交渉前の平均賃金）に対する賃上げ率❸は3.60％と、物価高騰や企業の人材不足などの影響を受けて、前年に比べ1.40ポイント上昇しました。3％を超えるのは1994年以来およそ**30年ぶり**となります。

● 職場におけるハラスメント対策

2019年に労働施策総合推進法が改正され、パワー・ハラスメント防止❹のための措置が事業主に義務付けられました。同法は、**パワー・ハラスメントを初めて法的に定義**しました。事業主に対して、**パワー・ハラスメント防止**のための**雇用管理上の措置義務**（相談体制の設置等）を**新設**し、**相談したことなどを理由とする解雇等の不利益な取り扱い**を**禁止**することなどを定めています。罰則規定は設けられていません。

❶推定組織率とは、雇用者に占める労働組合員の割合です。

❷推定組織率は、1949年の55.8％をピークに減少に転じ、高度成長期には35％前後で推移したものの、その後は低下傾向で推移しています。

❸賃上げ率は、定期昇給と基本給を底上げするベースアップなどを含みます。

❹職場におけるハラスメントのうち、セクシャル・ハラスメントは男女雇用機会均等法、マタニティ・ハラスメントは育児・介護休業法、パワー・ハラスメントは労働施策総合推進法にて、ハラスメントの防止措置が事業主に義務付けられています。

第7章

労働

Quick Check 想定問題文！

● 働きやすい環境を実現するため、2019年、男女雇用機会均等法の改正により、事業主に職場におけるパワー・ハラスメント防止措置を講じることが義務付けられた。

× 男女雇用機会均等法ではなく労働施策総合推進法が改正され、事業主はパワー・ハラスメントの防止措置を講じることが義務付けられました。

ダメ押し！ キーワードリスト 第7章 労働

🔑 女性活躍推進法

　2015年に成立した女性活躍推進法は、**女性の個性**と**能力**が**十分に発揮できる社会を実現するため国・地方自治体、一般事業主**（民間事業主）が**果たすべき責務**等を**定めた法律**です。国・地方自治体・一定規模以上の大企業に、数値目標を盛り込んだ「一般事業主行動計画」の策定・届出・周知・公表、自社の女性の活躍に関する情報の公表が義務付けられました。2022年4月より、「一般事業主行動計画」の策定・周知・公表や情報公開の義務の対象範囲が、常時雇用する労働酢者数が301人以上の事業主から101人以上の事業主まで拡大されました。

🔑 就職氷河期プログラム

　いわゆる就職氷河期世代は、30代後半から50代前半の年齢の人達を指します。就職氷河期は1993年から10年程度と考えられ、雇用環境が厳しい時期に就職活動を行った世代です。この世代には希望する就職ができず、現在も不本意ながら不安定な仕事に就いているなど、様々な課題に直面している者がいます。

　2019年、政府は「**就職氷河期世代**」が**安定した仕事に就くための支援策**を掲げた「**就職氷河期プログラム**」を公表しました。同プログラムは、就職氷河期世代の正規雇用者を30万人増やすことなどを目指し、2020年度から3年間を集中的な支援期間としています。

🔑 フレックスタイム制

　フレックスタイム制（労働基準法32条の3）は、**労働者**が日々の**始業・終業時刻、労働時間**を**決める**ことによって、生活と業務の調和を図りながら効率的に働くことができる制度です。2018年の改正により、労働時間の調整を行うことができる期間が従来の1か月から3か月に変更されました。これによってより柔軟な働き方の選択が可能となりました。

🔑 長時間労働の現状

　総務省「労働力調査」により雇用者の月末1週間の就業時間別の雇用者の割合の推移をみると、1週間の就業時間が60時間以上である者の割合は、最近では2000年・2004年をピークに減少傾向にあります。性別・年齢別には、30歳代男性、40歳代男性で週60時間以上就業している者の割合が高くなっています。

⛓ 年次有給休暇取得率

年次有給休暇の取得率は、2000年以降、50％をやや下回る水準で推移してきましたが、2017年以降は50％を上回って推移しています。2019年から年5日以上の取得が義務付けられたこともあり、2021年には過去最高の58.3％となっています。政府は、2025年までに年次有給休暇取得率を70％以上にすることを目標としています。

⛓ 外国人雇用状況

外国人雇用状況の届出制度は、法律に基づき、すべての事業主に外国人の雇入れ・離職時について、氏名や在留資格、在留期間などを確認し、厚生労働大臣へ届け出ることを義務付けています。2022年10月末の届出状況をみると、外国人労働者数は約182万人で、過去最高を更新しました。

⛓ 過労死等防止対策推進法

過労死・過労自殺を防ぐことを目的として、「過労死等防止対策推進法」が2014年に制定されました。同法は、「過労死」という言葉を初めて用いた法律であり、国の責務で防止策を進めるとの理念を明確にしています。また、過労死等防止のための対策の推進について、国に対し対策の推進を義務付ける一方、地方公共団体と事業主は努力義務にとどまり、労働時間の上限規制や、それに違反した場合の罰則も規定されていません。

⛓ 61年ぶりのストライキ実施

2023年8月、大手百貨店で労働組合のストライキが実施され、全館で営業が休止されました。大手百貨店でストライキが実施されるのは、61年ぶりとなります。

女性の労働に関する記述として、妥当なのはどれか。

❶ 男女共同参画基本計画（第5次）では、指導的地位にある人々の性別に偏りが生じない社会を目指しており、指導的地位に占める女性割合が50％になることを目指して取組みを進めることが掲げられている。

❷ 総務省「労働力調査（基本集計）」によると、女性の就業率（15歳以上人口に占める就業者の割合）は、ここ数年低下傾向にあり、2022年には50％を下回った。

❸ 男女労働者の就業環境を整備するため、男女雇用機会均等法では、パワー・ハラスメント防止のための措置が事業主に義務付けられている。

❹ 内閣府「男女共同参画白書」によると、常用労働者100人以上を雇用する企業の労働者のうち役職者に占める女性割合を役職別にみると、上位の役職ほど女性割合が低くなっている。

❺ 「L字カーブ」とは、女性の正規雇用比率を年齢階級別に見たグラフのことであり、30～39歳をピークに女性の正社員比率が低下していくことが示される。

解説

正解 ❹

❶ × 男女共同参画基本計画（第5次）では、指導的地位に占める女性割合が30％になることを目指して取組みを進めることが掲げられています。

❷ × 女性の就業率はここ数年上昇傾向が続き、2022年には50％を上回っています。

❸ × 男女雇用機会均等法では、マタニティ・ハラスメント等を防止するための措置が事業主に義務付けられています。

❹ ○ 2022年は、係長級24.1％、課長級13.9％、部長級8.2％となっています。

❺ × 女性の年齢階級別正規雇用比率は、25～29歳をピークに低下していきます。

予想問題にチャレンジ！

我が国の労働をめぐる動向に関する記述として、妥当なのはどれか。

❶ 総務省「労働力調査」によると、非正規雇用労働者は2010年以降増加が続いており、2022年には3,000万人を超えている。

❷ 職場におけるパワー・ハラスメントについては、適正な業務指導との区別が曖昧であることから、事業主が防止措置を講じることを義務付ける旨は、いまだ法律では定められていない。

❸ テレワークとは、情報通信技術を活用した、場所と時間に囚われない柔軟な働き方であり、2020年には、感染症の拡大を防止するため、出勤抑制手段として広く利用されるようになり、2021年の企業の導入率は約70％となっている。

❹ 2018年に働き方改革関連法が成立し、事業主は、原則として10日以上の年次有給休暇が付与される労働者に対し、年５日の有給休暇を時季を指定して与えなければならないと規定された。

❺ 厚生労働省「令和４年度雇用均等基本調査」によると、2022年度の男性の育児休業取得率は30％を超えており、過去最高となった。

第7章

労働

解説

正解 ❹

❶ ✕ 非正規雇用労働者は2010年以降増加が続いていましたが、COVID-19の感染拡大の影響もあり、2020年、2021年は減少していました。2022年には増加に転じており、2,101万人となっています。

❷ ✕ 2019年に労働施策総合推進法が改正され、事業主に対して職場におけるパワー・ハラスメントを防止する措置を講じることが義務付けられています。

❸ ✕ 総務省「令和５年版情報通信白書」によると、2022年の企業におけるテレワークの導入率は、50％を超えています。選択肢の記述にある70％には届かないものの、導入率は上昇傾向にあります。

❹ 〇 なお、年次有給休暇の取得率は、2021年には過去最高の58.3％となっていますが、政府は、2025年までに年次有給休暇取得率を70％以上にすることを目標としています。

❺ ✕ 2022年の男性の育児休業取得率は、17.13％で過去最高となったものの、記述にある30％超の水準には達していません。女性の育児休業取得率は80％を超えており、男女差を解消することが課題となっています。

第8章
文化・教育

〔試験ごとの重要度〕

国家 総合職	国家 一般職	国家 専門職	裁判所 職員	東京都 Ⅰ類	特別区 Ⅰ類
地方上級	市役所	国立大学 法人	警察官	警視庁 Ⅰ類	東京 消防庁

色が濃い：優先して押さえておこう　　色が薄い：最低でもAランクは見ておこう

〔攻略ポイント〕出そうなテーマに絞って用語をチェック！

　近年、教育面における見直しが多く行われています。新制度や制度改正の内容を理解しておくことが重要となります。

　これらのように、注目を集める事柄については、公務員試験において出題される可能性が高く、内容を確認しておく必要があります。

文化①
世界遺産

選定理由 & ポイント　世界遺産の登録状況を確認しよう

● 世界遺産条約

　世界的に重要な自然・文化遺産を保護するため、1972年に国連の専門機関である**国連教育科学文化機関（ユネスコ）**の総会で**世界遺産条約**（「**世界の文化遺産及び自然遺産の保護に関する条約**」）が採択され、日本は1992年に同条約の締結国となりました。<u>世界遺産</u>は、<u>文化遺産</u>、<u>自然遺産</u>、<u>複合遺産</u>からなります。同条約の締結国から選ばれた国々で構成される世界遺産委員会が、締結国から推薦を受けたものの中から、諮問機関である国際記念物遺跡会議（イコモス）の意見を聴いたうえで、世界遺産の登録を決定しています。

　2021年7月、ユネスコの世界遺産委員会は、「**奄美大島、徳之島、沖縄島北部及び西表島**」（鹿児島県・沖縄県）❶を新たに**世界自然遺産**に登録、「**北海道・北東北の縄文遺跡群**」❷（北海道と青森、岩手、秋田の3県）を**世界文化遺産**に登録する❸ことを決めました。

●「世界の記憶」（世界記憶遺産）

　「<u>世界の記憶</u>」は、ユネスコ世界記憶遺産国際諮問委員会によって、人類が長い間記憶して後世に伝える価値があるとされる<u>楽譜・書物</u>などの<u>記憶物を対象</u>に登録されるものです。2023年、平安時代の僧円珍に関する<u>文書群</u>「<u>智証大師円珍関係文書典籍―日本・中国の文化交流史―</u>」が<u>登録</u>❹されました。

❶「奄美大島、徳之島、沖縄島北部及び西表島」は、アマミノクロウサギ、イリオモテヤマネコなど**数多くの固有種**や**稀少生物**が生息しており、**生物多様性が顕著**であることが高く評価されました。

❷「北海道・北東北の縄文遺跡群」は、北海道、青森県、岩手県、秋田県に点在する17の縄文時代の遺跡で構成されています。狩猟や採集・漁などを基盤に人々が定住して集落が発展し、1万年以上続いた生活や精神文化を現代に伝える重要な遺産であり、その価値が認められ登録されています。

❸日本から世界遺産に登録されたものは合計25件で、文化遺産は20件、自然遺産は5件となっています。また、日本から**複合遺産として登録された**ものはありません。

❹日本関連の「世界の記憶」（国際登録）は8件目となります。

Quick Check 想定問題文！

● 　2023年、国連教育科学文化機関（ユネスコ）は、平安時代の僧円珍に関する文書群「智証大師円珍関係文書典籍―日本・中国の文化交流史―」を世界文化遺産に登録することを決定しました。

　× 　世界文化遺産ではなく「世界の記憶」に登録されました。

文化スポーツ政策

文化スポーツ政策について理解しよう

● 文化財保護法の改正

2021年に<u>文化財保護法</u>が<u>改正</u>され、<u>無形文化財</u>❶を文部科学大臣や自治体が<u>登録</u>することができる<u>制度</u>が<u>導入</u>されました。**価値**が**高く保存**や**活用**のために**措置**が**必要な文化財**は、**国**（文部科学大臣）や**自治体**が、**指定または登録**できます。「**指定制度**」は、「**登録制度**」に**比べて**、**規制**が**厳しい**一方で**手厚い保護を受ける**ことができます。「指定制度」を補って、より多くの文化財を守っていこうとするのが「登録制度」です。

以前から有形文化財には「指定制度」と「登録制度」の両方の制度がありましたが、無形文化財は「指定制度」のみで「登録制度」はありませんでした。今回の法改正によって、無形文化財にも「**登録制度**」が**導入**され、**幅広い文化財**を**保護**❷することができるようになりました。

● スポーツ基本計画

2011年に制定されたスポーツ基本法に基づき、**スポーツ基本計画**が策定されています。同計画は、今後の我が国の**スポーツ政策**の具体的な**方向性**を示すものとして、国、地方公共団体及びスポーツ団体等の関係者が一体となって施策を推進するための指針として位置づけられています。2022年には「**第3期スポーツ計画**」が**策定**され、2022年度から2026年度までの5年間で国等が取り組むべき施策や目的等が示されています❸。

❶文化財は、建築物などの**有形文化財**と伝統芸能などの**無形文化財**に区分されています。

❷無形の文化財の保存や活用に対する認識は高まってきていますが、**過疎化**や**少子高齢化**の進行により文化財の継承の**担い手不足**が顕在化しており、無形文化財を幅広く保護していくことの必要性が大きくなっています。

❸同計画では、COVID-19の感染拡大により変化したライフスタイル、2020年東京オリンピック・パラリンピック競技大会の開催などの出来事を通して、改めて確認された、スポーツそのものが有する価値などをさらに高めるための様々な施策が掲げられています。

Quick Check 想定問題文！

● 2021年に文化財保護法が改正され、無形文化財を文部科学大臣や自治体が指定することができる制度が導入されることとなり、より多くの文化財を保護することができるようになった。

× 文化財保護法の改正では、無形文化財を登録することができる制度が導入されました。

児童生徒が学びやすい環境作り

選定理由
&
ポイント ▷ 児童生徒の問題行動等の現状を確認しよう

● 教育職員等による児童生徒性暴力等の防止

2021年5月、教育職員等による児童生徒性暴力等の防止等に関する法律が成立❶、同年6月に公布されました。同法は、児童生徒等の尊厳を保持するため、教育職員等による児童生徒性暴力等の防止等に関する施策を推進し、もって児童生徒等の権利利益の擁護に資することを目的としています。

> ・児童生徒性暴力等の定義❷
> ・児童生徒性暴力等の禁止
> ・児童生徒性暴力等の防止・早期発見・対処に関する措置
> ・児童生徒性暴力等を理由として教員免許状が失効した者(「特定免許状失効者等」)のデータベースの整備等
> ・「特定免許状失効者等」に対する免許状の再授与に関する教員免許法の特例❸

● 児童生徒の問題行動

文部科学省は、「令和4年度児童生徒の問題行動・不登校等生徒指導上の諸問題に関する調査」の結果を公表しました。調査結果によると、小・中学校における不登校児童生徒数は299,048人であり、前年度に比べ22.1%増加❹し、過去最多となりました。在籍児童生徒数に占める不登校児童生徒の割合は3.2%となりました。

また、小・中・高等学校等におけるいじめの認知件数は、681,948件(前年比増加)❺、被害がより深刻な重大事態の件数は923件(前年比増加)であり、いずれも過去最多となりました。

❶文部科学省が実施している調査報告では、2021年度に性暴力等を理由に懲戒処分等を受けた公立小中学校の教員は200人を超えており、このような状況に対し強い法的な措置を講じることができるよう、法律の整備が求められていました。また、これまでは、懲戒処分となり教員免許を失効した教員でも3年後に免許を再取得できていたため、制度の見直しが求められていました。

❷同法では、性交やわいせつ行為、性的羞恥心を害する言動などを「児童生徒性暴力等」と定義し、児童生徒の同意の有無にかかわらず、これらの言動を禁止しています。

❸これまではわいせつ行為などで懲戒免職となり教員免許を失効した場合でも、3年後に免許を再取得できましたが、法施行後は、各都道府県の教育委員会が「再授与審査会」の意見を聴いて判断します。

❹過去5年の傾向として、小学校・中学校ともに不登校児童生徒数及びその割合は増加しています。

● 不登校・いじめ緊急対策パッケージ

　2023年10月、文部科学省は、不登校の児童生徒やいじめの認知件数が過去最多となった結果を受け、**いじめと不登校対策**の「**不登校・いじめ緊急対策パッケージ**」を**公表**しました。不登校・いじめ対策の強化に向けて、１人１台端末を活用した子どものSOS相談窓口の集約などさまざまな取組みが盛り込まれています。主な内容は以下の通りとなります。

不登校 緊急対策	・文部科学省において３月に策定した「**COCOLOプラン**」❻の対策を**前倒し** ・教育支援センターのICT環境整備（オンラインで自宅等から学べるようにする） ・学びの多様化学校設置促進のための全国会議開催、「**学びの多様化学校マイスター**」の**派遣**❼
いじめ 緊急対策	・いじめの**重大事態化**を**防ぐ**ための**早期発見・早期支援**を強化 ・より課題を抱える重点配置校へのスクールカウンセラー・スクールソーシャルワーカーの配置充実 ・「**いじめ調査アドバイザー**」の**活用**等を実施

❺COVID-19の流行が始まった2020年度は全国一斉休校など教育活動が制限されたことにより全校種で大幅な**減少**となりましたが、2021年度はCOVID-19流行前の2019年度並みとなり、2022年度では再び**増加**傾向となりました。

❻2023年３月、不登校の児童生徒すべての学びの場の確保、心の小さなSOSの早期発見、安心して学べる学校づくりなどのため、文部科学省は、「COCOLOプラン」を策定しました。今回は、同プランを前倒し、あわせて、不登校施策に関する情報発信を強化することが掲げられています。

❼学びの多様化学校設置経験者を自治体に派遣し、相談・助言が受けられる制度を創設しました。

第8章

文化・教育

Quick Check 想定問題文！

● 　文部科学省の調査によると、2022年の小・中学校の不登校児童生徒数は約30万人であり、過去最多であった前年よりも減少した。

　× 　2022年の不登校小・中学校の不登校児童生徒数は過去最多となりました。

● 　2023年10月、政府は、児童生徒が安心して学ぶことができる環境を整備するため、「不登校・いじめ緊急対策パッケージ」を公表した。

　○ 　不登校の児童生徒やいじめの認知件数が過去最多となったことを受けて、政府は「不登校・いじめ緊急対策パッケージ」を策定しました。

選定理由
&
ポイント ▶ 学校教育の課題と対策を確認しよう

● 教員免許法改正

2022年5月、教員免許更新制度を廃止するための**教育公務員特例法・教育職員免許法を一部改正する法律**が成立しました。教員免許更新制度は、2007年法改正により、教員の資質確保を目的に2009年から導入された制度です。

教育免許特例法と教育職員免許法の一部を改正する法律が成立したことにより、2022年7月1日の施行日以後は、**普通免許**と**特別免許状**を**有効期間**の**定めがないもの**とし、**更新制**に関する**規定**が**削除❶**されました。2023年4月からは、教員ごとに研修記録を義務付ける**新たな研修制度が開始**されます。新たな研修制度では、校長らが教員の研修履歴を活用し、面談で受講すべき研修を指導助言することで教員の指導力を向上させることを目指しています。

● 教員の働き方改革

公立学校の**義務教育諸学校**における**働き方改革を推進**するため、2019年12月に**改正教員給与特別措置法**（給特法）が**成立**しました。同法には、年単位の「**変形労働時間制❷**」が**教職員**に**条例**により**適用**が**可能**となることが規定されています。年単位の「変形労働時間制」は労働基準法に規定されていますが、教職員は対象外となっていました。しかし、同法の成立により、地方自治体の判断で2021年4月から導入が可能となります。繁忙期の勤務時間の上限を引き上げる代わりに、夏休み中の休日のまとめ取りのように集中して休日を確保することが可能となります。

❶教員免許更新制度は、教員の負担増加や教員不足の要因になっていると指摘されており、文部科学省は、2021年にこれを**廃止**することを決めました。

❷「**変形労働時間制**」とは、一定期間を平均し、1週間当たりの労働時間が法定労働時間を超えない範囲内において、特定の日または週に法定労働時間を超えて労働させることができる制度です。

● 小学校における35人学級の実現

2021年3月、公立小学校の学級編制の標準を40人（第1学年は35人）から35人に引き下げる[3]改正義務教育法（「公立義務教育諸学校の学級編制及び教職員定数の標準に関する法律の一部を改正する法律」）が成立し、同年4月に施行されました。公立小学校の学級編制の標準は、すでに1年生が35人以下となっていますが、同法は、**2年生から6年生**についても40人以下から35人以下に**標準を引き下げる**ものであり、**5年間**かけて**計画的に学級編制の標準を引き下げ**[4]ます。学級編制の標準を計画的に一律に引き下げるのは1980年以来、約40年ぶりのこととなります。

● 大学等への進学率

近年、大学等への進学率（過年度卒を含む）は、上昇傾向で推移しています。令和元年度「学校基本調査」によると、**2022年度の大学・短大進学率**は60.4％と**過去最高**となりました。

[3]政府は、誰一人取り残すことなく、すべての子どもたちの可能性を引き出す「令和の日本型学校教育」の構築に向けて、GIGAスクール構想と35人学級を車の両輪として取り組んでいくことを掲げています。

[4]35人への引き下げは、2021年度からの5年間で1年に1学年ずつ段階的に実施していきます。

第8章 文化・教育

Quick Check 想定問題文！

● 2021年に公立小学校の学級編制の標準を35人から30人に引き下げる改正義務教育法が成立し、今後5年間かけて計画的に学級編制の標準が引き下げられることとなった。

　× 公立小学校の学級編制の標準が40人から35人に引き下げられました。

● 2022年、教育公務員特例法・教育職員免許法を一部改正する法律が成立し、新たに教員免許更新制度が導入された。

　× 2022年に法改正が行われ、教員免許更新制度が廃止されました。

教育③
学校教育の情報化

選定理由
&
ポイント

学校教育の情報化の現状を確認しよう

● GIGAスクール構想の実現に向けて

学校教育の情報化の**推進**を図る「**GIGAスクール構想の実現**」に向けた取り組み❶が推進されています。本事業は、**校内通信ネットワーク整備事業**と、**児童生徒1人1台端末整備事業**の2つの柱からなります。これらの事業を実施する地方公共団体に対し、国が必要な支援等を行っています。**1人1台端末**の利活用は**進展**しつつありますが、地域や学校、教師によって**利活用状況**に**大きく差**が**生じており**、「端末活用の日常化」を全国の学校で浸透させていくことが重要となっています。

●「プログラミング教育」必修化

学習指導要領が改訂❷され、**小学校**では、「**プログラミング教育**」が**必修化**されました。コンピュータに意図した処理を行わせるための論理的思考力「**プログラミング的思考**」などを**育む**ことが**目的**となります。また、**中学校**では、**プログラミング**に関する**内容**を**充実**させるともに、**高等学校**では、必修科目「**情報Ⅰ**」が**新設**され、全ての生徒がプログラミングの他、ネットワークやデータベースの基礎などについて学習します。

❶2019年度にGIGAスクール実現推進本部が設置され、2023年度までに目標を達成する予定でしたが、COVID-19の感染拡大で長期休校となった影響を踏まえて支援が加速し、文部科学省は、2021年3月段階で98.5%の普及率を公表しています。

❷2017年に小・中学校新学習指導要領、2018年に高等学校新学習指導要領の改訂が行われました。

Quick Check 想定問題文！

● 2017年に学習指導要領が改訂され、2020年度より小学校では科目「情報」が新設され、プログラミングの他、ネットワークの基礎などについて学ぶこととなった。

× 科目「情報Ⅰ」が新設されたのは高等学校です。

ランク **B**

教育④
日本語教育

選定理由 & ポイント ▶ 日本語教育の推進に関する取組を確認しよう

2023年5月、日本語教育の適正かつ確実な実施を図るための日本語教育機関の認定等に関する法律が成立し、<u>日本語教育機関の認定制度</u>および<u>登録日本語教員</u>の<u>国家資格</u>が<u>創設</u>されました。同法は、日本語教育の適正かつ確実な実施を図り、日本に居住する外国人が日常生活及び社会生活を国民と共に円滑に営むことができる環境の整備❶に寄与することを目的としています。

・**日本語教育機関の認定制度**
    日本語教育課程を置く教育機関の設置者は、**日本語教育課程を適正かつ確実に実施**することができる**日本語教育機関**である旨の**文部科学大臣認定❷**を受けることができる。
・認定日本語教育機関の教員の資格の創設
    日本語教員試験に合格し、**登録実践研修機関**が実施する実践研修を修了した者は、「登録日本語教員」として**文部科学大臣の登録**を受けることができる。

❶文化庁の資料によると、2019年の国内の日本語学習者は約28万人であり、**過去最高**となっています。このような中、教育の質の確保や学習者等が、日本語教育機関等の正確な情報を得ることなど、日本語教育の環境整備が課題となっています。

❷文部科学大臣は、認定日本語教育機関の情報を、多言語でインターネットの利用者に公表します。

第8章 文化・教育

Quick Check 想定問題文！

● 2023年、日本語教育機関の認定制度が創設され、日本語教育機関のうち一定の要件を満たすものを都道府県知事が認定する制度が創設された。

× 文部科学大臣が認定します。

151

ダメ押し！ キーワードリスト 第8章 文化・教育

On 無形文化遺産

　2023年にユネスコの総会で<u>無形文化遺産条約</u>（「無形文化遺産の保護に関する条約」）が採択されました。**無形文化遺産**は、**伝統的な音楽や舞踊・演劇・祭礼・工芸技術の**ような、**形を伴わない「生きた文化」を対象**としています。2022年11月、ユネスコの政府間委員会は、日本が提案していた盆踊りや念仏踊りなどの民俗芸能「風流踊」を無形文化遺産に登録することを決定しました。

On アイヌ新法

　2019年に成立した**アイヌ新法**は、アイヌ文化振興法（1997年施行）に代わるものであり、法律として初めて北海道などに居住する**アイヌ民族**を「**先住民族**」と**明記**しました。さらに、2020年に一般公開された北海道白老町のアイヌ文化の復興等に係る施設「民族共生象徴空間」を整備することなどについても規定しています。

On スポーツ振興投票法

　2020年、スポーツ振興投票法が改正され、「スポーツ振興投票」の対象競技にバスケットボールが追加されることとなりました。「スポーツ振興投票」とは、競技の勝敗等を予想して投票し、的中すれば当選金を得ることができるというもので、2001年に開始されました。2020年の改正前は、サッカーに対象競技が限定されていました。改正後は、バスケットボールがスポーツくじ（toto、BIG）の対象となります。

On 新学習指導要領の内容

　学習指導要領は、文部科学省が定める教育規定の基準であり、全国どこの学校でも、学習指導要領に基づき教育課程が構成されます。学習指導要領は、社会の変化や子どもたちを取り巻く状況等を踏まえ、約10年ごとに改訂されています。2017年に小・中学校、2018年に高等学校で新学習指導要領が告示されました。<u>新学習指導要領</u>では、<u>外国語教育の充実</u>のため、**小学校**において、**中学年**で「**外国語活動**」、**高学年**で**教科**として「**外国語科**」が**導入**されることとなりました。また、<u>情報活用能力の育成</u>のため、小・中・高等学校を通して、情報教育に関する内容を充実させることが示されました。

⊶ 大学入学共通テスト

　大学入試改革の一環として、大学入試センター試験が廃止され、<u>2021年度試験</u>から「<u>大学入学共通テスト</u>」が<u>実施</u>されました。出題科目は、国語・地理歴史・公民・数学・理科・外国語の6教科30科目で構成されています。2025年に実施される共通テストからは、新学習指導要領に対応した内容に変更されることが決まり、出題科目に新たに「情報」が加わることとなりました。

⊶ 全国学力テスト

　国は、全国的に児童生徒の学力状況を把握する目的で「全国学力・学習状況調査」を小学校6年生と中学校3年生を対象に実施し、結果を公表しています。全国学力テストは2007年度に始まり、2011年度は東日本大震災の影響で実施せず、COVID-19の影響により、2020年度も中止となりました。2023年度は、教科に関する調査（国語、算数・数学、英語（中学のみ））と質問紙調査が4月に実施されました。

⊶ 「令和の日本型学校教育」

　2021年、中央教育審議会（中教審）は、「**令和の日本型学校教育**」の構築を目指して答申を取りまとめました。近年の学校教育では、新学習指導要領の**実施**に向けて、学校における働き方改革、GIGAスクール構想の推進が検討されてきました。答申は、それを踏まえたものとなっています。答申では、2020年代を通じて実現を目指す学校教育「令和の日本型学校教育」の姿として「すべての子どもたちの可能性を引き出す個別最適な学びと、協働的な学びの実現」が提言されました。「**個に応じた指導**」、「**多様な他者との協働**」を一体的に充実させ、子どもの資質・能力を育成することが目指されています。

⊶ 教科担任制

　2022年度より、全国の**公立小学校**の**高学年**に対し、<u>教科担任制</u>が導入されることが決まりました。教科担任制とは、1人の教員が特定の科目を受け持ち、複数のクラスを教える方法であり、中学校や高等学校で基本的に採用されています。2022年度からは、各自治体・学校の実態に合わせて教科担任制が実施されることとなります。優先的に専科指導の対象となる**教科**は、「**外国語**」、「**理科**」、「**算数**」、「**体育**」とされています。

我が国の教育に関する記述として、妥当なのはどれか。

❶ 文部科学省が推進する「GIGAスクール構想」とは、授業を担当する教師全員に1人1台のコンピューター端末を整備する事業と、校内通信ネットワークを整備する事業からなる計画であり、学校教育の情報化の推進を図ることを目的としている。

❷ 近年、大学等への進学率は上昇傾向で推移しており、文部科学省「学校基本調査」によると、2022年度の大学・短大進学率（過年度分を含む）は80％を超えている。

❸ 2021年、児童生徒性暴力防止法が成立し、児童生徒性暴力等を理由として教員免許状が失効した者の免許状の再授与に関する教育免許法の特例等について規定された。

❹ 文部科学省の調査により小・中・高等学校等におけるいじめの認知件数をみると、2020年度以降は減少が続いており、2022年度は前年比減少の68万1,948件で過去最少となっている。

❺ 文部科学省の調査によると、2022年の小中学校のいじめの認知件数は前年に比べ増加しているが、被害がより深刻な重大事態の件数は減少している。

解説　　　　　　　　　　　　　　　　　　　　　　　　　　　　正解 ❸

❶ ✕ 「GIGAスクール構想」は、教師ではなく児童・生徒全員に1人1台のコンピューター端末機器を整備する事業と、校内通信ネットワークを整備する事業を基本としています。

❷ ✕ 2022年度の大学・短期大学進学率（過年度分含む）は、60.4％と過去最高となりましたが、80％を超えるまでには及んでいません。

❸ ◯ 児童生徒性暴力等を理由として教員免許状が失効した者に対し、再交付の可否を判断する「再授与審査」が導入されます。

❹ ✕ 2022年度の小・中・高等学校等におけるいじめの認知件数は前年比増加であり、過去最多となっています。

❺ ✕ 小・中学校のいじめの認知件数と重大事態の件数は、いずれも過去最多となっています。

第9章
科学技術

〔試験ごとの重要度〕

国家 総合職	国家 一般職	国家 専門職	裁判所 職員	東京都 Ⅰ類	特別区 Ⅰ類
地方上級	市役所	国立大学 法人	警察官	警視庁 Ⅰ類	東京 消防庁

色が濃い：優先して押さえておこう　　色が薄い：最低でもAランクは見ておこう

〔攻略ポイント〕出そうなテーマに絞って用語をチェック！

　科学技術に関する問題は、国家公務員や市役所では、頻繁に出題されています。一方で、裁判所職員や国立大学ではあまり出題が見られません。
　出題内容としては、情報通信、宇宙開発などの分野が出題されるケースが多いといえます。用語の意味と近年になってできた法制度の内容をチェックしておきましょう。

日本科学技術政策

選定理由 & ポイント ▷ 科学技術政策に関わる用語の意味を 確認しておこう

● Society 5.0

　日本では、**第4次産業革命❶**によって生じたイノベーションを活用して、**狩猟社会、農耕社会、工業社会、情報社会**に続く、人類史上5番目の新たな社会であるSociety 5.0を実現することが政策目標として掲げられています。

　政府の計画では、Society 5.0とは、デジタル技術で構築されたサイバー空間と現実に存在するフィジカル空間を融合させたシステムによって、**経済発展と社会的課題の解決**を両立させた人間中心の社会とされています。

● ムーンショット型研究開発と国際卓越研究大学

　2021年に**第6期**となる科学技術・イノベーション基本計画が閣議決定され、Society 5.0を現実のものとすることを目指すことが掲げられました。現在は**社会問題の解決に役立つ革新的な研究開発**を政府が支援するムーンショット型研究開発などが推進されています❷。

　このような政策の背景には、**注目度の高い論文数**の世界ランキングにおける日本の**順位**が**低下傾向**にあり、日本の論文数は欧米や中国に引き離されているなど、日本の研究力の低下が懸念されていることもあります。

　国公私の設置形態にかかわらず、**世界に伍する研究大学**となるポテンシャルのある大学を国際卓越研究大学に認定し、**大学ファンド**による**助成**などを行うための法律が、2022年に制定・施行されました。

❶第4次産業革命とは、2000年代に生じたイノベーションを指します。

❷「ムーンショット」とは、1960年代に初成功した**月面着陸**のような**画期的な研究開発**を指す言葉で、対象は宇宙開発に限定されていません。現在、**サイボーグ**やアバターの技術を活用してヒトの能力を拡張する研究や、**超早期の疾患の予測・予防**を実現するための研究などが、**政府の支援対象**になっています。

Quick Check 想定問題文！

- ● 日本では、サイバー空間とフィジカル空間を融合させたSociety 5.0を現実のものにするため、ムーンショット型研究開発などの政策が推進されている。

- ○ Society 5.0とムーンショット型研究開発は、2021年に策定された科学技術・イノベーション基本計画にも掲げられています。

科学技術②
注目の科学技術

選定理由
&
ポイント
AIや量子技術などに関する用語の意味と
法整備の現状を確認しよう

● ディープラーニングと生成AI

ディープラーニング（深層学習）と呼ばれる情報認識や機械学習に関する技術によって人工知能（AI）の学習能力が向上して利用が拡大しました。

近年では、AIが利用者からの質問や指示に応じて文章・音楽・画像などを自動的につくる生成AIを利用する機会が増加しており、生成AIに関する条例を制定した自治体はありますが、国レベルの法整備❶は、日本では実現していません（2023年12月現在）。

2023年に開催されたG7サミットの首脳宣言に基づいて、生成AIについて各国の閣僚が協議する「広島AIプロセス」が創設されました。

● メタバース

メタバースとは、超越（メタ）と宇宙（ユニバース）を組み合わせた造語で、情報通信技術を使った仮想空間を意味します。この空間で商業サービスを提供する企業があり、知的財産権などの法整備が検討中です。

● 量子コンピュータ

原子・電子・光子などの量子が持っている特性を利用した量子技術を活用して高速計算などが可能な量子コンピュータの開発が進んでいます。2023年に特定先端大型研究施設共用促進法が改正され、量子コンピュータの共同利用の促進のための取組が行われています。

❶生成AIによって作られた文章・音楽・画像などの著作権の帰属や、情報の信頼性の確保など、多くの課題が指摘されています。
また、利用者が生成AIに入力した情報は、AIの性能向上のためにサービスを提供する企業が記録・蓄積していることがあります。その過程で入力された個人情報や企業秘密が生成AIのサービスを提供する企業に流出することも危惧されています。

過【前略】2021年、我が国は、脳波を読み取りロボットを動かす技術であるメタバース技術を利用し、多数のロボットを組み合わせて複雑なタスクを行わせる実験に世界で初めて成功した。（国家専門職2023）
×

第9章

科学技術

Quick Check 想定問題文！

● 　人工知能（AI）は、近年になって開発されたメタバースと呼ばれる技術によってAIの学習能力が向上したため、利用範囲が拡大している。

× 　AIの学習能力を向上させた技術は、「ディープラーニング」と呼ばれています。

フィンテック

選定理由 & ポイント ▶ 暗号資産やデジタル通貨の現状を確認しておこう

● フィンテック

　フィンテックは、**金融**（ファイナンス）と**技術**（テクノロジー）を組み合わせた造語で、**情報通信技術**を活用した新たな**金融サービス**を指します。

　例として、**電子マネー、暗号資産、人工知能（AI）を使った資産運用**などが挙げられます。

● 暗号資産と非代替性トークン（NFT）

　暗号資産❶は、インターネット上に記録された**データ**を**決済手段**として利用するものです。**通貨のような機能**を持ちますが、**中央銀行が発行したものではありません**。暗号資産には、**複数のコンピュータ**で情報を記録する**ブロックチェーン**と呼ばれる**分散処理型の技術**が使われています。

　また、**ブロックチェーン**を使って**複製**できないデータをつくる**非代替性トークン**（NFT）という技術があり、データに**唯一性**を付与して**芸術作品**として**売買**できることなどが期待されています。

● 中央銀行デジタル通貨（CBDC）

　中央銀行デジタル通貨（CBDC）とは、**中央銀行が発行**した**デジタル化された通貨**を指します。**日本を含む各国の中央銀行**は、CBDCの技術的な課題などについての**研究**を行っています。また、**中国**では、「**デジタル人民元**」と呼ばれるCBDCの**試験運用**が始まっています。

❶従来は「仮想通貨」と呼ばれていましたが、2019年に資金決済法などが改正され、「暗号資産」という名称になりました。

過 仮想通貨とはインターネット上で取引される通貨に似た機能をもつものであり、金融庁によって2020年に暗号資産から仮想通貨に改称された。仮想通貨のシステムを支える技術の一つにブロックチェーンがあり、取引の記録を大規模コンピュータで一元的に集中管理する仕組みから成っており、これはセキュリティ上の安全性が担保されるという利点がある。（国家専門職 2021）×

Quick Check 想定問題文！

● 非代替性トークン（NFT）は「ブロックチェーン」の技術を用いて複製を生成できるので、デジタル技術を使った芸術作品などの売買・流通に使われている。

　× NFTは複製を生成できません。その結果、作品の唯一性が保証されるために、デジタル技術を使った芸術作品の売買・流通に使うことができると期待されています。

デジタル・プラットフォーマー

選定理由 & ポイント ▶ 用語の意味を確認しよう

● IoTと5G

IoT（Internet of Things）とは、コンピュータ・ネットワークを介した情報伝達や操作などができるように、いろいろな「物」にセンサーやスイッチなどを含んだチップなどを組み込んでおくことで、いろいろな「物」がインターネットを介してつながっている状態を指します。

電波を利用する移動体通信の第5世代となる通信規格（5G）に準拠したサービスが、日本でも2020年から開始され、高速通信と多数の機器の同時接続が可能になり、IoTにも活用されています。

● デジタル・プラットフォーマー

デジタル・プラットフォーマー❶とは、インターネット上で第三者が事業を行う基盤（プラットフォーム）を提供する事業者を指します。例えば、検索サービス、物品・サービスを売買するサイトや、ソーシャルネットワークサービス（SNS）などのサービスを提供する事業者が挙げられます❷。

2020年にデジタルプラットフォーム取引透明化法❸が制定され、国内外の大規模なデジタル・プラットフォーマーのうち、政令で定める「特定デジタルプラットフォーム提供者」を対象にして、一般の利用者の保護のための制度が導入されました。

過 IoTとは、Information of Technology の略称であり、インターネット上に公開されたプログラムを基に有志がソフトウェアを作り上げるための枠組みのことである。大量の知識データに対して、高度な推論を的確に行うことを目指す人工知能（AI）の対義語として用いられている。この枠組みを用いて、新型コロナウイルス接触確認アプリが開発された。（国家一般職2022）×

❶Google、Amazon、Facebook（現在はMetaに社名変更）、Apple、Microsoftの大手5社の総称がGAFAMです。

❷このような事業者が顧客の個人情報や利用状況に関する情報などを大量に取得することが、独占企業による弊害を生むと危惧されています。

❸正式名称は「特定デジタルプラットフォームの透明性及び公正性の向上に関する法律」です。

第9章 科学技術

Quick Check 想定問題文！

● インターネット上で第三者が事業を行う基盤を提供する事業者はIoTと呼ばれており、移動体通信の第5世代となる通信規格（5G）を活用している。

× このような事業者は、「デジタル・プラットフォーマー」と呼ばれています。

知的財産権の種類

選定理由 & ポイント	知的所有権のなかの違いを押さえよう 著作権は申請がなくても発生する

● 知的財産権の種類

　知的財産権（知的所有権）には、次のような種類があります。このうち、著作権は、著作物を作った人など（著作権者）に認められる権利で、その著作物を著作権者などに無断で使用することはできないことなどが定められています。また著作権は、官庁などに申請をしなくても保護されます。それ以外の権利は、特許庁に申請して認められることによって、保護されるようになります。

著作権	思想や感情などが表現された著作物を作った人などの権利
特許権	産業の発展に寄与する発明を排他的・独占的に使用できる権利
意匠権	新規性が高いデザインを排他的・独占的に使用する権利
商標権	商品・サービスを他社と区別できる商標を排他的・独占的に使用する権利

● 商標法と意匠法の改正

　2023年に商標法が改正され、先行商標権者の同意があり出所混同のおそれがない場合には、類似する商標の登録が可能となりました。また、同年に意匠法も改正され、登録出願前にデザインを複数公開した場合の救済措置の手続要件が緩和されました❶。

● 種苗法の改正

　2020年に種苗法❷が改正され、日本で育成された植物の品種の海外流出を防止するため、その品種の育成者の権利の保護が厳格化されました。

❶同時期に不正競争防止法も改正され、デジタル空間における他人の商品形態を模倣した商品の提供が規制対象となりました。

❷種苗法とは、農作物や花などの植物の品種について、育成者などの権利を守るための法律です。特許権などの知的財産権の保護に類似したルールが定められています。

Quick Check 想定問題文！

● 　知的財産権のうち、著作権や特許権は政府に申請が認められると保護されるが、デザインを保護する意匠権は申請がなくても発生する。

　× 　著作権は申請がなくても認められますが、特許権や意匠権は特許庁に申請して認められる必要があります。

知的財産権②
著作権

選定理由 & ポイント ▶ サイバー犯罪に関わる
著作権法の改正の内容は頻出事項

● 海賊版サイトとリーチサイト

著作権者の許可なく漫画などの**著作物**を**インターネット**上に掲載する**海賊版サイト**は、**著作権**を**侵害**する行為です[1]が、サイト運営者が特定できず、摘発できないことが多いために問題になっています。

悪質な海賊版サイトを利用者が**閲覧できない状態にする**ブロッキングは、憲法が定める**通信の自由**を**侵害**するという批判があり、それを実行するための**法整備は行われていません**（2023年12月現在）。

一方、利用者を**インターネット**経由で**海賊版の著作物**などが掲載された**サイト**に**誘導**する**リーチサイト**については、2020年に**著作権法**が**改正**されて、**運営**などが**禁止**され、**罰則**が設けられました。

● 違法ダウンロード規制

2020年の著作権法では、**著作権者の許可なくインターネット**上に掲載された**海賊版**の**漫画・書籍・イラスト**などを、**違法**なものだと**認識**していながら**ダウンロード**する行為も**禁止**され[2]、**罰則**が設けられました。

● 2023年の著作権法改正

2023年に著作権法が改正され、**立法・行政**目的の**内部資料**となる**著作物**の**データ送信**が可能になりました[3]。

---

[1] **海賊版**を**インターネット**に**掲載**する行為は、**サイバー犯罪**の一種として扱われています。海賊版以外のサイバー犯罪については第11章を参照。

過 インターネットの普及やデジタル技術の発達により知的財産権（知的所有権）の侵害が問題となっている。知的財産権は、肖像権や特許権などを含む産業財産権と、著作権に大別され、例えば、違法にインターネット配信されていることを知りながら、映像や音楽などをダウンロードしたり、授業で使用するために新聞をコピーして配布したりする行為は、特許権の侵害に当たる。（国家専門職2023）✕

[2] 以前から**音楽**や**映像**などの海賊版の**ダウンロード**は**禁止**されていました。

[3] 同時期に、著作物の**利用の可否**を著作権者に確認できない場合の**裁定制度**が改正されました。

Quick Check 想定問題文！

● 2020年に著作権法が改正され、海賊版サイトで音楽や映像をダウンロードすることは禁止されたが、漫画や書籍などは規制の対象外である。

✕ 音楽や映像の違法ダウンロードは以前から禁止されています。2020年の著作権法改正によって、漫画や書籍などのダウンロードも禁止されました。

宇宙①

国際宇宙ステーション

選定理由
&
ポイント
宇宙開発は国家公務員と
東京都・特別区の頻出事項

● 国際宇宙ステーション（ISS）

国際宇宙ステーション（ISS）は地球周回軌道に置かれ、日本、米国、ロシア、カナダと欧州宇宙機関（ESA）❶の合計15か国が運用しています。

ISSの一角に日本の実験施設「きぼう」が設置されています。また、日本は無人宇宙船「こうのとり」を使って、2009年から2020年までISSに物資輸送を行いました。

ロシアは1993年からISSの運用に参加していましたが、将来ISSの運用から離脱することを2022年に表明しました。ロシアはウクライナ侵攻後に米国など他のISS参加国と対立しており、今後は独自の宇宙ステーションを建設することを目指しています。

また、中国はISSに参加せず、独自に「天宮」という名称の宇宙ステーションを建設して、中国人の宇宙飛行士を滞在させています。

● アルテミス計画

米国は、月周回軌道に新たな宇宙ステーション「ゲートウェイ」を建設して、2024年までに月面有人探査❷を行い、2030年代に火星への有人探査を目指すアルテミス計画を2019年に公表しました。日本はアルテミス計画に参加を表明していますが、中国やロシアは参加を表明していません（2023年12月現在）。

❶ESAには西欧の11か国が参加しています。

💡宇宙開発については、自然科学の地学などの知識で選択肢の正誤を判断できることがあります。

過 国際宇宙ステーション（ISS）は、地上から約5,000km上空に建設された巨大な有人実験施設であり、米国、ロシア、日本の3か国による国際協力プロジェクトである。我が国は、「きぼう」日本実験棟及び宇宙ステーション補給機「はやぶさ2」を通じて、ISSの運用に協力しているが、ISSは、2020年を目途に運用を終了することが予定されている。（国家専門職2017）×

❷月面有人探査を米国は1960〜70年代に「アポロ計画」に基づいて実施しましたが、米国以外に実施した国はありません。

Quick Check 想定問題文！

● 日本と欧米諸国が運用する国際宇宙ステーション（ISS）に、中国とロシアは当初から参加せず、独自の宇宙ステーションを建設する計画を推進している。

× 中国は当初からISSに不参加ですが、ロシアはISSに参加しています。ロシアは2024年以降のISSの運用に参加しないことを2022年に表明しました。

162

B

宇宙②

各国の宇宙開発

選定理由 & ポイント

日本の準天頂衛星と小惑星探査機は
公務員試験の頻出事項

● 月探査

インドが打ち上げた無人探査機チャンドラヤーン3号が
2023年に4か国目❶となる月面着陸に成功しました。日本
が2023年に打ち上げた無人探査機SLIMが月面着陸に成功
すれば、5か国目となります。

❶それまでに無人探査機
の月面着陸に成功したの
は、米国、旧ソ連、中国
の3か国のみです。

● 準天頂衛星

日本は、米国が構築したGPS❷を補完するために、準天
頂衛星を打ち上げています。2010年に日本初の準天頂衛星
みちびき1号が打ち上げられ、現在は4機体制です。

❷GPSとは、人工衛星
が発した電波を受信して
現在位置を測定するシス
テムです。

● 小惑星探査

はやぶさ2は、小惑星リュウグウを目指して日本が
2014年に打ち上げ、2019年にリュウグウに着陸して土砂
のサンプルの採取に成功しました。このサンプルからアミ
ノ酸が検出されて注目されました。はやぶさ2は、2020年
に地球に戻って回収した微粒子サンプルを投下して、残っ
た燃料で1998KY26という小惑星に向かっています。

過 近年、世界では米国
のGPSなど、地上
からの電波によって位置
情報を計算する「衛星
測位システム」が実用
化されている。しかし、
2021年現在、我が国は
同様のシステムを保有し
ていないため、新たに「き
らめき」を開発すること
となった。【後略】(国家
一般職2022) ×

● 日本の宇宙開発

独立行政法人宇宙航空研究開発機構(JAXA)が開発し
た液体燃料ロケット❸「H3」の1号機が2023年に打ち上
げられましたが、失敗に終わりました。

また、JAXAが民間企業の研究開発を支援するために、
JAXAの設置法❹が2023年に改正されました。

❸大型のロケットは液体
燃料を使用します。一方、
JAXAが開発して2013
年に初めて打ち上げた小
型ロケット「イプシロン」
は固体燃料を使っていま
す。

❹正式名称は「国立研究
開発法人宇宙航空研究開
発機構法」です。

第9章 科学技術

Quick Check 想定問題文!

● 日本では、GPSを補完するため準天頂衛星「はやぶさ2」が2014年に打ち上げ
られ、現在は4機の衛星によって位置情報が提供されている。

× 日本がGPSの補完のために打ち上げた準天頂衛星は「みちびき」という名称です。「はやぶさ2」
は小惑星探査機です。

バイオ①
iPS細胞

選定理由 & ポイント ▶ ES細胞とiPS細胞の違いを確認しよう

● ES細胞とiPS細胞

ES細胞やiPS細胞は、**さまざまな細胞に分化する能力を**持った万能細胞で、**再生医療**への応用が期待されています。

ES細胞	受精卵から作られるので、倫理的な批判がある
iPS細胞	受精卵を使わずに作られる

ES細胞は、ヒトの萌芽である受精卵が細胞分裂してできた胚から生成されるものなので、倫理的な批判があります❶。一方、iPS細胞は、受精卵を使わずに生成されるので、倫理的な問題を回避できます❷。

2014年に再生医療推進法が施行され、iPS細胞などを使った再生医療の実用化に向けた臨床研究が推進されています。

● クローン技術

クローンとは、**遺伝的に同一である細胞や個体**などを指します。1990年代に羊などの哺乳類のクローンを人工的に生み出すことが可能になりました。しかし、ヒトのクローンを生み出すことについては、生命倫理上の問題点が指摘され、実例はありません。

日本では、2001年にクローン技術規制法が施行され、クローン人間を生み出すことは禁止されています。

❶日本では、ヒトのES細胞の生成は、条件を満たせば可能です。実際にヒトのES細胞を生成させて研究に使用しています。

❷山中伸弥氏らが、人間の細胞からiPS細胞を作り出すことに2007年に成功し、山中氏は2012年にノーベル賞の生理学・医学賞を受賞しました。

🔅 バイオテクノロジーについては、自然科学の生物などの知識で選択肢の正誤を判断できることがあります。

過 クローンとは、ある個体とまったく同じ遺伝子を持つ個体をいい、1990年代にクローン羊「ドリー」が誕生したが、日本では2001年にクローン技術規制法が施行された。（特別区Ⅰ類2020）○

Quick Check 想定問題文！

● 万能細胞のうち、iPS細胞は、人間の受精卵から生成されるため、生命倫理上の問題点が指摘されている。

× iPS細胞は、受精卵を使わずに生成されます。

ランク
C

バイオ②
ゲノム編集

選定理由 & ポイント ▶ ゲノム編集の概要と、ゲノム編集に
関する規制の内容を確認しておこう

● ゲノム編集

ゲノム編集とは、<u>DNA</u>❶を特定の<u>酵素</u>を使って<u>切断する</u>ことで遺伝子改変などを行う技術です。近年になって<u>クリスパー・キャス9</u>（<u>CRISPR/Cas9</u>）という手法が<u>実用化</u>され、**従来型の遺伝子組み換えよりも簡便で確実性が高い**ことから、広範囲に利用されるようになりました。

日本では、<u>ゲノム編集の技術を用いた</u>**農林水産物の**<u>品種改良</u>が行われており、**食品**として<u>販売</u>することが<u>認められています</u>。

● ゲノム編集を使った医療

<u>がん組織</u>のなかの多数の<u>遺伝子</u>を同時に<u>検査</u>して、**患者の体質**や病状に**合わせた治療**などを行う**がんゲノム医療**は、日本の一部の病院で<u>行われています</u>。

2023年に<u>ゲノム医療推進法</u>❷が**制定・施行**され、**ゲノム医療**が**推進**されています。

ただし、<u>がんゲノム医療</u>は、患者の<u>遺伝子改変</u>❸を行うものではありません。なお、日本では研究指針による規制はありますが、<u>ヒトの遺伝子改変を禁止する法律はありません</u>（2023年12月現在）。

❶<u>染色体</u>に含まれているDNAには、生物の**遺伝情報（ゲノム）**が記録されています。ヒトのDNAの全ての**塩基配列**を解析する**ヒトゲノム計画**は、**米国**が主導し世界各国の研究機関が参加して、**2003年**に**完了**しました。

❷正式名称は「良質かつ適切なゲノム医療を国民が安心して受けられるようにするための施策の総合的かつ計画的な推進に関する法律」です。

❸**中国**で、**ゲノム編集**によって**ヒトの受精卵**の**遺伝子改変**を行って、特定の病気に感染しにくくした双子が誕生したことが**2018年**に発表され、ヒトの遺伝子改変の是非を巡って論争になりました。

第9章

科学技術

Quick Check 想定問題文！

● 我が国では、ゲノム編集によって品種改良を行った農作物などを販売することや、がんゲノム医療を行うことは禁止されている。

× 日本では、ゲノム編集による品種改良や、がんゲノム医療は認められています。

ランク B

交通①

ドローン

選定理由 & ポイント ▶ ドローン飛行のルールの概要を確認しておこう

● ドローン飛行

ドローンとは、複数の回転翼を備えて無線操作や自動操縦などで飛行する**無人小型飛行体**です。カメラを搭載した**映像撮影**に加えて**宅配便など**で**活用**されています。

● 航空法によるドローン飛行の規制

ドローン飛行のときに守らなければならない**ルール**は、航空法に規定されています。2021年に改正された航空法が2022年に施行され、人口集中地域の上空や、**操縦者の目視範囲外**でドローンを目視する**補助者**が**いない**状態でも、ドローン飛行が可能になりました[❶]。ドローンにはレベルが設定されており、この改正法の施行によって、レベル4が解禁されました。

● 重要施設の上空のドローン飛行の規制

国会議事堂・首相官邸や原発などの重要施設の上空で、ドローンなどを無許可で飛行させることを禁止する小型無人機等飛行禁止法が2016年に制定・施行されました[❷]。

❶ただし、国土交通大臣による機体認証や技能証明（操縦ライセンス）が必要です。

❷2019年の改正によって、自衛隊や在日米軍の基地の上空が規制対象となりました。また、2020年の改正によって、国土交通大臣が指定する重要空港の上空も規制対象となりました。

Quick Check 想定問題文！

● 　航空法によって、人口集中地域の上空や操縦者の目視範囲外では、ドローンを飛行させることは一切できないと規定されている。

　　× 　これらの空域でも、航空法で定められたルールを守れば、ドローンの飛行は可能です。

● 　我が国では、重要施設の上空でドローンを飛行させることを禁止した法律が制定されている。

　　○ 　2020年の法改正によって、重要空港の上空が規制対象になりました。

B

交通②

自動運転

選定理由
&
ポイント

「レベル5」の完全自動運転と「空飛ぶ車」の法整備は、まだ実現していない

● 自動運転

自動車を運転者なしで運転する自動運転は、近年になって技術開発が進んでいます。自動車に搭載されたシステムが運転者をサポートする部分的な自動運転は、すでに実現しています。現在、自動車を運転者なしで動かす完全自動運転のための法整備が進められています。

道路交通法が2022年に改正（2023年に施行）され、特定自動運行が可能になりました[❶]。これは、高速道路や過疎地などに場所を限定するなどした特定条件下の完全自動運行です。これによって、レベル4が解禁されました。無条件での完全自動運転が「レベル5」となりますが、まだ認められていません。

● 空飛ぶ車

現在、垂直離着陸が可能な電動の移動手段で自動運転が可能な「空飛ぶ車」の実用化を目指した研究開発が進められています。

2025年に大阪市で開催予定の国際博覧会（大阪万博）では、「空飛ぶ車」の利用が可能になることが期待されています。ただし、現時点では「空飛ぶ車」について具体的なルールを定めた法律は、制定されていません（2023年12月現在）。

❶ただし、都道府県公安委員会の許可制とし、事業者による遠隔監視を義務付けるなどの要件があります。

過 2018年、政府は、空飛ぶ車の実現に向けたロードマップを取りまとめた。空飛ぶ車は、東京オリンピック競技大会において、混雑緩和を図り選手らを時間どおり会場へ輸送するための手段として試行的に導入されることとなっている。また、空飛ぶ車の導入に当たっての法的規制を緩和するため、2019年、小型無人機等飛行禁止法が改正され、防衛関係施設上空のみを除いて飛行することができるようになった。（国家専門職2020）×

第9章 科学技術

Quick Check 想定問題文！

● 2022年に道路交通法が改正され、特定条件下で運転者がいない自動運転を行うためのルールが定められた。

○ この法改正によって「レベル4」の自動運転が可能になりましたが、まだ「レベル5」の自動運転は認められていません。

ダメ押し！ キーワードリスト 第9章 科学技術

⛓ 人新世の地層

　人類の活動が自然に影響を与えるようになった時代を人新世と呼ぶことがあります。国際的な学術団体である国際地質科学連合は、カナダのクロフォード湖に人新世を代表する地層があるとして、この湖の地名にちなんで地質学上の時代区分を命名することを検討中です。日本からは別府湾（大分県）の地層を推薦する意見もありましたが、採用されませんでした。地質学上の時代区分に関する名称は、その時代を代表する地層を基に命名されます。日本からは、市原市（千葉県）にある地層が、新生代の第4紀の更新世のなかの時代を代表する地層だったことから、この時代が2020年に「チバニアン」と命名されたことがあります。

⛓ 人工知能（AI）のシンギュラリティ

　シンギュラリティ（特異点）とは、数学の用語で一般的な基準が適用できない点を指します。人工知能（AI）については、AIが急速に発達して、ヒトの能力を凌駕するようになる事態に近い将来に達することを危惧する見解があり、その事態を「シンギュラリティ」と呼ぶことがあります。

⛓ 新たなSI接頭語

　SI接頭語とは数字の桁を表す単位で、10^3はキロ、10^6はメガ、10^{-3}はミリ、10^{-9}はナノです。2022年に国際度量衡総会は10^{30}をクエタ、10^{27}をロナ、10^{-27}をロント、10^{-30}をクエクトと命名・追加しました。情報通信分野でデータ量が増えて大きな桁が必要となっていました。

⛓ 量子コンピュータを利用できる研究施設

　独立行政法人（国立研究開発法人）理化学研究所の施設に、日本企業が開発した国産の量子コンピュータの初号機が設置され、外部の企業や研究機関が研究目的で利用できる「テストベッド」として2023年に公開されました。また、この初号機は、2023年に叡と命名されました。

　なお、理化学研究所の別の施設に設置されている国産のスーパーコンピュータ「富岳」は、2020〜2021年に計算速度が世界最速と認定されていましたが、「富岳」に量子技術は用いられておらず、量子コンピュータに該当しません。

🔒 ステーブルコイン

　ステーブルコインとは、**中央銀行**などが発行した<u>法定通貨</u>と<u>価値</u>が<u>連動する</u>**暗号資産**を指します。2022年に**資金決済法**などが**改正**され、**ステーブルコインの売買**を**仲介**する**事業者**などに<u>登録制</u>が導入されました。日本では暗号資産の売買を仲介する事業者には2016年に登録制が導入されましたが、2022年の法改正以前はステーブルコインについての法整備が不十分でした。

🔒 電波オークション

　放送や携帯電話・スマートフォンのような**電波**を使ったサービスを行うには、<u>政府</u>の**承認**を得る<u>周波数割当</u>が必要です。日本では、<u>周波数割当</u>に際して**事業者**による入札を行う**電波オークション**制度の導入が検討されていますが、そのための<u>法整備</u>は<u>まだ行われていません</u>。

🔒 米国の宇宙ビジネス

　米国では<u>民間企業</u>が**開発**した<u>宇宙船</u>による<u>宇宙旅行</u>が行われています。ヴァージン・ギャラクティック社が開発した「スペースシップ2」、ブルーオリジン社が開発した「ニュー・シェパード」、スペースＸ社が開発した「クルードラゴン」が、民間人の乗客を乗せた宇宙飛行に2021年に成功しました。

🔒 日本の民間企業による月探査

　日本の**民間企業**ｉスペース社の<u>無人月探査機</u>が、**米国の民間企業**スペースＸ社の**ロケット**に搭載されて2022年に打ち上げられ、2023年に**月面着陸**を試みましたが<u>失敗</u>に終わりました。

第9章 科学技術

最近の科学技術をめぐる状況に関する記述として、妥当なのはどれか。

❶ 我が国では、サイバー空間とフィジカル空間を融合させたSociety 5.0
を現実のものにするための取り組みが推進されている。

❷ 量子コンピュータは、原子・電子・光子などの微細な粒子が持っている特性を利用したメタバースと呼ばれる技術を活用したもので、我が国では研究開発の推進のために研究施設の共同利用が行われている。

❸ ロシアは、国際宇宙ステーション（ISS）の運用に当初から参加せず、2023年にロシアと中国は共同で宇宙ステーションを建設するアルテミス計画を発表した。

❹ インドが打ち上げた無人探査機チャンドラヤーン３号は2023年に小惑星に着陸して表面の土砂のサンプルの採取に成功した。

❺ 我が国では、2023年に道路交通法が改正されて、「空飛ぶ車」の事業者に登録制を導入することが定められた。

解説
正解 ❶

❶ ○ Society 5.0と呼ばれる社会の実現が政府の目標に盛り込まれています。

❷ × メタバースは量子技術ではなく、デジタル技術を使った仮想空間です。

❸ × ロシアは1993年からISSの運用に参加していますが、今後離脱する意思を2022年に表明しました。また、アルテミス計画は米国が主導する月探査のための計画で、ロシアと中国は不参加です。

❹ × インドが打ち上げた無人探査機チャンドラヤーン３号は、米国・旧ソ連・中国に続く４か国目の月面着陸に2023年に成功しました。

❺ × 日本では、「空飛ぶ車」を対象にした法整備は、まだ行われていません。

予想問題にチャレンジ！

最近の情報通信をめぐる状況に関する記述として、妥当なのはどれか。

❶　利用者からの指示や質問に答える形で文章や画像などを人工知能（AI）が作成する生成AIについては、各国の関係閣僚が協議するための場の構築が求められているが、実現していない。

❷　ディープラーニングの技術を使って中央銀行が発行するデジタル化した通貨は「暗号資産」と呼ばれ、各国で研究や実証実験が進められている。

❸　インターネット上で第三者が事業を行う基盤を提供する「デジタル・プラットフォーマー」を規制する法律は我が国にはなく、利用者保護のための法整備が求められている。

❹　インターネット上に著作権者の許可なく掲載された音楽・映像や文章・画像を、違法なものだと知りながらダウンロードする行為は、著作権法によって禁止されている。

❺　2023年に著作権法が改正され、悪質な海賊版サイトを利用者が閲覧できない状態にするブロッキングが可能になった。

解説

正解　❹

❶　×　2023年に広島で開催されたG7サミットでの合意に基いて、生成AIについて各国の閣僚が協議する「広島AIプロセス」が創設されました。

❷　×　ディープラーニングは、主に人工知能（AI）に使われる技術です。また、暗号資産は中央銀行が発行したものではありません。

❸　×　デジタル・プラットフォーマーの利用者保護のための法律は、日本でも2020年に制定されています。

❹　○　インターネット上にある「海賊版」のダウンロードは禁止されています。2020年の著作権法改正によって、音楽・映像だけでなく、文章や画像も禁止対象になりされました。

❺　×　現在でも、「ブロッキング」を可能にする法整備は行われていません。

第 10 章
環　境

〔試験ごとの重要度〕

国家 総合職	国家 一般職	国家 専門職	裁判所 職員	東京都 Ⅰ類	特別区 Ⅰ類
地方上級	市役所	国立大学 法人	警察官	警視庁 Ⅰ類	東京 消防庁

色が濃い：優先して押さえておこう　　色が薄い：最低でもＡランクは見ておこう

〔攻略ポイント〕用語の意味、条約・法律のルールが大事！

　環境問題のなかで、よく出題されるものが温暖化に関する問題です。環境問題は世界の国々が協力して取り組まなければ効果が上がらないため、国際条約で基本的なルールが制定されていますが、国レベルでも、対策を行うための法律・制度があります。

　また、近年では、エネルギー政策についての出題が増えています。

　環境問題についての条約や国際会議、国際機関などの動きについては、専門科目の国際関係で出題されることもあります。

ランク
B

温暖化①
パリ協定

選定理由
&
ポイント
地球温暖化の現状と
パリ協定に基づく日本の取組みを確認しよう

● パリ協定と世界のCO_2排出量

地球温暖化の原因とされるCO_2などの<u>温室効果ガス</u>の**2020年以降**の<u>排出量削減</u>の**目標**として、**パリ協定**が2015年に**採択**され、2016年に**発効しました**❶。

パリ協定の発効後も世界のCO_2**排出量**は<u>増加</u>傾向にあり、特に<u>中国・インド</u>などの**新興経済国**や<u>米国</u>で**増加**しています。

CO_2排出量の増加を踏まえて、自国の排出量を削減して<u>実質ゼロ</u>❷にする「<u>カーボン・ニュートラル</u>」を目標に掲げる国があります。日本も2050年までに排出量を**実質ゼロ**にするという目標を2020年に宣言しました。

2023年に**気候変動枠組条約**の締約国会議（**COP**）が**アラブ首長国連邦**（**UAE**）のドバイで開催され、今後約10年間で<u>化石燃料</u>からの<u>脱却</u>を**加速する**ことを合意しました。

● 日本の排出量と削減目標

日本の**温室効果ガス**の**排出量**（CO_2換算）は2014年以降<u>減少</u>していますが、2021年の**排出量**は**前年比**で2.0%**増加**しました❸。

パリ協定の採択に先立って、**日本は2030年の排出量を2013年比で26%<u>削減する</u>**という目標を定めました。2021年に日本は**削減目標**の**引き上げ**を行って、**2030年の排出量を2013年比で46%<u>削減</u>**することを表明しました❹。

❶米国は、2017年にパリ協定からの離脱を表明しましたが、バイデン大統領の就任後、2021年にパリ協定に復帰しました。

❷「実質ゼロ」とは、「排出量取引」や「森林吸収」による削減分が自国の排出量と同量になる状態です。
「排出量取引」とは、他国のCO_2排出量の削減に寄与する資金援助などをすれば、その削減分を自国の排出量の削減とみなす制度です。
また、国内の森林が吸収したCO_2を排出量から差し引くのが「森林吸収」です。

❸COVID-19の感染拡大による外出制限などが緩和され、エネルギー消費が拡大したためです。

❹日本の2021年の排出量は、基準年となる2013年から20.3%減少しましたが、削減目標に達していません。

Quick Check 想定問題文！

● 我が国は2015年に採択されたパリ協定に参加し、温室効果ガスの削減目標を定めている。また、我が国は2021年に削減目標の引き上げを行った。

○ 日本はパリ協定の採択に先立って、2030年の温室効果ガスの排出量を2013年比で26%削減するという目標を定め、2021年に削減率を46%に引き上げました。

A

温暖化②
グリーン・トランスフォーメーション(GX)

選定理由
&
ポイント

温暖化に対する日本の取組みと、
用語の意味を確認しよう

● GX基本方針

岸田首相は、**温暖化対策**の推進によって**脱炭素型成長経済への移行**を目指す**グリーン・トランスフォーメーション**（**GX**）を掲げ、「**GX実現に向けた基本方針**」が2023年に閣議決定され、**2030年度**の発電電力量に占める**原子力**[1]と**再生可能エネルギー**による発電の比率を**上昇**させることが目標として掲げられました[2]。

また、**非化石エネルギー**[3]である**水素**や**アンモニア**の導入促進も掲げられました。さらに、空気中から**回収**したCO_2を地下に密閉する**地下貯留**（**CCS**）と、CO_2から**抽出**した**資源を再利用**する**カーボン・リサイクル**（**CCU**）を総称した**CCUS**の推進も掲げられています。

● GX推進法

この基本方針に基づいて、**GX推進法**[4]が2023年に制定され、**GX実現**に必要な**民間企業の投資の助成**に充てるため、**使途を特定した国債**[5]の発行が定められました。

この**国債**の償還に充てるため、**化石燃料**の**輸入業者**などから**賦課金**を**2028年**から徴収することや、所定の**発電事業者**から**負担金**を**2033年**から**カーボン・プライシング**[6]として徴収することも定められました。

詳細は、同年に閣議決定された「**脱炭素成長型経済構造移行推進戦略**」に規定されています。

[1] **原子力発電**は**核分裂反応**による熱を利用するため、発電時にCO_2が**発生しません**。

[2] **原子力は20〜22%**です。**再生可能エネルギー**は**36〜38%**で、原子力を上回っています。

[3] **水素やアンモニア**は炭素を含んでいないので燃焼時にCO_2が**発生しません**。

💡 原子力の特性や物質の性質など、自然科学の物理や化学の教材に載っている知識で選択肢の正誤を判断できる問題が出題されることがあります。特に国家公務員試験に多い出題形式です。

[4] 法律の正式名称は「脱炭素成長型経済構造への円滑な移行の推進に関する法律」です。

[5] 国債の名称は「脱炭素成長型経済構造移行債」です。

[6] 「**カーボン・プライシング**」とは、CO_2などの排出量に応じて企業に金銭的な負担を課す制度です。

第10章

環境

Quick Check 想定問題文！

● 2023年に制定されたGX推進法では、GX実現に必要な民間企業を助成する費用に充てるために、使途を特定した国債を発行することが定められた。

○ 国債の償還のために、化石燃料の輸入業者から賦課金、発電事業者から負担金を徴収する制度を今後導入することも定められています。

エネルギー①
日本のエネルギー問題

選定理由 & ポイント 　原子力と再生可能エネルギーの現状と施策を確認しておこう

● 原子力

　2011年に東日本大震災で福島第1原発から放射性物質が流出する事故が起きた後、原子力発電所（原発）の多くは停止し、総発電量に占める原子力の比率❶は低下しました。「GX実現に向けた基本方針」には、原発の再稼働❷を進め、原子力発電の比率を上昇させて2030年度に20〜22%にするという目標が掲げられました。

　2023年に電気事業法などが改正され、原発の運転期間の上限（60年間）❸について、発電事業者が予見しがたい事由による停止期間❹を運転期間にカウントしないと定められ、上限を超えた期間の運転が可能になりました。

● 再生可能エネルギー

　再生可能エネルギーは、化石燃料や原子力を除外したエネルギーを指します。このうち、動植物に由来する有機物を使ったバイオマスは、燃焼時にCO_2は発生しますが、カーボン・ニュートラル❺とされています。

　近年バイオマスや廃棄プラスチックなどを使った持続可能な航空燃料（SAF）の開発が進行中です。

　震災後、再生可能エネルギーで発電した電気を電力事業者が買い取るFIT制度が2012年に導入されると、再生エネルギーによる発電の比率が上昇しました❻。特に太陽光発電による発電量が増加し、エネルギー需給実績の発電電力量の最新値（2021年度）では、太陽光は、水力、風力、地熱、バイオマスを上回っています。

❶資源エネルギー庁のエネルギー需給実績によると、震災前（2010年度）は25.1%でしたが、最新値（2021年度）は6.9%でした。

❷震災後、原子力規制委員会が環境省の外局として2012年に設置され、原発の運転の可否を審査する制度が導入され、再稼働が進められました。

❸原発の運転期間の上限は原則40年間ですが、安全性が認められれば最長20年間の延長が認められています。

❹原子力規制委員会の審査のために原発が停止していた期間などが想定されています。

❺植物は生育過程で大気のCO_2を吸収しているので、燃焼時にCO_2を再放出しても、大気中のCO_2濃度は実質的には上昇しません。

❻エネルギー需給実績によると、震災前（2010年度）は9.5%でしたが、最新値（2021年度）は20.3%でした。

Quick Check 想定問題文！

● 　2012年に再生可能エネルギーによって発電した電気を固定価格で買い取るFIT制度が導入され、我が国では風力発電による発電量が太陽光発電を上回った。

✕ 　2012年にFIT制度が導入された後に、特に増加したのは太陽光発電で、風力発電による発電量を上回っています。

石油代替エネルギー

選定理由 & ポイント　燃料電池の発電方法は頻出事項、シェールガスとメタンハイドレートを区別

● 燃料電池と「グリーン水素」

　水素と酸素の化学反応を利用した燃料電池は、発電過程でCO₂が発生しないという特性があります❶。また、燃料電池を使った自動車も実用化されていますが、普及率は低く、普及には水素の安定供給が必要になります。

　水素は天然ガスなどの化石燃料を高温で分解する製法が一般的ですが、化石燃料を使ったグレー水素よりも、再生可能エネルギーで発電した電気で水を電気分解したグリーン水素のほうがCO₂排出量は少なくなります。

　なお、化石燃料から水素を生成する過程で発生するCO₂を回収して地下貯留や再利用するCCUSを行ったものをブルー水素❷といいます。

● シェールガス・シェールオイルとメタンハイドレート

　シェールと呼ばれる頁岩層❸で採掘される天然ガスをシェールガス、頁岩層で採掘される原油をシェールオイルといいます。シェールガスやシェールオイルは、米国やカナダなどで採掘されており、商業生産や輸出も行われています。

　一方、メタンハイドレート❹は、海底下の地層にある低温高圧の固体結晶で、燃焼が可能なので「燃える氷」と呼ばれています。メタンハイドレートは日本近海の海底にも埋蔵されています❺。

❶燃料電池は発電過程で水と熱が発生するという特性を生かして、発電と給湯を同時に行うコジェネレーションシステムで利用されています。

過 燃料電池は、水素と酸素の化学反応から生じるエネルギーによって電力を発生させるため、発電によって排出されるのは水蒸気だけである。（東京消防庁Ⅰ類 2017）〇

❷化石燃料から生成されますが、CCUSを行うと大気中にCO₂が放出されないのでカーボン・ニュートラルとされています。

❸それまで頁岩層での採掘は困難でしたが、技術革新などによって採掘が可能になったために、近年では天然ガスや原油の生産量が拡大しました。

❹天然ガスの原料となるメタン分子を水の分子が取り囲んだものです。

❺採掘して商業利用するには課題が多く、現在も商業利用するための研究が進行中です。

第10章 環境

Quick Check 想定問題文！

● シェールガスやシェールオイルは、「燃える氷」と呼ばれていて、日本近海にも埋蔵されていることが確認されている。

× 「燃える氷」と呼ばれ、日本近海でも埋蔵が確認されているのは、メタンハイドレートです。

自然保護①
レッドリストと外来生物

選定理由
&
ポイント
> レッドリストの概要と外来生物に関する規制は
> 公務員試験の頻出事項

● レッドリスト

各国の政府機関や非政府組織（NGO）が**自然保護**のために設立した国際的ネットワークである**国際自然保護連合（IUCN）**は、**絶滅の恐れがある野生生物**を掲載した**レッドリスト**を作成しています。近年、**レッドリスト**に掲載される動植物の種の数は、**増加傾向**にあります。

IUCNが**作成した書式**に基づいて、日本の**環境省**も**レッドリスト**を作成しています**❶**。

● 特定外来生物

日本では、2005年に施行された**外来生物法**に基づいて、**生態系**・人の**生命身体**・**農林水産業**に被害を及ぼしたり、及ぼすおそれがあったりする**海外起源の生物**を**特定外来生物❷**に指定し、その飼養（飼育）・栽培・輸入の**規制**や**防除（駆除）**などが行われています。

2022年に**特定外来生物法**が**改正**され、**まん延**すると**深刻な被害**が生じる特定外来生物を**要緊急対処特定外来生物❸**に指定し、**緊急の措置**をとる制度が導入されました。

一方で、**国内**での**飼育数**や**野生**での**生育数**が**多い**生物で飼育を**禁止**すると、**不法投棄**などによって**生態系**にかえって**悪影響**が**生じる**おそれがある場合には、**条件付特定外来生物❹**に指定して、**飼育禁止**などの**規制**の**適用除外**が可能になりました。

❶1993年に施行された種の保存法に基づき日本国内で保護対象となる**国内希少野生動植物種**を指定する際に活用されています。

💡自然保護については、**自然科学**の**生物**の知識で選択肢の正誤を判断できることがあります。

❷哺乳類では**アライグマ**、魚類では**オオクチバス（ブラックバス）**、昆虫類では**ヒアリ**などが特定外来生物に指定されています。

❸ヒアリ類が指定されています。

❹アカミミガメ（ミドリガメ）とアメリカザリガニが指定されています。

Quick Check 想定問題文！

● 国連が定めた書式に従って、日本を含む各国の政府は絶滅が危惧される動植物の情報を掲載したレッドリストを作成している。

× レッドリストの書式を作成したのは、国連ではなく国際自然保護連合（IUCN）です。

C

自然保護②
日本の自然保護

選定理由
&
ポイント

魚類と鳥類の規制が問われることがある

● **魚類とクジラ**

　ニホンウナギは、**シラスウナギ**と呼ばれる**稚魚❶**の生育数が減少しており、**環境省とIUCN**の**レッドリスト**に**絶滅危惧種**として**掲載**されています。ウナギ養殖が盛んな日本などの東アジア諸国で、**シラスウナギの漁獲**などに関する**国際ルール制定**が**検討中**です**❷**。

　マグロの一部の魚種は、**IUCN**の**レッドリスト**に**絶滅危惧種**などとして掲載されています。そのため、条約に基づいて**海域ごと**に**国際委員会**が設置され、**マグロ類の漁獲量の割り当て**や**漁法**に関するルールが設定されています**❸**。

　クジラについては、**国際捕鯨委員会（IWC）**の決定によって、1980年代に**商業捕鯨**が**停止**されました。**日本は2018年にIWCを脱退**し**❹**、自国の領海や排他的経済水域（EEZ）などで2019年に**商業捕鯨**を**再開**しました。

● **鳥　類**

　トキは**環境省**の**レッドリスト**に絶滅危惧種として**掲載**されており、日本の**野生のトキ**は**一度絶滅**しましたが、**中国**から**譲渡**された**トキ**の飼育繁殖を行って、**佐渡島**（新潟県）などで**放鳥**して**野生復帰**が図られています**❺**。

---

❶養殖されているニホンウナギは、**シラスウナギ**を海で**漁獲**して肥育されています。

❷日本では、**シラスウナギ**は、**水産流通適正化法**に基づいて事業者間取引を漁獲番号などによって管理する制度の対象に2025年に追加される予定です。

❸日本近海のクロマグロには、国際委員会の決定に従って、**漁獲法**に基づく**漁獲可能量（TAC）**の上限が設定されています。

❹日本は**南極海**などで実施した**調査捕鯨**の結果を基に、生息数が回復している一部の種類のクジラの**商業捕鯨の再開**を主張しましたが、**IWCは認めませんでした**。

❺アホウドリ、イヌワシ、ライチョウなどについても、野生の生息数を増やすための保護増殖事業が行われています。

第
10
章

環
境

Quick Check 想定問題文！

● 　絶滅のおそれが指摘されているウナギについては、海域ごとに国際委員会が設置され、漁獲量の割り当てなどを行っている。

　　× 　海域ごとに国際委員会が設置されているのは、一部の魚種のマグロです。

プラスチック
リサイクル

| 選定理由 & ポイント | レジ袋の有料化に加えて、使い捨てプラスチックの規制のための法律制定 |

● 海洋プラスチック問題

投棄された**プラスチック**が**劣化**して**破砕**され、大きさが5mm以下という**微細な破片**となったものを**マイクロプラスチック**といいます。これが川から海に流れ、海洋の**生態系❶**に悪影響が及ぶことが懸念されています。

海洋の**マイクロプラスチック**の発生源は、主として**途上国**だとみられていますが、日本も**プラスチック**の**廃棄量**の**削減**が求められました。

● レジ袋有料化

2019年に**容器包装リサイクル法**に基づく**省令**が**改正**され、**全国の小売業者**を**対象**にして、消費者が購入した商品を持ち運ぶために用いる**プラスチック**製の買物袋（**レジ袋**）が2020年から**有料化❷**されました。

● プラスチック資源循環促進法

プラスチック資源循環促進法が2021年に制定され、2022年に施行されました。同法は、**プラスチックの資源循環**について、**3R+Renewable❸**の原則を掲げています。

また、**使い捨て**の**プラスチック**製品の**使用量**の**削減**などが求められ、顧客への**提供量**が**多い小売・サービス事業者**に対して、政府が**勧告や命令を行い**、事業者が従わないときは罰則を科すことができることなどが定められています。

❶一般的な**プラスチック**は微生物などによって**分解されない**という性質があります。

❷ただし、**繰り返し使用できるもの**、海中で自然に分解される**海洋生分解性プラスチック**が使用されているもの、**バイオマス素材**が一定以上含まれているものは、**有料化の対象外**です。

❸3Rとは、発生抑制（リデュース）、再使用（リユース）、再生利用（リサイクル）を指します。またRenewable（リニューアブル）とは、石油などに由来する資源を、**植物**などの**再生可能な資源**に**置換する**ことを指します。

Quick Check 想定問題文！

● 2022年にプラスチック資源循環促進法が施行され、小売店にレジ袋の有料化が義務付けられた。

× レジ袋の有料化は2020年から実施されています。この法律によって、レジ袋以外の使い捨てプラスチック製品が、規制の対象になりました。

🔑 パリ協定

　パリ協定は、2015年にフランスのパリで開催された**気候変動枠組み条約**の締約国会議（COP）で採択されました。世界の**気温上昇**について、<u>産業革命前</u>と比べて<u>2℃</u>未満に抑えるという**目標**が掲げられ、<u>1.5℃</u>未満に抑えることが**努力目標**となっています。また、この協定に参加する**すべての締約国**は、**自国の削減目標**を定め、それを達成することが義務付けられています。この義務は、<u>発展途上国</u>にも**適用**されます。パリ協定は、**日本**や<u>中国</u>なども参加して2016年に**発効**しました。

🔑 全固体電池

　全固体電池は、**再生可能エネルギー**の普及に不可欠な<u>二次電池</u>（**充電可能**な電池）に使われる新技術です。二次電池は、電極の間を液体で満たしたものが一般的ですが、**全固体電池**は、電極の間を<u>固体</u>で満たしています。従来型の二次電池よりも、全固体電池のほうが性能は向上します。2023年に閣議決定された「**GX実現に向けた基本方針**」には、**全固体電池の研究開発**の**加速**が掲げられています。

🔑 FIT制度とFIP制度

　FIT制度とは、**事業者**が<u>再生可能エネルギー</u>によって**発電**した電気を、電力事業者が<u>国の定める固定価格</u>で一定期間<u>買い取る</u>制度です。この制度は、2011年に制定された**再生可能エネルギー特別措置法**に基づいて、2012年に開始されました。<u>買い取り</u>に必要な**費用**は、賦課金として消費者が払う**電気代**に**上乗せ**されます。

　その後、2020年に**再生可能エネルギー特別措置法**が**改正**され、**供給促進給付金制度**（**FIP制度**）が**創設**されました。これは、**事業者**が<u>再生可能エネルギー</u>によって**発電**した電気を<u>市場</u>で<u>販売する</u>ことを前提として、電気の**市場価格**に一定の**プレミアム**を<u>上乗せ</u>した<u>給付金</u>を事業者に支給する制度です。

🔑 30by30

　３０ｂｙ３０とは、<u>2030年</u>までに**陸と海**の領域の**各<u>30%</u>以上**を**自然保護区域**にするという目標です。2021年に開催された**G7サミット**や2022年に開催された<u>生物多様性条約</u>締約国会議で今後の目標として掲げられ、達成のための取組みが日本でも行われています。

最近の環境問題をめぐる状況に関する記述として、妥当なのはどれか。

❶　2023年にアラブ首長国連邦（UAE）のドバイで開催された気候変動枠組み条約締約国会議（COP）で、石炭火力発電を2030年までに全廃することが決定された。

❷　我が国は、パリ協定に参加するときに自国の2030年の温室効果ガス排出量を今後増やさず現状を維持するという目標を設定した。

❸　我が国は、グリーン・トランスフォーメーション（GX）を推進するための法律を制定し、水素やアンモニアを活用し、CO_2の地下貯留や再利用するCCUSを促進するための取組みを行っている。

❹　我が国では、GXの一環として、総発電量に占める原子力発電の比率を減らす方針を掲げ、2023年に電気事業法を改正し、原子力発電所の運転期間の上限を最大60年間とする上限を設定した。

❺　化石燃料を使わず水素を使用する燃料電池は発電時にCO_2が発生する。水を電気分解して生成する「ブルー水素」の開発が現在推進されている。

解説

正解　❸

❶　×　石炭火力発電については、化石燃料からの脱却を加速するという合意はありますが、石炭火力発電について、目標年を設定して全廃するという目標は定められていません。

❷　×　日本の目標は、温室効果ガスの排出量を将来削減するというものです。

❸　○　水素やアンモニアは燃焼時にCO_2を排出しないため重視されています。また、CO_2の地下貯留と再利用はCCUSと総称されています。

❹　×　日本はGXの一環として、CO_2を排出しない原子力発電の比率を現状よりも増やす方針を掲げています。原子力発電所の運転期間の上限は以前から設定されており、2023年の電気事業法の改正によって、その上限に例外が設けられました。

❺　×　燃料電池は、水素と酸素の化学反応を利用するので、発電時にCO_2を排出しません。また水を電気分解して生成した水素は「グリーン水素」と呼ばれています。

第11章
法　律

〔試験ごとの重要度〕

国家 総合職	国家 一般職	国家 専門職	裁判所 職員	東京都 Ⅰ類	特別区 Ⅰ類
地方上級	市役所	国立大学 法人	警察官	警視庁 Ⅰ類	東京 消防庁

色が濃い：優先して押さえておこう　　色が薄い：最低でもＡランクは見ておこう

〔攻略ポイント〕新しい法律は細かいところもチェック！

　　公務員試験の時事問題では、最近できた法律の内容がよく問われます。経済安全保障やLGBTに関する法律の内容を確認しましょう。また、この章では、司法や警察に関連する事項と家族に関わる民法の改正点も見ていきます。

　　裁判員制度などの司法制度に関する法律の内容は、社会科学の頻出事項となっており、要点をチェックしておく必要があります。

ランク **C**

司法制度
裁判員と強制起訴

選定理由
&
ポイント
**裁判員は有罪無罪の判断だけでなく
量刑判断を行う**

● 裁判員制度

2004年に制定された裁判員法に基づいて、<u>裁判員制度</u>が2009年に開始されました。この制度は、**抽選**で選ばれた<u>裁判員</u>が、<u>重大な刑事事件</u>の<u>第一審</u>の**審理に参加する**というものです。

<u>裁判員</u>は、**有罪・無罪**の判断だけでなく、<u>量刑判断</u>にも関わります。

過 2009年に導入された裁判員制度は、重大な刑事事件の第一審において、国民から選ばれた裁判員が、裁判官とともに、有罪・無罪の決定や量刑を行う制度である。(特別区Ⅰ類2021) ○

対象事件	重大な<u>刑事事件</u>の<u>第一審</u>(地裁レベル)のみ
裁判員の選出方法	<u>選挙権を有する18歳</u>以上の男女のなかから抽選で選出 ＊2022年4月以前は、**選挙権を有する20歳**以上から選出 ＊被害者・加害者やその親族、法曹関係者などは対象外 ＊70歳以上の者、育児介護に従事する者、学生などは辞退可能
裁判員の権限	有罪・無罪の判断と**量刑判断**を行う ※評議・評決に参加、証人等への質問が可能
評決の方法	裁判官(3人)と裁判員(6人)の合計9人の**過半数**の賛成が必要 ＊有罪判決には、<u>裁判官のうち少なくとも1人</u>の賛成が必要

● 強制起訴制度

検察審査会は、裁判員と同様に**抽選**で選出された11人の**検察審査員**で構成されています。

2004年に検察審査会法が改正され、<u>検察審査会</u>による<u>強制起訴制度</u>が2009年に開始されました。**不起訴処分**となった事件を、**検察審査会**が二度にわたって起訴すべきと議決した場合、裁判所が選出した**指定弁護士**が**検察役**となって裁判が行われます。

過 検察官の不起訴処分について検察審査会が2度にわたり起訴を相当と判断して議決をしたときは、裁判所の指定した弁護士が公訴の提起を行う。(裁判所2022) ○

Quick Check 想定問題文！

● 裁判員は、最高裁判所の審理に参加し、有罪か無罪の判断を行うが、量刑判断には関わらない。

× 裁判員は、最高裁ではなく第一審(地裁)の審理に参加し、量刑判断も行います。

B

経済安全保障

経済安全保障推進法

選定理由 & ポイント ▶ 経済安全保障推進法の概要を確認、
セキュリティクリアランスは「検討中」

● 経済安全保障推進法の概要

2022年に経済安全保障推進法（「経済施策を一体的に講ずることによる安全保障の確保の推進に関する法律」）が**制定**され、以下の内容などが定められました。同法は2024年5月に完全施行される予定です。

重要物資	外部に**過度に依存**している特定重要物資（半導体など）備蓄などの**取り組み**を政府が**支援**する
インフラ	重要な**インフラ**などの特定社会基盤役務の**設備**の安全性を政府が**審査**する制度を創設する
重要技術	悪用されると国家や国民の安全を損なうおそれがある特定重要技術について、**官民**の代表が参加する協議会を創設して政府が**開発**を**支援**する
特許	公表することで国家や国民の安全を損なう事態を生ずるおそれが大きい**発明**について、特許出願を非公開にする制度を創設する

● セキュリティクリアランス

経済安全保障のための施策の対象となるような重要技術に関する**情報**の海外流出を**防止**するため、**信頼性**に関する**調査**の**合格者**だけが重要情報に**アクセスできる**セキュリティクリアランス制度の導入が**検討中**ですが、そのための**法律**は**制定されていません**（2023年12月現在）。

日本では、**2014年**に施行された特定秘密保護法❶によって**政府**が指定した**安全保障**に関する**情報**を保護するため、適性評価の**合格者**❷だけが**アクセスできる**制度は**導入**されています。しかし、経済安全保障の推進のため、同法の対象範囲よりも広範囲の情報保護が必要とされています。

❶**特定秘密保護法**では、保護対象となる情報は、**外交・安全保障・特定有害活動（諜報）**防止・テロ防止の**4分野**に限定されています。

❷公務員だけでなく、**民間企業の従業員**も対象に含まれます。

第11章

法律

Quick Check 想定問題文！

● 2022年に経済安全保障推進法が制定され、セキュリティクリアランス制度の導入が定められた。

× 同法には、セキュリティクリアランス制度についての規定はありません。

刑法

性犯罪に関する法改正

選定理由 & ポイント ▶ 大規模な刑法改正は東京都・特別区で詳細が出題されることがある

● 強制性交等罪

2023年に刑法が改正・施行され不同意性交等罪が新設されました。改正前は暴力や威嚇などの強制による性交等を強制性交等罪、被害者が酩酊状態にあるなどの抵抗できない状態での性行為等を準強制性交等罪としていました。改正後は、この2つが統合されて不同意性交等罪となりました❶。要件は、被害者が同意しない意思を形成・表明・全うするのが困難なときと定められ、夫婦間でも適用されます。また、被害者は男女を問いません❷。

同時に、同意があっても処罰対象になる性交同意年齢が、改正前の13歳以上から、改正後は原則として16歳以上❸に引き上げられました❹。

● 性的姿態撮影罪

2023年の刑法改正と合わせて、裸体や下着姿などの性的な姿態を、正当な理由がないのに撮影・記録・第三者に提供するなどの盗撮行為を性的姿態撮影罪として処罰するための法律❺が2023年に制定されました。

以前は盗撮行為自体を禁止した法律はなく、自治体が条例を作って対応していました。

なお、着衣の選手を性的な意図をもって撮影するアスリート盗撮は、同法の対象外です。

❶同様に、「強制わいせつ罪」と「準強制わいせつ罪」が「不同意わいせつ罪」に統合されました。

❷2017年に刑法が改正され、旧来の強姦罪にかわって強制性交等罪が新設されました。強姦罪は被害者を女性に限定していましたが、強制性交等罪の被害者は男女を問いません。

❸13歳以上16歳未満を相手に5歳以上年長の者が性交等やわいせつな行為をすれば、同意があっても処罰対象です。

❹さらに、16歳未満に、わいせつ目的で、威迫・偽計・利益供与等の手段を用いて面会を要求する行為が禁止されました。

❺刑法に規定はなく、「性的な姿態を撮影する行為等の処罰及び押収物に記録された性的な姿態の影像に係る電磁的記録の消去等に関する法律」という特別の法律で規定されました。

Quick Check 想定問題文！

● 2023年に刑法が改正され、強制性交等罪と準強制性交等罪が不同意性交等罪に改められた。これは被害者の男女を問わず、夫婦間でも適用される。

○ 2017年の刑法改正で新設された強制性交等罪でも、被害者の男女は問われませんでした。

LGBT
LGBT新法

選定理由 & ポイント
新しい法律の内容を押さえておこう
性的指向・性自認の用語の意味も要確認

● LGBT新法

同性愛・両性愛・トランスジェンダー**❶**などのLGBTについて、国民の<u>理解増進</u>などを掲げた**LGBT新法❷**が2023年に制定・施行されました。

同法では、<u>恋愛・性的対象</u>の**性別**を「**性的指向**」、<u>自己の所属する**性別**の認識</u>を「**ジェンダーアイデンティティ**」**❸**という用語で呼んでいます。

同法では基本理念のなかで、**性的指向及びジェンダーアイデンティティ**を理由とする<u>不当な差別</u>はあってはならないとしています。ただし、同法には具体的な**義務づけ**や<u>罰則</u>はありません。

同法に基づく措置の実施に当たって、**全ての国民❹**が<u>安心して生活</u>できるように留意するという規定があり、そのための**運用指針**を政府が策定します。

● SOGIハラ

<u>性的指向</u>や<u>性的自認</u>を理由とした<u>職場での嫌がらせや差別的言動</u>は**SOGIハラ❺**と呼ばれています。**LGBT新法**の<u>制定前</u>から、**パワー・ハラスメント（パワハラ）**や**セクシャル・ハラスメント（セクハラ）**の一類型として、<u>事業主</u>に対して<u>防止措置</u>を講ずることが既存の**法律❻**で定められています。

❶トランスジェンダーとは、生まれたときの**身体特徴**に基づく**性別**と、自己が認識する**性別**が異なる状態を指します。

❷法律の正式名称は「性的指向及びジェンダーアイデンティティの多様性に関する国民の理解の増進に関する法律」です。

❸ジェンダーアイデンティティは「**性自認**」と呼ばれることもあります。

❹LGBT以外の国民も安心して生活できることが求められています。

❺SOGIとは、**性的指向**（Sexual Orientation）と**ジェンダーアイデンティティ**（Gender Identity）を組み合わせた造語です。

❻セクハラについては**男女雇用機会均等法**、**パワハラ**については**労働施策総合推進法**によって、**事業主の義務**が定められています。これらの法律については、第7章を参照。

第11章

法律

Quick Check 想定問題文！

● 2023年に制定されたLGBT新法は、自己が認識する性別を「性的指向」、恋愛・性的対象となる性別を「ジェンダーアイデンティティ」と定義しています。

× 性的指向とジェンダーアイデンティティ（性的自認）の語句説明が、逆です。

ランク **C** 成年年齢
成年年齢と少年法

選定理由
＆
ポイント
成年年齢引き下げと少年法改正の内容は、今年も問われる可能性がある

● 成年年齢引き下げ

成年年齢を引き下げるため、民法が2018年に改正（2022年に施行）されました。これによって、親権者の同意なしに契約などができる民法上の成年年齢（成人年齢）が20歳から18歳に引き下げられました。同時に、親権者の同意なしに結婚できる年齢は、男女とも18歳❶となりました。

なお、飲酒喫煙や公営ギャンブルなどは、現在でも20歳以上でなければ認められません。

● 少年法の改正

成年年齢の引き下げに合わせて、2021年に少年法が改正（2022年に施行）され、18歳以上・20歳未満を特定少年とし❷、特定少年による犯罪は、原則的には、少年審判ではなく、通常の刑事裁判の対象となりました❸。また、特定少年による犯罪が刑事裁判の対象になると、加害者である特定少年の実名報道が可能になります。

また、裁判員や検察審査員の選出対象となる年齢は、2021年に改正された少年法の施行に合わせて、従来の20歳以上から18歳以上に引き下げられました。

❶改正前は男子18歳・女子16歳でしたが、20歳未満の結婚には親権者の同意が必要でした。

過 2018年に民法が改正され、2022年に成人年齢が20歳から18歳に引き下げられることとなった。この改正により、結婚可能年齢は男性が2歳引き下げられ、男女とも16歳となることとなり、同時に、女性のみに課していた再婚禁止期間を廃止することとなった。（国家一般職2019）×

❷少年法は、20歳未満を「少年」と規定しています。

❸少年による犯罪（少年犯罪）については、通常の刑事裁判ではなく、家庭裁判所が少年審判などを行って処分を決定することを原則としています。

Quick Check 想定問題文！

● 2018年に改正された民法が2022年に施行され、成年年齢が18歳に引き下げられるとともに、婚姻年齢は男女ともに18歳となった。

○ 改正前は、男子18歳、女子16歳で婚姻できましたが、20歳未満は親権者の同意が必要でした。

● 2021年に改正された少年法が2022年に施行され、「少年」として扱われる年齢が、従来の20歳未満から18歳未満に引き下げられた。

× 2021年の少年法改正では、「少年」の年齢自体は変わっていません。ただし、18歳以上20歳未満の「特定少年」による犯罪は、原則的には刑事裁判の対象となります。

生殖補助医療と再婚禁止期間

選定理由
&
ポイント

家族についての民法の規定が変わると
出題されることが多い

● 生殖補助医療

第三者から提供された**卵子**や**精子**を用いた**人工授精**や**体外受精**などの**生殖補助医療**によって出生した子の**親子関係**を明確にするため、民法特例法が2020年に改正されました。

同法では、**第三者の卵子**を用いた**生殖補助医療**によって生まれた子の**母親**は、**出産した女性**と規定しています。また、**夫婦が同意の上で第三者の精子**を用いた**生殖補助医療**によって妻が生んだ子の**父親は夫**と規定しています。

同法には、<u>代理出産❶</u>についての<u>規定はありません❷</u>。また、子が卵子や精子の提供者の情報を得る「<u>出自を知る権利</u>」については、**今後の検討課題**として、**具体的な規定はありません**。

● 再婚禁止期間

2022年に**民法**が**改正**され、<u>女性</u>の<u>再婚禁止期間❸</u>に関する規定が**廃止**されました。

また、この**民法改正**では、<u>嫡出推定の規定❹</u>について、女性が<u>再婚した後に生んだ子</u>の父親は**現夫**と**推定**することが明示されました。

❶**代理出産**とは、第三者の女性に人工授精や体外受精などの方法による妊娠・出産を依頼し、生まれた子を引き取るものです。

❷**日本**には、**代理出産**を**禁止**した**法律**は**ありません**。ただし、産婦人科医の団体は反対しており、自主規制が行われています。

❸離婚成立後すぐに再婚した女性が出産すると、その子の父親が前夫か現夫か分からないという理由で、**改正前の民法**では、**女性**には離婚成立後**100日間**の**再婚禁止期間**が設定されていました。

❹民法には、**婚姻関係にある男女**の間で生まれた子の父親は**夫**と推定し、離婚成立後**300日以内**に生まれた子の父親は**前夫**と推定する**嫡出推定の規定**があります。

第11章

法律

Quick Check 想定問題文！

● 2022年に民法が改正され、女性の再婚禁止期間を100日間に短縮し、再婚後に生まれた子の父親に関する嫡出推定の規定が廃止されました。

× 2022年の民法改正によって、再婚禁止期間は廃止されましたが、嫡出推定の規定は廃止されていません。ただし、離婚した女性が再婚直後に生んだ子の父親を現夫と推定することが明記されました。

警察①
交通事故の動向

選定理由
&
ポイント
> 交通事故の件数は減少傾向
> 特に高齢者の交通事故の動向は要確認

● 交通事故の動向

警察白書によると、2022年中の交通事故の発生件数・死者数・負傷者数は、前年比で減少しており、近年は減少傾向が続いています。

ただし、交通事故による死者数全体に占める高齢者（65歳以上）の割合は高く、2012年以降は50%を超える水準が続いています❶。

● 2020年の道路交通法改正

2020年に道路交通法が改正され、「あおり運転」❷を対象にした妨害運転罪が創設されて、処罰対象となりました。

また、2020年の道路交通法改正では、75歳以上で一定の違反歴がある高齢運転者に、運転免許証の更新時に実車による運転技能検査が義務付けられました。

● 2022年の道路交通法改正

道路交通法が2022年に改正（2023年に施行）され、最高速度や大きさが一定の基準に該当する電動キックスケーター（特定小型原動機付自転車）について16歳以上なら運転免許証を不要❸することや、最高速度や大きさが一定の基準に該当する自動配送ロボット（遠隔操作型小型車）には自動車ではなく歩行者と同様のルールが適用されることが規定されました❹。

❶警察白書によると2022年中の交通事故による死者数全体に占める高齢者（65歳以上）の割合は56.4%でした。

❷「あおり運転」とは、他の車両等の通行を妨害する目的で行われる、危険が生じるおそれがある運転を指します。例えば、走行中の車の前方で自動車を停止させる行為などが該当します。

❸15歳以下は使用できません。

❹ただし、事業者は都道府県公安委員会に届出をする必要があります。

Quick Check 想定問題文！

● 2022年に道路交通法が改正され、電動キックスケーターの運転免許制度が導入された。

× この法改正によって、電動キックスケーターは16歳以上であれば運転免許証は不要となりました。

警察②
犯罪の動向

選定理由 & ポイント　刑法犯罪の総数が減少していることを確認しておこう

● 刑法犯罪

刑法犯罪の**認知件数**や**検挙人員**は、**1990年代後半**に増加し、**2002年**に**ピーク**に達した後は**減少**しました。

しかし、警察白書によると、2022年の**刑法犯罪**の**認知件数**は戦後最少だった**前年**（2021年）と比べて**増加**しました❶。ただし、COVID-19の感染が拡大した2020年を下回っています。

検挙率は、**2001年以降**は**上昇**傾向が続いていましたが、**2022年**の**検挙率**は**前年比**で**低下**しました❷。

外国人による**犯罪**は、**2000年代中期**を**ピーク**に**減少**しています。警察白書によると**近年**は**横ばい傾向**で、**共犯事件**が多いという特徴があります。

2022年の**刑法犯検挙件数**を国別・地域別でみると、**ベトナム**が最多、次いで**中国**で、両国を合計すると**5割**を超えます❸。

● 特殊詐欺

家族などを装った電話や架空請求などで金を振り込ませる**振り込め詐欺**と、金融商品や儲け話などの紹介を装って面識のない相手をだます詐欺などを総称して**特殊詐欺**と呼びます。**特殊詐欺**の認知件数は2010年以降**増加傾向**にあり、2018年以降は減少しましたが、2021年と2022年は**前年比**で**増加**しました。

❶特に路上強盗などの街頭犯罪が前年比で増加しており、COVID-19による行動制限が緩和されたことが影響しているとみられています。

❷検挙率は2001年に19.8%に低下しましたが、2021年は46.6%、2022年は41.6%でした。

❸ベトナムが31.5%、中国が22.7%でした。

第11章

法律

Quick Check 想定問題文！

● 　刑法犯罪の認知件数や検挙人員は、2005年以降、増加し続けている。また、外国人犯罪の検挙件数や検挙人員も、2005年以降、増加傾向にある。

× 　刑法犯罪の全体も、外国人犯罪も、2005年以降は、減少傾向にあります。ただし、2022年の刑法犯の認知件数は前年を上回りました。

サイバー犯罪①

サイバー犯罪の動向

選定理由 & ポイント ▶ サイバー犯罪は増加傾向、サイバー犯罪の類型と動向を確認しよう

● サイバー犯罪の動向

　情報通信技術を利用した<u>サイバー犯罪</u>は、近年**増加**しています**❶**。また、情報通信ネットワークを経由した**サイバー攻撃**の代表的な手法が、**コンピュータ・ウイルス**などを使って**身代金**を要求する「<u>ランサムウェア</u>」**❷**です。

❶警察白書によると、2022年の検挙件数は12,369件と過去最多となりました。

❷コンピュータ・ウイルスなどを使って、利用者がデータにアクセスできないように**暗号化**したうえで、利用者にアクセス再開に必要な「**身代金**」の支払いを**要求**する手法です。

● サイバー犯罪の類型

　サイバー犯罪には以下のような類型があります。このうち<u>フィッシング行為</u>**❸**は2012年に改正・施行された<u>不正アクセス禁止法</u>によって禁止されています。

コンピュータ電磁的記録対象犯罪	・ネットワークに不正にアクセスしてコンピュータやデータなどに損害を与える行為 ・**刑法**に規定されたものを指す
不正指令電磁的記録に関する罪	・正当な理由なしに**コンピュータ・ウイルス**を散布する行為 ・2011年に改正・施行された<u>刑法</u>に規定されている
不正アクセス禁止法違反	・ネットワークに<u>不正にアクセス</u>し、他人に損害を与えていないときには<u>不正アクセス禁止法</u>によって処罰される ・<u>フィッシング行為</u>は、<u>不正アクセス禁止法</u>の処罰対象
児童買春・児童ポルノ禁止法違反	・児童（18歳未満）を相手方とする買春の斡旋や仲介、児童を被写体とするポルノの提供や所持など
著作権法違反	・著作権者の許可なく著作物を<u>アップロード</u>する行為 ・違法にアップロードされた<u>音楽・映像・画像・文書</u>などを、違法と知りながら<u>ダウンロード</u>する行為も処罰対象
詐欺	・インターネットを使った詐欺行為、架空請求なども含む

❸利用者に誤解を生じさせることでIDやパスワードなどを不正に取得する行為を指します。

Quick Check 想定問題文！

● コンピュータ・ウイルス散布やフィッシング行為は、刑法で禁止されている。

　× フィッシング行為は、不正アクセス禁止法によって禁止されています。

サイバー犯罪②
サイバー犯罪の対策

選定理由
&
ポイント
サイバー犯罪の取り締まりのための法制度と組織を確認しよう

● インターネット上での誹謗中傷

SNSなどで**誹謗中傷❶**の被害を受けた場合、2002年に施行された<u>プロバイダ責任制限法❷</u>に基づいて、**被害者**は、SNSの管理者などに対して誹謗中傷の<u>発信者</u>の**氏名**や**住所**などの<u>情報開示</u>を求めることができます。同法は2021年に<u>改正</u>され、<u>発信者</u>に関する<u>情報開示</u>を<u>迅速化</u>するための制度が導入されました。<u>発信者</u>が**特定**されると<u>被害者</u>の<u>被害救済のための訴訟</u>が容易になります。

また、2022年に<u>刑法</u>が改正・施行され、<u>侮辱罪❸</u>の罰則が**強化❹**され、**懲役・禁錮**や**罰金**を科すことが可能になりました。

● サイバー攻撃の対策

2022年に<u>警察法</u>が<u>改正</u>・施行され、サイバー攻撃などによって生じる<u>重大サイバー事案</u>に係る<u>犯罪捜査</u>などを行う組織として、<u>警察庁</u>の**地方機関**である**関東管区警察局**の下に、**全国**を**管轄区域**とする<u>サイバー特別捜査隊❺</u>が設立されました。

また、<u>自衛隊</u>では、サイバー攻撃に対処するために2022年に<u>自衛隊サイバー防衛隊❻</u>が設置されました。

❶誹謗中傷は、**刑法**で規定される**名誉棄損罪**や**信用棄損罪**などに該当する場合があります。

❷正式名称は「特定電気通信役務提供者の損害賠償責任の制限及び発信者情報の開示に関する法律」です。

❸これはインターネット上の行為でなくても適用されます。

❹改正前は、侮辱罪の法定刑は拘留または科料でしたが、罰則が軽すぎると批判されていました。

❺犯罪捜査などを行う**警察組織**は原則として都道府県ごとに置かれていますが、**サイバー特別捜査隊**は国の機関である**警察庁の下**に置かれています。

❻以前は、陸海空の「共同の部隊」として**自衛隊指揮通信システム隊**の下にサイバー防衛隊が置かれていましたが、2022年に**自衛隊指揮通信システム隊**が**廃止**されました。

第11章

法律

Quick Check 想定問題文！

● サイバー攻撃によって生じる「重大サイバー事案」に対処するため、警視庁と各道府県警察の下に「サイバー特別捜査隊」が2022年に設置された。

× サイバー特別捜査隊は、都道府県警察ではなく、国の機関である警察庁の下に置かれています。

ランク A

外国人
入国・在留外国人

選定理由 & ポイント ▶ 入国外国人はCOVID-19で激減、対前年で増加
2023年の入管法改正の内容は要確認

● 入国外国人数と在留外国人数

出入国在留管理庁によると、**2022年の入国外国人数は前年（2021年）**と比べて大幅に**増加**しました❶。入国外国人数は、**2019年**に**過去最多の3,000万人を超えた**後、**COVID-19の感染拡大によって減少**しました。この数は2022年に対前年比で増加に転じましたが、COVID-19の感染が拡大した2020年を下回り、感染拡大前の水準に達していません。

2022年の新規入国者数を国籍・地域別でみると、**韓国**が最多、次いで**台湾、米国**の順で、**中国**（香港を除く）の順位は大きく**下落**しました。

また、出入国在留管理庁によると、**2022年末の在留外国人は過去最多**で、初めて**300万人を超え**ました❷。**COVID-19の感染拡大後は減少**しましたが、**2022年に増加**に転じました。**国籍・地域別では中国が最多**ですが、2020年以降は**ベトナム**が**韓国を上回っています**❸。

● 入管法の改正

2023年に**入管法**❹が改正され、**不法入国や不法滞在**などによって**退去強制手続（強制送還）の対象**になった**外国人**を、法務省の施設に収容するかわりに、**民間**から**選定**された**監理人が管理**する制度が創設されました❺。

また、**2023年の改正**では、**難民に準じて保護**する「**補完的保護対象者**」制度が創設されました❻。

❶2022年は419.8万人、2021年は35.3万人、2020年は430.7万人、２０１９年は3118.7万人でした。

❷在留外国人数は307.5万人、日本の総人口の約2.5%です。

❸2022年の在留外国人を国籍・地域別でみると、中国が最多、次いでベトナム、韓国の順です。

❹正式名称は「出入国管理及び難民認定法」です。

❺同時に、難民認定の申請中は強制送還を停止するという規定に例外を設け、強制送還できるようになりました。

❻改正以前から、**ウクライナ**からの**避難民**は、難民条約で定める「**難民**」に該当しなくても法務大臣の裁量で保護しています。

Quick Check 想定問題文！

● COVID-19の感染拡大によって、日本の入国外国人数と在留外国人数は2020年以降減少が続いている。

× 入国外国人数・在留外国人数とも、2022年は前年を上回りました。

ダメ押し！ キーワードリスト 第11章 法律

⛓ 刑事訴訟法の改正

2023年に刑事訴訟法が改正され、<u>保釈</u>された<u>被告人</u>などの<u>逃走</u><u>防止</u>のため、<u>裁判所</u>の<u>命令</u>に基づいて、<u>位置測定</u>（<u>GPS</u>）端末を装着させる制度が創設されました。

⛓ 民事訴訟のデジタル化

2022年に**民事訴訟法**などが**改正**され、<u>デジタル技術</u>を用いた「電子情報処理組織」を使った**民事訴訟**などの申立ての範囲を拡大するための法整備や、<u>リモート方式</u>による<u>離婚調停</u>の導入などのための法整備が行われました。また、2023年に**民事執行法**などが**改正**され、<u>差し押さえ</u>や<u>破産</u>など**民事訴訟**に関する手続きなどに<u>デジタル技術</u>を**導入する**ための規定が定められました。

⛓ LGBTに関する最高裁判決

トランスジェンダーの人が<u>戸籍上</u>の<u>性別</u>を<u>変更</u>する要件として、<u>生殖機能を喪失</u>させる<u>手術</u>を必要としている**性同一性障害特例法**の規定について、2023年に**最高裁**は<u>違憲</u>とする判決を2023年に下しました。**最高裁**が**法令**を**違憲**とする判決を下したのは、これが**12件目**です。

また、戸籍上は男性ですが女性として生活している**トランスジェンダー**の職員が女性用<u>トイレ</u>を使用することを**経済産業省**が<u>制限</u>し、**人事院**が**認めた**ことに対して、**最高裁**は**違法**とする判決を2023年に下しました。

⛓ 日本版DBS

<u>性犯罪</u>に関する<u>履歴</u>の<u>データベース</u>を作成し、<u>教員</u>など子どもと接する機会が多い職業の従事者の<u>性犯罪</u>の<u>履歴</u>を確認する「**日本版DBS**」の導入が**検討中**ですが、そのための<u>法整備</u>は<u>行われていません</u>（2023年12月現在）。

⛓ 拘禁刑

2022年に**刑法が改正**され（2023年施行）、<u>懲役刑</u>と<u>禁錮刑</u>が**廃止**され、**新設**される**拘禁刑**に一本化されました。刑罰のうち懲役刑では<u>刑務作業</u>が義務付けられますが、禁錮刑では刑務作業の義務付けはありません。近年では刑法犯の<u>再犯率</u>が<u>高い</u>ことが問題視されており、拘禁刑の導入によって**刑務作業**のかわりに<u>再犯防止</u>のための<u>指導</u>を受ける機会を増やすことができるということも理由として挙げられます。

最近の法改正等に関する記述として、妥当なのはどれか。

❶ 2023年に刑法が改正され、合意のない性行為について強制性交等罪を新設して処罰することが規定された。

❷ 性的指向及びジェンダーアイデンティティを理由とした差別を禁止し罰則を定めたLGBT新法が2023年に制定された。

❸ LGBT新法によって、職場における性的指向及びジェンダーアイデンティティを理由とした差別や嫌がらせを防止するための事業主の義務が定められた。

❹ インターネット上の誹謗中傷を侮辱罪の対象に追加するために、2023年に刑法が改正された。

❺ 出入国管理及び難民認定法が2023年に改正され、退去強制手続の対象になった外国人を民間から選定された監理人が管理する制度や、避難民を補完的保護対象者として難民に準じて保護する制度が導入された。

解説

正解 ❺

❶ × 2023年の刑法改正で新設されたのは不同意性交等罪です。これは従来の強制性交等罪と準強制性交等罪を統合したものです。

❷ × LGBT新法に、罰則の規定はありません。

❸ × 職場における性的指向やジェンダーアイデンティティを理由とした差別や嫌がらせの防止義務は、LGBT新法の制定以前からあります。このような差別はSOGIハラと呼ばれ、セクシャル・ハラスメントやパワー・ハラスメントの一類型でした。

❹ × インターネット上の誹謗中傷は、以前から刑法で定める侮辱罪の対象でした。なお、2022年の刑法改正によって、侮辱罪の罰則が強化されました。

❺ ○ 日本では「補完的保護対象者」の制度の導入以前から、ウクライナからの避難民を受け入れています。

第12章

社 会

〔試験ごとの重要度〕

国家 総合職	国家 一般職	国家 専門職	裁判所 職員	東京都 Ⅰ類	特別区 Ⅰ類
地方上級	市役所	国立大学 法人	警察官	警視庁 Ⅰ類	東京 消防庁

色が濃い：優先して押さえておこう　　色が薄い：最低でもAランクは見ておこう

〔攻略ポイント〕最新情報でなくても出題されるものがある！

　防災や消費者保護などで、人々の生活や安全に関わる取組みがなされています。また、観光や農林水産業のように、近年さまざまな施策が行われている産業にも注意が必要です。このジャンルでは、新しい法制が出題されるだけでなく、試験に頻繁に出題される用語や数値があります。

近年の災害

選定理由
＆
ポイント

東京消防庁と国家公務員では
最近の災害が問われることがある

● 2023年の地震・水害

2023年5月に石川県の能登地方でマグニチュード6.5の地震がありました。また、同年5月〜7月に日本各地で梅雨前線と台風2号、同年8月に台風7号、同年9月に関東地方で台風12号・13号によって被害が生じました。これらは激甚災害に指定されました❶。

● 大雨洪水レベルと「顕著な大雨に関する気象情報」

大雨のときに住民が取るべき行動と、その際に行政機関が提供する避難情報などには、5段階の大雨洪水警戒レベルが設定されており、レベル3以上の避難情報などは市町村が発令します❷。2021年に災害対策基本法が改正され、避難勧告が廃止されて避難指示に一本化されました❸。

レベル1	災害への心構えを高める
レベル2	避難に備えて、避難行動を確認する
レベル3	高齢者などは避難を開始する
レベル4	避難行動をとる（緊急避難場所に避難するなど）
レベル5	命を守るための最善の行動をとる

線状降水帯❹による被害が予測されるときには、気象庁は2021年から「顕著な大雨に関する気象情報」を発表して注意を喚起しています。気象庁は、予想精度の向上と早期発表に取り組んでいます。

💡 試験前年に起きた災害については、特に東京消防庁で発生時期や原因などが出題されることがあります。

❶「激甚災害」に指定されると、国が被災地の自治体に財政支援を実施します。

❷気象庁の注意報などは、レベル1〜2の情報です。

❸改正前は、避難指示の前段階である避難勧告があり、いずれもレベル4でしたが、違いが分かりにくいという指摘があったためです。

❹線状降水帯とは、積乱雲が列状に密集したもので、集中豪雨を引き起こすことがあります。

💡 災害については、自然科学の地学や人文科学の地理の知識で選択肢の正誤を判断できることがあります。

Quick Check 想定問題文！

● 線状降水帯による被害が予測されるときには、都道府県が情報提供を行うとともに住民に避難指示を出すことが2022年に義務付けられた。

× 線状降水帯による被害が予測されるとき、気象庁が情報提供を行っています。また、避難指示を出すのは、現在も市町村です。

防災②

日本の防災

選定理由 & ポイント ▶ 防災のための法制度を確認しておこう

● 熱中症

2023年に気候変動適応法❶が改正され、気温上昇によって多発する熱中症の対策が強化されました。

今までは熱中症アラートが出されていましたが、法的根拠はありませんでした。これを環境大臣が熱中症警戒情報❷として発表するための規定が定められました。

また、冷房などが完備され住民が熱中症を避けるために利用できる暑熱避難施設を市町村長が指定するための規定も定められました。

● 火 山

活火山とは、概ね過去1万年以内に噴火した火山及び現在活発な噴気活動のある火山と定義されています。日本全国で100強の活火山があり、このうち約半数が噴火による被害を防止するために活火山対策特別措置法に基づいて常時監視の対象となっており、噴火警戒レベルが5段階で設定されています❸。同法は2023年に改正され、火山に関する調査研究や住民、登山者などへの情報提供が強化されました。

また、2023年に気象業務法と水防法が改正され、気象庁が火山現象による津波の予報や警報を出すことが定められました❹。改正前は地震などによる津波が対象でした。

❶同法は、温暖化による気温上昇に「適応」するための施策の推進のため、2018年に制定され、農産物の品種改良、洪水に備えた堤防の整備などが行われています。

❷より深刻な被害の発生が予想されるときは「熱中症特別警戒情報」が出されます。

☀最近噴火した火山については、その火山の所在地（都道府県の名称）などが問われることがあります。

❸現在、避難準備が求められる噴火警戒レベル4以上の火山はありません（2023年12月現在）。

❹同時に、都道府県知事と気象庁長官は、国土交通大臣が提供した情報を踏まえ、共同で洪水予報を出すことも規定されました。また、民間事業者の予報の高度化を図る規定も導入されました。

第12章

社 会

Quick Check 想定問題文！

● 2023年に気候変動適応法が改正され、線状降水帯の発生が予想されるときに気象庁は警報を出すための制度などが定められた。

× 2023年の気候変動適応法改正によって、環境大臣が熱中症警戒情報を出すための制度が定められました。線状降水帯の予想情報は2021年から気象庁が出しています。

インフラ①
空き家と所有者不明の土地

選定理由 & ポイント 所有者不明の土地が問題になっており、登記を義務づける法律が2021年に制定

● 空き家対策

　高齢化と人口減少の進行に伴って<u>空き家</u>が<u>増加</u>したため、2014年に**空家対策特別措置法**が制定されました。同法によって、倒壊が著しく危険となるおそれのある**特定空家等**の所有者に対して、**市町村長**が**助言・指導**や**行政代執行**による**取り壊し**を行うことが可能となりました。

　同法は2023年に**改正**され、放置すれば**特定空家**になる**おそれのある状態**のものを「<u>管理不全空家</u>」として**市町村長**は所有者に**指導・勧告**ができるようになりました。

● 所有者不明の土地の利用

　<u>相続</u>が生じても<u>登記</u>が<u>されていない</u>❶ことなどが原因で<u>所有者不明の土地</u>が増加しているため、2018年に**所有者不明の土地の利用に関する特別措置法**が制定・施行され、**所有者不明の土地**を公共事業のために**収用**する**手続の簡素化**などが行われました。

　また、2021年に**民法**と**不動産登記法**などが改正され、<u>相続</u>によって**所有権の移転**が生じた際に<u>登記</u>を申請することなどが<u>相続人</u>に<u>義務付けられました</u>。同年に**相続土地国庫帰属法**が制定され、**相続**した**土地**の**所有権**を**放棄**し、<u>国庫</u>に<u>帰属</u>させる制度が創設されました❷。

❶過疎地などでは土地の資産価値が実質的にない場合もあることも、登記がなされない要因の一つです。

❷ただし、**法務大臣の承認**が必要で、10年分の土地管理費に相当する額の**負担金の納付**などが条件になっています。

Quick Check 想定問題文！

● 空き家や所有者不明の土地の増加が課題となっているが、我が国には相続した土地の国庫帰属制度や相続した土地の登記の義務付けを定めた法律はない。

× 相続した土地を国庫に帰属させる制度は、2021年に創設されました。また、同年に相続した土地の登記を義務付けるための法改正も行われています。

インフラ②
道路と鉄道

選定理由 & ポイント	日本ではライドシェアは未導入 新幹線の新路線は、過去にも出題されている

● 高速道路

2023年に**道路整備特別措置法**などが**改正**され、**高速道路**の<u>料金徴収期間</u>が**50年間**<u>延長</u>され、**2115年**までに<u>無料化</u>する予定となりました**❶**。維持や国土強靭化を図るための改良・進化の費用が増えているためです。

● ライドシェア

ライドシェア❷とは、<u>自家用車</u>を使って<u>有償</u>で**人を運ぶ**サービスです。日本では**特別な免許**がなければ**有償で人を運ぶことはできません**が、現在、<u>導入</u>が<u>検討</u>中です。

● 新幹線

2022年に**長崎**（長崎県）と**武雄温泉**（佐賀県）を結ぶ<u>西九州新幹線</u>が開業しました。また、<u>北陸新幹線</u>が**延伸**され、**金沢**（石川県）と**敦賀**（福井県）を結ぶ区間が2024年4月に<u>開業予定</u>です。

これらの路線は、<u>整備新幹線</u>**❸**に含まれます。**整備新幹線**のうち、**西九州新幹線**の**武雄温泉**と**九州新幹線**の**新鳥栖**（佐賀県）、**北陸新幹線**の**敦賀**と**新大阪**（大阪府）など**一部の区間**は**未着工**です。そのため、2024年3月に金沢-敦賀間が開業した時点では、<u>整備新幹線</u>の<u>全線</u>開業は**実現していません**。

整備新幹線のうち、**北海道新幹線**の**新函館北斗-札幌**（いずれも北海道）間は**建設中**で、**2030年度**に完成予定です。

---

❶高速道路は利用者から**料金**を**徴収**して建設・維持の費用に充てています。**同法改正前**は、**2065年**までに料金徴収を終えて**無料化する予定**でした。

❷自動車の運転免許を持っている会員が**自動車**を**共有**する「**カーシェアリング**」とは区別されています。

🔲過 【前略】整備新幹線については、同年9月に佐賀県と長崎県を結ぶ西九州新幹線が開業したほか、北海道新幹線（新函館北斗・札幌間）や北陸新幹線（金沢・敦賀間）についても建設が進められている。（国家一般職2023）○

❸1970年に制定・施行された**全国新幹線整備法**に基づき1973年に決定された**整備計画**に記載された路線の新幹線を指します。

Quick Check 想定問題文！

● 北陸新幹線の金沢と敦賀を結ぶ区間が2024年4月に開業すれば、1970年代に計画された整備新幹線の全線が開通したことになる。

× 整備新幹線には未着工区間などがあり、2024年4月時点では全線開通していません。

B

消費者

消費者問題

選定理由 & ポイント ▶ 消費者問題に関わる法制度と近年の改正点を確認しておこう

● 消費者庁と国民生活センター

2009年に、消費者行政の司令塔の役割を果たす消費者庁が内閣府の外局として設置されました。

また、国民生活センター❶は、消費者問題の情報提供や苦情相談などを担う国の機関で、1970年に設置されました。なお、消費生活センターは、国民生活センターと類似した機能を果たしていますが、自治体が設置したものです。

● 特定商取引法

特定商取引法は、1976年に制定された訪問販売法を2000年に改正して制定された法律で、訪問販売や通信販売などを対象にした法律です。

同法によって、訪問販売などの場合には、一定期間内であれば、無条件で、消費者が一方的に契約を解除できるクーリング・オフ制度が認められています。ただし、通信販売は、同法の対象外です。

同法は2021年に改正され、通信販売の契約書面における不実表示や誤認させるような表示が禁止されました。これは、初回無料と宣伝して定期購入であることに気づかずに契約させる商法が念頭に置かれています❷。

● 景品表示法

景品表示法❸は1962年に施行され、過大な景品や虚偽・誇大など不当な広告（表示）を規制しています。

同法は2023年に改正され、課徴金などの罰則が強化されました。また、広告であるにもかかわらず、一般消費者が事業者による広告であると判別できない「ステルスマーケティング」が、同法の禁止対象となる不当な表示に2023年に追加されました❹。広告主が消費者に広告と気付かれないような宣伝を第三者に依頼する行為も該当します。

❶現在、国民生活センターは、独立行政法人(中期目標管理法人）です。

過 2000年に制定された特定商取引法により、事業者の不適切な行為で消費者が誤認又は困惑して契約した場合はその契約を取り消すことができることとなり、2006年の同法改正では、消費者団体訴訟制度が導入された。（特別区Ⅰ類2021）×

❷同時期に、販売預託商法を原則禁止するための法改正も行われました。

❸正式名称は「不当景品類及び不当表示防止法」です。

❹法改正によるものではなく、同法の規定に基づいて消費者庁が追加して告示しました。詳細は消費者庁が定めた運用基準で定められています。

202

● 消費者契約法

　消費者契約法は、あらゆる取引分野の消費者契約に幅広く適用され、不当な勧誘行為があれば、その契約の取消をできることや、不当な契約条項については、無効とすることを規定した法律で、2001年に施行されました。

● 霊感商法

　消費者契約法は2022年に改正され、不安をあおって物品の購入を強要する霊感商法について、「不当な勧誘行為」となる要件を明示し、被害者が取消をできる期間を延長することが定められました❺。

　2022年の同法の改正と同時期に、不安をあおって寄付を強要する行為❻を防ぐために、不当寄附勧誘防止法❼が2022年に制定（2023年に施行）されました。

　同法では、2022年に改正された消費者契約法の霊感商法の要件を基にして、寄付の勧誘に関する禁止事項❽や配慮義務を定めて取消などを可能にしています。また、被害者の親族を救済するために債権者代位権の特例が定められました。

　2023年に霊感商法の被害者が日本司法支援センター（通称「法テラス」）の支援を受けやすくした法律❾が時限立法で制定されました。霊感商法を行ったため解散命令を出すための手続が開始された宗教法人の被害者が対象です。

● 消費者団体訴訟制度

　消費者団体訴訟制度とは、首相の認定を受けた消費者団体（適格消費者団体）が、消費者個人に代わって、事業者の不当な行為の差止請求を行うものです。この制度は、2006年の消費者契約法の改正によって導入されました。

❺以前から霊感商法は不当な勧誘行為と規定されていましたが、要件の明確化と被害者救済の強化が必要とされたためです。

❻物品を購入させる「霊感商法」は消費者契約法の対象ですが、寄付は同法の対象外でした。

❼正式名称は「法人等による寄附の不当な勧誘の防止等に関する法律」です。宗教団体以外の「法人等」による強要も同法の規制対象です。

❽寄付に必要な資金を借入によって調達するように強要することも、禁止行為になっています。

❾正式名称は「特定不法行為等に係る被害者の迅速かつ円滑な救済に資するための日本司法支援センターの業務の特例並びに宗教法人による財産の処分及び管理の特例に関する法律」です。

過 消費者契約法では、事業者の不当な行為で消費者が誤認して契約した場合は、一定期間内であれば契約を取り消すことができるが、国が認めた消費者団体が消費者個人に代わって訴訟を起こすことはできない。(特別区Ⅰ類2019) ×

第12章

社

会

観光①
観光の動向

選定理由
&
ポイント
**訪日外国人旅行者数はCOVID-19感染拡大後に
大幅減少したが近年は回復傾向**

● 訪日外国人数と出国日本人数

観光庁によると、2022年の訪日外国人旅行者数❶は**対前
年比で大幅に増加**しました。2022年に旅行者を含む外国
人の入国制限が緩和されたためですが、**COVID-19の感染
が拡大した2020年を下回っています**。

同様に、2022年の**出国日本人数は対前年比で大幅に増加**
しましたが、**2020年を下回っています**❷。

なお、2021年は訪日外国人旅行者数が出国日本人数を下
回りましたが、**2022年に再び訪日外国人旅行者数は出国
日本人数を上回りました**。

● 観光立国推進基本計画

COVID-19による**旅行者数の減少からの回復がみられた**
状況を踏まえて、新たな**観光立国推進基本計画が2023年に
閣議決定**されました。

**訪日外国人旅行者が日本国内で消費するインバウンド消
費**の金額を、できるだけ早い時期に**5兆円**❸とすることが
目標として掲げられました。また、**日本人による国内旅行
消費額の増加も目標**に盛り込まれました。

**インバウンド消費の単価を2025年までにCOVID-19の感
染前よりも引き上げる**❹ことや、**訪日外国人旅行者数と出
国日本人数がCOVID-19の感染拡大前（2019年）の水準を
超える**ことなども目標に盛り込まれました。

❶2022年は383万
人、2021年は25万人、
2020年は412万人で
した。なお、COVID-19
の感染拡大前の2019年
は過去最多の3,188
万人で、3,000万人を
超えていました。

❷2022年は277万人、
2021年は51万人、2020
年は317万人でした。
COVID-19の感染拡大
前の2019年は過去最多
の2,008万人で、2,000
万人を超えていました。

過 2018年の訪日外国
人旅行客数は3,000
万人を超え、過去最高を
更新したが、その要因と
しては、格安航空会社
（LCC）を中心とした航
空路線の充実や、訪日ビ
ザの取得要件の緩和が挙
げられる。（東京消防庁
Ⅰ類2019）○

❸COVID-19感染拡大
前の2019年の実績値
は4.8兆円でした。この
金額も感染拡大後に減少
しました。

❹目標値は20万円、
2019年の実績額は
15.9万円です。

Quick Check 想定問題文！

● 2023年に定められた観光立国推進基本計画は、コロナ禍で減少した訪日外国人
旅行者数と出国日本人数を感染拡大前の水準にすることを目標としている。

○ 訪日外国人旅行者数と出国外国人旅行者数は2022年に対前年比で増加しましたが、COVID-19
の感染拡大前（2019年）の水準には達していません。

日本の観光政策

選定理由
&
ポイント
COVID-19感染拡大以前に始まった
法制度を見ておこう

● 民　泊

　訪日外国人旅行者が増加して国内で宿泊施設が不足していたために、2018年に**住宅宿泊事業法**が施行され、**旅館業法**に基づく**許可なしに宿泊事業**を営む<u>民泊</u>が、都道府県知事などに**届出**を行えば<u>可能</u>になりました。

● 統合型リゾート

　<u>統合型リゾート</u>（IR）とは、**カジノ❶**や**宿泊施設**などが一体となった「**特定複合観光施設**」を**民間の事業者**が**設置・運営**するというものです。

　<u>統合型リゾート</u>（IR）<u>整備法</u>が2021年に施行され、<u>国土交通大臣</u>が**認定**した「**特定複合観光施設区域**」❷に限って、**統合型リゾート施設の設置**が可能になりました。

　2022年に**大阪府**と**長崎県**が申請し、2023年に大阪府の申請が認められて、<u>大阪市</u>の舞洲（まいしま）地区が「**特定複合観光施設区域**」に認定されました。

● 日本遺産

　日本遺産とは、**地域の歴史的魅力**や**特色**を通じて**日本の文化や伝統を語る**<u>ストーリー</u>を**文化庁**が**認定する**制度です。**東京オリンピック・パラリンピック**の開催に向けて2015年に開始され、104件が認定されました。

過 旅館業法に違反して、住宅の全部又は一部を活用し宿泊料を受けて人を宿泊させる民泊サービスが増加していることを受けて、2017年に住宅宿泊事業法が制定された。同法に基づき<u>民泊に関する国家戦略特区</u>に認定された区域以外では、個人による外国籍の者への住宅を活用した宿泊先の提供が<u>禁止される</u>こととなった。（国家一般職2018）×

❶本来カジノは刑法によって禁止されている**賭博行為**に当たるため、内閣府の**外局**として新設された**カジノ管理委員会**が監督します。

❷同法では、「特定複合観光施設区域」は、全国で**3か所以内**と規定されています。

Quick Check 想定問題文！

● 　2021年に統合型リゾート整備法が施行され、都道府県公安委員会の許可を得ればカジノを全国どこでも開業できるようになった。

　× 　カジノについては、統合型リゾート整備法に基づいて国土交通大臣が認定した「特定複合観光施設区域」でなければ認められません。

ランク B

農業①
農業の動向

選定理由 & ポイント ▶ 自給率は頻出事項、
人文科学の地理で出題されることもある

● 食料自給率

日本の2022年度の**総合自給率**は、<u>供給熱量（カロリー）ベース</u>❶で**38%**、<u>生産額ベース</u>❷で**58%**です。政府の目標は、カロリーベースで45%、生産額ベースで75%ですが、**いずれも、目標値を下回っています。**<u>カロリーベースの値は**40%**を下回っており、生産額ベースの値よりも低い</u>という特徴があります。また、<u>日本のカロリーベースの自給率は、欧米先進国</u>の値を**下回っています。**

● 農業の担い手

現在、<u>農業人口</u>の**減少**と、<u>農業従事者</u>の**高齢化**が進行しています。また、日本の**農地面積**は、**耕作放棄地**の**増加**などのため、<u>減少</u>傾向にあります。

2014年に農地中間管理事業推進法が施行され、**都道府県**ごとに設立された<u>農地中間管理機構</u>（<u>農地集積バンク</u>）が、**耕作放棄地**を借り受けて、**農業の担い手に貸し出す**仕組みが導入されました。

● 6次産業化

<u>6次産業化</u>とは、農業や食品に関連する<u>第1次産業</u>（農業など）、<u>第2次産業</u>（食品加工業など）、<u>第3次産業</u>（食品販売・飲食業など）を<u>有機的</u>に**結合**させて高付加価値化を図る取り組みです。

❶「1人・1日当たりの供給熱量」に占める国産品の比率で算出します。

❷農産物等の重量を金額に換算し、食糧の**国内生産額**を国内消費仕向額で割って算出します。

過 2017年度の食料自給率はカロリーベースでみると38%であり、政府は食料の安定確保のために、2025年度にカロリーベースで食料自給率45%を目標に掲げている。（東京消防庁Ⅰ類2019）〇

過 近年、所有者の死亡等による耕作放棄地が増加しており、各地の<u>農業協同組合（JA）</u>は、農地中間管理機構（農地集積バンク）を設立して耕作放棄地を借り受け、農地の集積化を行うことで、生産基盤の脆弱化を防いでいる。平成28年には、農地集積バンクとしての機能を強化するため、民間協同組織であったJAが第三セクターに転換された。（国家一般職2017）✕

Quick Check 想定問題文！

● 近年、農業従事者に占める若年者の割合が上昇し、農地面積も拡大しているため、日本のカロリーベースの自給率は、2018年以降、50%を上回っている。

✕ 農業従事者の高齢化と農地面積の減少は、近年も続いています。また、日本のカロリーベースの自給率は、40%を下回っています。

農業②

日本の農業政策

選定理由
&
ポイント

農業分野の問題は
環境問題とセットでの出題可能性も

● 農産物輸出

日本の農林水産物・食品の輸出額は2012年以降増加し、2021年以降は1兆円を超えています❶。なお、日本の農林水産物の輸入額は輸出額を大きく上回っています❷。

2019年に農産物・食品輸出促進法が制定され、農林水産物・食品の輸出額について、2025年までに2兆円に増やすという目標が掲げられています。

● 福島第一原発の処理水放出

東日本大震災で損傷した福島第一原発から生じた放射能をもった水は、大部分の放射性物質❸を除去するための処理をして、2023年から太平洋に放出しています。

これに対して、安全性に問題がある❹という理由で、中国は、日本周辺海域で獲れた水産物などの日本からの輸入を禁止しました。

● みどりの食料システム法

2022年にみどりの食料システム法❺が制定・施行され、環境保護と農林漁業に由来する環境への負荷の低減を図るため、生産から消費までの食料システム全体で環境負荷を低減するため、情報通信技術を活用したスマート農業などが推進されています。

❶2022年は1.4兆円でした。ホタテ貝などの海産物のほか、ウィスキーや日本酒などの輸出額が大きく増加しました。

❷2021年の日本の農林水産物（食品を除く）の輸入額は13.4兆円です。

❸トリチウム（水素の同位体）は微量の放射線を出していますが、水素や酸素と結合して水分子を構成しているため除去は困難です。そのために、安全基準を満たすレベルまで水で希釈した後に放出されました。

❹国連の国際原子力機関（IAEA）は、安全性を確認したという声明を出しています。

❺正式名称は「環境と調和のとれた食料システムの確立のための環境負荷低減事業活動の促進等に関する法律」です。

第12章

社会

Quick Check 想定問題文！

● 農産物や食品の輸出額は2010年以降に減少して2021年に1兆円を下回ったため、輸出促進のための法律が2023年に制定された。

× 日本の農産物・食品の輸出額は2021年に1兆円を超えました。また輸出促進のための法律は2019年に制定されました。

ランク
C

食品①
食品表示

選定理由
&
ポイント

遺伝子組み換え食品は表示義務あり、
ゲノム食品の表示義務は原則なし

● 食品表示法

日本では、食品の安全性を守るため、**原産地、成分や賞味期限**などを表示するためのルールが、2015年に施行された食品表示法に基づいて定められています。食品表示に関する法律は複数ありますが、同法の施行によって、**表示に関するルールが一元化**されました。

● 遺伝子組み換え（GM）作物

生物の遺伝子を取り出して組み換えたり、別の生物の遺伝子を組み込んだりする**遺伝子組み換え技術**を、農作物に用いたのが遺伝子組み換え作物（GM作物）です。

日本では、**GM作物を使った食品**については、**食品安全委員会**が**リスク評価**を行っていて、**審査**に合格すれば流通・販売は可能ですが、**食品表示法**に基づいて使用の有無を表示することが義務付けられています。

● ゲノム編集技術応用食品

日本では、ゲノム編集の技術を用いた**品種改良**を行ったときにDNAを**切断**しただけでDNAを追加していない[1]野菜・魚介類・家畜などは、ゲノム編集技術応用食品として流通・販売が可能です。また、**任意の届出**が求められているだけで、使用の有無についての**表示義務はありません**。

[1]これは在来型の品種改良と同じと考えられており、審査の対象外です。

Quick Check 想定問題文！

● 我が国では、遺伝子組み換え技術を使った農作物（GM作物）を使った食品の販売は禁止されており、混入がないか検査することが義務付けられている。

× GM作物や、それを使った加工食品については、安全性審査に合格すれば、販売することができますが、GM作物使用の有無を表示する義務があります。

食品ロスの削減

選定理由
&
ポイント
食品ロス削減推進法と食品リサイクル法の
違いを確認しよう

● 食品ロスの削減

　2019年に<u>食品ロス削減推進法</u>が制定・施行され、**まだ食
べることができる食品が廃棄される**<u>食品ロス</u>の<u>削減</u>のため
に、**国・自治体・事業者の責務**や**消費者の役割**が掲げられ、
国民意識の醸成や、まだ食べられる食品の活用を含めた取
り組みが推進されています。

● フードバンク

　<u>食品ロス削減推進法</u>には、<u>食品ロスの削減</u>のための取組
みの一つとして、食品関連事業者などから提供された「**ま
だ食べることができる食品**」を、**貧困や災害**などのために
必要な食べ物を十分に入手することができない人に提供す
る<u>フードバンク</u>の活動も挙げられています。

● 食品リサイクル法

　食品の製造・流通や外食に関わる<u>食品関連事業者</u>につい
ては、2001年に施行された<u>食品リサイクル法</u>によって、**飼
料・肥料などの原材料として再利用する**ための取り組みが
行われています。
　<u>食品ロス削減推進法</u>は、食品リサイクル法に基づいて**食
品関連事業者が食品廃棄物の発生抑制を行う**ことも求めて
います。

> 過 食品ロスとは、まだ食べられるのに廃棄される食品のことである。2015年に国連で採択されたパリ協定が食料廃棄の削減目標を掲げていたことを受けて、我が国では、事業者による食品ロスの削減を促す食品衛生法が成立した。事業者の取組例として、食品企業の製造工程で発生する規格外品を引き取り、福祉施設等へ無料で提供する「フードテック」が挙げられる。（国家専門職2023）×

第12章

社会

Quick Check 想定問題文！

● 2019年に食品リサイクル法が制定され、食品ロスの削減のために、国・事業者・自治体の責務や消費者の役割などが定められた。

× 食品ロスの削減を掲げて2019年に制定されたのは、食品ロス削減推進法です。食品リサイクル法は、2001年に施行された法律で、食品関連事業者を主な対象にしています。

ランク **C** 栄典

ノーベル賞

選定理由 & ポイント ▶ COVID-19のワクチンに使われている技術が
ノーベル賞の対象に

● 2023年のノーベル賞

メッセンジャーRNA（mRNA）ワクチンの開発に関わった米国のペンシルベニア大学のカリコ氏[1]とワイスマン氏が、2023年にノーベル賞の生理学・医学賞を受賞しました。mRNAワクチンは、遺伝情報が記録されタンパク質の合成に作用しているリボ核酸（RNA）を利用したもので、COVID-19のワクチンにも使われています。

● 2022年のノーベル平和賞

イランの人権活動家[2]のモハンマディ氏が、2022年にノーベル平和賞を受賞しました。モハンマディ氏はイランの刑務所に収監中に受賞が決まりました。収監中にノーベル平和賞を受賞したケースは過去にもあり、今回が初めてではありません。

● ノーベル賞の創設の経緯と授賞式

ノーベル賞[3]は、ダイナマイトの発明者として知られるアルフレッド・ノーベルの遺言によって創設され、1901年から授与が開始されました。

ノーベル賞の授賞式の会場は、平和賞のみノルウェーのオスロ、それ以外の賞はスウェーデンのストックホルムです。

---

[1]カリコ氏はハンガリー出身で、ハンガリーと米国の両方の国籍を持っています。

💡RNAについて、自然科学の生物の教材で扱われている程度の知識は、今年の時事問題を解くのに必要になる可能性があります。

[2]イランの人権問題については、第2章のキーワードリストを参照。

[3]経済学賞は、他の賞と同様に選考されますが、ノーベルの遺言によらず後から追加された賞で、1969年に授与が開始されました。今まで日本人の経済学賞の受賞者はいませんが、それ以外のすべての賞は、過去に日本人が受賞したことがあります。

Quick Check 想定問題文！

● mDNAを使ったワクチンの実用化に関わる研究したイラン出身のカリコ氏らが、2023年にノーベル生理学医学賞を受賞した。

× カリコ氏が開発に関わったのはmDNA（ミトコンドリアDNA）ではなくRNA（リボ核酸）を使った「mRNAワクチン」です。また、カリコ氏はハンガリー出身です。

ダメ押し！ キーワードリスト 第12章 社会

🔑 MaaS

MaaS（Mobility as a Service）とは、利用者が、<u>情報通信技術</u>を利用して時刻表や経路図などを**検索**し、多様な事業者が提供する**交通手段**のなかから利用するサービスを**選択**でき、**決済**も現金を使わずにできるという旅客運送サービスです。2020年に**地域公共交通活性化再生法**などが改正・施行され、**高齢化**や**人口減少**が進行している地域で、バス事業などの公共交通サービスを維持するため、MaaSに参加する複数の事業者による**運賃設定**の**手続**を**簡素化**するための仕組みなどが規定されました。

🔑 LRTの新路線

通常の鉄道よりも<u>軽量</u>の**車両**を使った**鉄道**である**LRT**（Light Rail Transit）の新路線が、<u>宇都宮市</u>（栃木県）で2023年に**開業**しました。**通常の鉄道**は**鉄道事業法**が適用されるのに対して、日本では**LRT**には<u>路面電車</u>と同様に**軌道法**が適用されます。

🔑 国民栄誉賞

2023年に<u>車いす</u>テニスの**国枝慎吾**選手が国民栄誉賞を受賞しました。国枝氏は、**世界四大大会**（全豪・全仏・全英・全米）で**史上最多**となる**通算50勝**を達成、2022年に開催された**東京パラリンピック**で金メダルを獲得、<u>世界四大大会</u>のすべてに**優勝**する<u>生涯ゴールデンスラム</u>を達成しました。

なお、<u>テニス選手</u>や<u>パラリンピック出場経験者</u>が**国民栄誉賞**を受賞したのは、今回が<u>初めて</u>です。

🔑 総理大臣表彰

2023年に<u>将棋棋士</u>の<u>藤井聡太</u>氏が**総理大臣顕彰**を授与されました。藤井氏は2023年に将棋の**タイトル**「王座」を**獲得**し、既に保持していたタイトル７つ（名人・竜王・王位・叡王・棋王・王将・棋聖）と合わせて**将棋の８つのタイトル**（<u>八冠</u>）の**独占**を<u>史上初めて</u>**達成**しました。

なお、**将棋棋士**の**羽生善治**氏と**囲碁棋士**の**井山裕太**氏は、2018年に国民栄誉賞を受賞しています。ですが、2023年に藤井氏が獲得したのは<u>国民栄誉賞</u>ではありません。

予想問題にチャレンジ！

最近の出来事に関する記述として、妥当なのはどれか。

❶ 2023年に災害対策基本法が改正され、都道府県知事が熱中症警戒情報を発表するなど、熱中症対策のための取組みが強化された。

❷ 2023年に空家対策特別措置法が制定され、倒壊の恐れがある空家を市町村長が「特定空家」に指定する制度が導入された。

❸ 2023年に特定商取引法が改正され、消費者が広告と気付かないように宣伝するステルスマーケティングが禁止された。

❹ 訪日外国人旅行者数と出国日本人数は、2020年にCOVID-19の感染が拡大して以降、減少を続けている。

❺ 我が国の農林水産物・食品輸出額は増加傾向にあり、2021年以降は1兆円を超えたが、現在は2025年に2兆円とする目標が掲げられている。

解説

正解 ❺

❶ ×　熱中症警戒情報は、災害対策基本法ではなく、気候変動適応法の2023年改正によって定められました。また、熱中症警戒情報を出すのは環境大臣です。

❷ ×　「特定空家」の制度を定めた空家対策特別措置法が制定されたのは、2013年で、この制度は以前からあります。この法律は2023年に改正され、「特定空家」になるおそれがある「管理不全空家」に対する取り組みが追加されました。

❸ ×　ステルスマーケティングの禁止は、景品表示法に基づいています。特定商取引法は、通信販売などのルールを定めた法律です。

❹ ×　訪日外国人旅行者数と出国日本人数は、2022年に対前年比で増加しました。

❺ 〇　なお、農林水産物の輸入額は、輸出額を大きく上回っています。

索 引

た

な

は

〈執　筆〉

TAC公務員講座講師

與原　裕介（第1章・第2章・第9章〜第12章）

瀬田　宏治郎（第3章〜第5章）

野間　かおり（第6章〜第8章）

公務員試験

2025年度版 公務員試験をあてる！ 時事のまとめ

（2011年度採用版　2010年3月1日　初版　第1刷発行）

2024年1月22日　初　版　第1刷発行

編 著 者	T　A　C　株　式　会　社	
	（公務員講座）	
発 行 者	多　　田　　敏　　男	
発 行 所	TAC株式会社　出版事業部	
	（TAC出版）	

〒101-8383
東京都千代田区神田三崎町3-2-18
電話　03（5276）9492（営業）
FAX　03（5276）9674
https://shuppan.tac-school.co.jp

印 　 刷	株 式 会 社　光	邦
製 　 本	東 京 美 術 紙 工 協 業 組 合	

© TAC 2024　　Printed in Japan　　　　　　　ISBN 978-4-300-10909-0
N.D.C. 317

公務員講座のご案内

大卒レベルの公務員試験に強い！

2022年度 公務員試験

公務員講座生[1]
最終合格者延べ人数[2]

5,314名

国家公務員 （大卒程度）	計	**2,797**名
地方公務員 （大卒程度）	計	**2,414**名
国立大学法人等	大卒レベル試験	**61**名
独立行政法人	大卒レベル試験	**10**名
その他公務員		**32**名

※1 公務員講座生とは公務員試験対策講座において、目標年度に合格するために必要と考えられる、講義、演習、論文対策、面接対策等をパッケージ化したカリキュラムの受講生です。単科講座や公開模試のみの受講生は含まれておりません。
※2 同一の方が複数の試験種に合格している場合は、それぞれの試験種に最終合格者としてカウントしています。（実合格者数は2,843名です。）
＊2023年1月31日時点で、調査にご協力いただいた方の人数です。

1位 全国の公務員試験で 合格者を輩出！

詳細は公務員講座（地方上級・国家一般職）パンフレットをご覧ください。

2022年度 国家総合職試験

公務員講座生[1]

最終合格者数 **217**名

法律区分	41名	経済区分	19名
政治・国際区分	76名	教養区分[2]	49名
院卒/行政区分	24名	その他区分	8名

※1 公務員講座生とは公務員試験対策講座において、目標年度に合格するために必要と考えられる、講義、演習、論文対策、面接対策等をパッケージ化したカリキュラムの受講生です。単科講座や公開模試のみの受講生は含まれておりません。
※2 上記は2022年度目標の公務員講座最終合格者のほか、2023年度目標公務員講座生の最終合格者40名が含まれています。
＊ 上記は2023年1月31日時点で調査にご協力いただいた方の人数です。

2022年度 外務省専門職試験

最終合格者総数55名のうち
54名がWセミナー講座生[1]です。

合格者占有率[2] **98.2%**

外交官を目指すなら、実績のWセミナー

※1 Wセミナー講座生とは、公務員試験対策講座において、目標年度に合格するために必要と考えられる、講義、演習、論文対策、面接対策等をパッケージ化したカリキュラムの受講生です。各種オプション講座や公開模試など、単科講座のみの受講生は含まれておりません。また、Wセミナー講座生はそのボリュームから他校の講座生と掛け持ちすることは困難です。
※2 合格者占有率は「Wセミナー講座生（※1）最終合格者数」を、「外務省専門職採用試験の最終合格者総数」で除して算出しています。また、算出した数字の小数点第二位以下を四捨五入して表記しています。
＊ 上記は2022年10月10日時点で調査にご協力いただいた方の人数です。

WセミナーはTACのブランドです

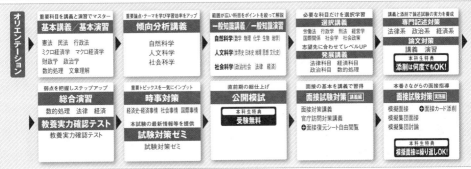

公務員講座のご案内

無料体験入学のご案内
3つの方法でTACの講義が体験できる!

教室で体験 迫力の生講義に出席 〔予約不要!〕〔最大3回連続出席OK!〕

1. 校舎と日時を決めて、当日TACの校舎へ
TACでは各校舎で毎月体験入学の日程を設けています。

2. オリエンテーションに参加(体験入学1回目)
初回講義「オリエンテーション」にご参加ください。体験入学ご参加の際に個別にご相談をお受けいたします。

3. 講義に出席(体験入学2・3回目)
引き続き、各科目の講義をご受講いただけます。参加者には体験用テキストをプレゼントいたします。

- ●最大3回連続無料体験講義の日程はTACホームページと公務員講座パンフレットでご覧いただけます。
- ●体験入学はお申込み予定の校舎に限らず、お好きな校舎でご利用いただけます。
- ●4回目の講義前までにご入会手続きをしていただければ、カリキュラム通りに受講することができます。

※地方上級・国家一般職、理系(技術職)、警察・消防以外の講座では、最大2回連続体験入学を実施しています。また、心理職・福祉職はTAC動画チャンネルで体験講義を配信しています。
※体験入学1回目や2回目の後でもご入会手続きは可能です。「TACで受講しよう!」と思われたお好きなタイミングで、ご入会いただけます。

ビデオで体験 校舎のビデオブースで体験視聴

TAC各校のビデオブースで、講義を無料でご視聴いただけます。(要予約)

各校のビデオブースでお好きな講義を視聴できます。視聴前日までに視聴する校舎受付までお電話にてご予約をお願い致します。

※受講可能な曜日・時間帯は一部校舎により異なります。
※年末年始・夏期休業・その他特別な休業以外は、通常平日・土日祝祭日ご覧いただけます。
※予約時にご希望日とご希望時間帯を合わせてお申込みください。
※基本講義の中からお好きな科目をご視聴いただけます。(視聴できる科目は時期により異なります)
※TAC提携校での体験視聴につきましては、提携校各校へお問合せください。

ビデオブース利用時間 ※日曜日は④の時間帯はありません。
① 9:30～12:30　② 12:30～15:30
③ 15:30～18:30　④ 18:30～21:30

Webで体験 スマートフォン・パソコンで講義を体験視聴

TACホームページの「TAC動画チャンネル」で無料体験講義を配信しています。時期に応じて多彩な講義がご覧いただけます。

TAC
ホームページ　https://www.tac-school.co.jp/

※体験講義は教室講義の一部を抜粋したものになります。

TAC出版 書籍のご案内

TAC出版では、資格の学校TAC各講座の定評ある執筆陣による資格試験の参考書をはじめ、資格取得者の開業法や仕事術、実務書、ビジネス書、一般書などを発行しています!

TAC出版の書籍
*一部書籍は、早稲田経営出版のブランドにて刊行しております。

資格・検定試験の受験対策書籍

- ❂日商簿記検定
- ❂建設業経理士
- ❂全経簿記上級
- ❂税　理　士
- ❂公認会計士
- ❂社会保険労務士
- ❂中小企業診断士
- ❂証券アナリスト

- ❂ファイナンシャルプランナー(FP)
- ❂証券外務員
- ❂貸金業務取扱主任者
- ❂不動産鑑定士
- ❂宅地建物取引士
- ❂賃貸不動産経営管理士
- ❂マンション管理士
- ❂管理業務主任者

- ❂司法書士
- ❂行政書士
- ❂司法試験
- ❂弁理士
- ❂公務員試験(大卒程度・高卒者)
- ❂情報処理試験
- ❂介護福祉士
- ❂ケアマネジャー
- ❂社会福祉士　ほか

実務書・ビジネス書

- ❂会計実務、税法、税務、経理
- ❂総務、労務、人事
- ❂ビジネススキル、マナー、就職、自己啓発
- ❂資格取得者の開業法、仕事術、営業術
- ❂翻訳ビジネス書

一般書・エンタメ書

- ❂ファッション
- ❂エッセイ、レシピ
- ❂スポーツ
- ❂旅行ガイド (おとな旅プレミアム/ハルカナ)
- ❂翻訳小説

(2021年7月現在)

書籍のご購入は

1 全国の書店、大学生協、ネット書店で

2 TAC各校の書籍コーナーで

資格の学校TACの校舎は全国に展開!
校舎のご確認はホームページにて

資格の学校TAC ホームページ
https://www.tac-school.co.jp

3 TAC出版書籍販売サイトで

CYBER TAC出版書籍販売サイト
BOOK STORE

24時間
ご注文
受付中

TAC出版 で 検索

https://bookstore.tac-school.co.jp/

新刊情報を
いち早くチェック!

たっぷり読める
立ち読み機能

学習お役立ちの
特設ページも充実!

TAC出版書籍販売サイト「サイバーブックストア」では、TAC出版および早稲田経営出版から刊行されている、すべての最新書籍をお取り扱いしています。
また、無料の会員登録をしていただくことで、会員様限定キャンペーンのほか、送料無料サービス、メールマガジン配信サービス、マイページのご利用など、うれしい特典がたくさん受けられます。

サイバーブックストア会員は、特典がいっぱい! (一部抜粋)

 通常、1万円(税込)未満のご注文につきましては、送料・手数料として500円(全国一律・税込)頂戴しておりますが、1冊から無料となります。

 専用の「マイページ」は、「購入履歴・配送状況の確認」のほか、「ほしいものリスト」や「マイフォルダ」など、便利な機能が満載です。

 メールマガジンでは、キャンペーンやおすすめ書籍、新刊情報のほか、「電子ブック版TACNEWS(ダイジェスト版)」をお届けします。

 書籍の発売を、販売開始当日にメールにてお知らせします。これなら買い忘れの心配もありません。

公務員試験対策書籍のご案内

TAC出版の公務員試験対策書籍は、独学用、およびスクール学習の副教材として、各商品を取り揃えています。学習の各段階に対応していますので、あなたのステップに応じて、合格に向けてご活用ください!

INPUT

『みんなが欲しかった！公務員 合格へのはじめの一歩』

A5判フルカラー
- 本気でやさしい入門書
- 公務員の "実際" をわかりやすく紹介したオリエンテーション
- 学習内容がざっくりわかる入門講義

- 数的処理（数的推理・判断推理・空間把握・資料解釈）
- 法律科目（憲法・民法・行政法）
- 経済科目（ミクロ経済学・マクロ経済学）

『みんなが欲しかった！公務員 教科書&問題集』

A5判
- 教科書と問題集が合体！でもセパレートできて学習に便利！
- 「教科書」部分はフルカラー！見やすく、わかりやすく、楽しく学習！

- 憲法
- [刊行予定] 民法、行政法

『新・まるごと講義生中継』

A5判
TAC公務員講座講師
郷原 豊茂 ほか
- TACのわかりやすい生講義を誌上で！
- 初学者の科目導入に最適！
- 豊富な図表で、理解度アップ！

- 郷原豊茂の憲法
- 郷原豊茂の民法I
- 郷原豊茂の民法II
- 新谷一郎の行政法

『まるごと講義生中継』

A5判
TAC公務員講座講師
渕元 哲 ほか
- TACのわかりやすい生講義を誌上で！
- 初学者の科目導入に最適！

- 郷原豊茂の刑法
- 渕元哲の政治学
- 渕元哲の行政学
- ミクロ経済学
- マクロ経済学
- 関野喬のパターンでわかる数的推理
- 関野喬のパターンでわかる判断整理
- 関野喬のパターンでわかる空間把握・資料解釈

要点まとめ

『一般知識 出るとこチェック』

四六判
- 知識のチェックや直前期の暗記に最適！
- 豊富な図表とチェックテストでスピード学習！

- 政治・経済
- 思想・文学・芸術
- 日本史・世界史
- 地理
- 数学・物理・化学
- 生物・地学

記述式対策

『公務員試験論文答案集 専門記述』

A5判
公務員試験研究会
- 公務員試験（地方上級ほか）の専門記述を攻略するための問題集
- 過去問と新作問題で出題が予想されるテーマを完全網羅！

- 憲法〈第2版〉
- 行政法

書籍の正誤に関するご確認とお問合せについて

書籍の記載内容に誤りではないかと思われる箇所がございましたら、以下の手順にてご確認とお問合せをしてくださいますよう、お願い申し上げます。

なお、正誤のお問合せ以外の書籍内容に関する解説および受験指導などは、一切行っておりません。
そのようなお問合せにつきましては、お答えいたしかねますので、あらかじめご了承ください。

1 「Cyber Book Store」にて正誤表を確認する

TAC出版書籍販売サイト「Cyber Book Store」の
トップページ内「正誤表」コーナーにて、正誤表をご確認ください。

CYBER TAC出版書籍販売サイト
BOOK STORE

URL：https://bookstore.tac-school.co.jp/

2 1の正誤表がない、あるいは正誤表に該当箇所の記載がない
⇒ 下記①、②のどちらかの方法で文書にて問合せをする

★ご注意ください★

お電話でのお問合せは、お受けいたしません。

①、②のどちらの方法でも、お問合せの際には、「お名前」とともに、
「対象の書籍名（○級・第○回対策も含む）およびその版数（第○版・○○年度版など）」
「お問合せ該当箇所の頁数と行数」
「誤りと思われる記載」
「正しいとお考えになる記載とその根拠」
を明記してください。

なお、回答までに１週間前後を要する場合もございます。あらかじめご了承ください。

① ウェブページ「Cyber Book Store」内の「お問合せフォーム」より問合せをする

【お問合せフォームアドレス】

https://bookstore.tac-school.co.jp/inquiry/

② メールにより問合せをする

【メール宛先　TAC出版】

syuppan-h@tac-school.co.jp

※土日祝日はお問合せ対応をおこなっておりません。
※正誤のお問合せ対応は、該当書籍の改訂版刊行月末日までといたします。

乱丁・落丁による交換は、該当書籍の改訂版刊行月末日までといたします。なお、書籍の在庫状況等により、お受けできない場合もございます。
また、各種本試験の実施の延期、中止を理由とした本書の返品はお受けいたしません。返金もいたしかねますので、あらかじめご了承くださいますようお願い申し上げます。

（2022年7月現在）